U0110501

古代歷史文化研究輯刊

二三編

王明蓀 主編

第 10 冊

清代兩湖茶業研究

杜七紅 著

國家圖書館出版品預行編目資料

清代兩湖茶業研究／杜七紅 著 — 初版 — 新北市：花木蘭文
化事業有限公司，2020〔民 109〕

目 2+210 面；19×26 公分

（古代歷史文化研究輯刊 二三編；第 10 冊）

ISBN 978-986-518-035-5（精裝）

1. 茶葉 2. 製茶 3. 清代

618   109000478

ISBN-978-986-518-035-5

9 789865 180355

古代歷史文化研究輯刊
二三編 第 十 冊   ISBN：978-986-518-035-5

清代兩湖茶業研究

作 者　杜七紅
主 編　王明蓀
總 編 輯　杜潔祥
副總編輯　楊嘉樂
編 輯　許郁翎、張雅淋　美術編輯　陳逸婷
出 版　花木蘭文化事業有限公司
發 行 人　高小娟
聯絡地址　235 新北市中和區中安街七二號十三樓
　　　　　電話：02-2923-1455／傳真：02-2923-1452
網 址　http://www.huamulan.tw 信箱 hml810518@gmail.com
印 刷　普羅文化出版廣告事業
初 版　2020 年 3 月
全書字數　228658 字
定 價　二三編 21 冊（精裝）台幣 55,000 元

版權所有・請勿翻印

清代兩湖茶業研究

杜七紅 著

作者簡介

杜七紅，女，1969 年生，湖北省咸寧人。曾獲武漢大學歷史學學士學位、碩士學位、博士學位，現爲武漢科技大學副教授，擔任中國近代史等課程的教學工作。先後在《史學月刊》、《中國史研究》（韓國）、《江漢論壇》、《人文論叢》、《浙江社會科學》等學術期刊發表專題論文多篇，參與教育部人文社會科學重點研究基地重大專案多項，以及參與多部學術著作的撰寫。尤其是，對明清時期兩湖地區的茶業及相關文化領域進行了專題性研究，並取得了一定的成果。

提　　要

　　作爲中國傳統的茶產區，兩湖茶業自唐宋以降，經歷了曲折的發展歷程。清代，兩湖茶業進入穩步增長階段。適宜的自然環境爲兩湖茶業的發展創造了良好條件，諸多州縣成爲重要茶區。其中，湖南安化、湖北羊樓洞堪稱兩湖茶業的樣板之區。前者的紅茶，後者的磚茶，均成爲清代兩湖茶業的大宗商品。清代，兩湖茶葉品種齊全。其中，紅茶、磚茶在晚清異軍突起，成爲左右兩湖茶業的兩大支柱性產品。

　　在商品流通領域，清代前期的邊茶貿易和後期的對外貿易，均是推動兩湖茶業持續增長的重要因素。漢口關爲通商口岸，是兩湖茶業發展的轉捩點。漢口一躍而爲全國最大茶市。職是之故，茶葉成爲漢口進出口貿易的最大宗商品。與此同時，兩湖地區形成了以漢口爲中心的茶葉流通體系。茶稅是傳統雜稅之一種。宋代實行茶引制，元明清各朝沿用之。清代，湖南、湖北均頒引課稅。咸豐朝因軍需所迫，驟興釐金，兩湖是產茶大區，以故茶釐是重中之重。

　　因茶務之盛，兩湖茶商雲集，既有省內外之分，也有國內外之別。漢口洋行數以百計，晉商、粵商、徽商互較短長。不僅如此，躋身兩湖的中外茶商也擁有相當的茶業資本。清末，華茶在國際市場受挫，連累兩湖茶業。加之傳統茶業的痼疾，益發雪上加霜。鑒於此，時任湖廣總督的張之洞提出了一系列切合實際的措施。

目

次

導　論

一、學術前史與研究意義

　　長期以來，有不少學者關注兩湖茶業的興衰，撰寫了大量的論著，作出了學術貢獻。從學術史角度清釐現有的研究成果，有利於推動區域經濟史的發展〔註 1〕。初步檢索，清代兩湖茶業研究的眞正展開是在 1980 年代以後，此前雖有吳覺農、威廉‧烏克斯等人的茶葉專論，但對兩湖茶業的專門研究卻十分罕見〔註 2〕。筆者嘗試總結清代兩湖茶業研究成果，辨析其優長與不足，以利於相關研究之拓展。

　　由於學界有關清代兩湖茶業的專論極少，大多散見於清代經濟史的相關論述中，以故，筆者對兩湖茶業研究成果的梳理擬按如下論題展開。

1. 關於茶葉的生產

　　長江流域屬亞熱帶季風性濕潤氣候，山地、丘陵分布廣泛，爲茶葉生產

〔註 1〕 清代兩湖茶業的發展與該地區同時期的經濟成長密不可分。有關清代區域經濟的劃分與論述，參見郭松義《清代地區經濟發展的綜合分類考察》，《中國社會科學院研究生院學報》1994 年第 2 期。陳樺《清代區域社會經濟研究》，中國人民大學出版社 1996 年版。

〔註 2〕 早在 20 世紀 20～30 年代，即有若干茶書面世。代表作如吳覺農寫於 1922 年的《茶樹原產地考》；吳覺農、胡浩川《中國茶業復興計劃》，上海商務印書館 1935 年版；吳覺農、范和鈞《中國茶業問題》，上海商務印書館 1937 年版。1935 年，美國《茶與咖啡貿易》雜誌主編威廉‧烏克斯的專著《茶葉全書》出版。1949 年該書中譯本面世，冠以吳覺農主編、中國茶葉研究社譯之名。該書計 60 餘萬字，凡茶葉歷史、栽培、製造、貿易等均有詳細記述，被譽爲「今日茶葉著述中唯一具有世界性和綜合性的偉構」（吳覺農語）。參見余悅編著《研書》，浙江攝影出版社 1996 年版，第 106～108、110～113 頁。

提供了良好的生態環境。中國茶葉的種植歷史悠久，主要集中在安徽、浙江、湖南、四川的幾個著名茶區。從明至清，除湖南外，無大變化。湖南植茶業在清代的發展快於湖北，近代茶園面積加速擴大，成爲規模可觀的大茶區〔註3〕。李華、方行、鄭昌淦、張建民、田炯權等人指出，早在元明時期，湖南茶的產量僅次於江西，位居全國第二。湖南茶又叫湖茶，另有府茶、福茶、茯茶、副茶、黑茶等別名。清代湖南茶葉種植有較大發展，長沙府是湖南最大的茶葉生產和銷售地區。乾隆年間刊行之《商賈便覽》載有長沙府安化茶、湘潭茶，並將岳州府、寶慶府、永州府、郴州等地記爲茶葉產地。清代，由於西北地方的統一，對茶葉需求劇增，湖茶銷路看好。西北地方所飲磚茶，如甘肅之茯茶，烏魯木齊之大磚、斤磚，均屬黑茶類，產於湖南新化、益陽、寶慶、安化、桃源等地。湖北茶葉產地，主要集中在鄂東南和鄂西山區，計有武昌府咸寧、蒲圻、崇陽、通山，黃州府蘄春，宜昌府宜昌、興山、長陽、鶴峰，施南府建始等地，其中武昌府和黃州府茶葉產量最多。進入近代，湖南、湖北茶葉栽培大爲提高，不僅產地增加，如湖南湘陰縣、平江縣及湖北襄陽縣、鍾祥縣等相繼種茶，而且出現了茶葉新品種，如紅茶。湖南茶葉種植的大量發展，是由於鴉片戰爭後紅茶出口的推動。與岳州府毗鄰的湖北蒲圻、咸寧、崇陽等縣，本來也產茶，道光間因出口推廣，也成爲紅茶集中產區。確切地說，清咸豐年間，山西、安徽茶商往來於兩湖地區，教導農民製造紅茶的方法。光緒年間，湖北茶區紅茶貿易達到頂峰。有人估算，乾隆年間湖南茶的年銷售量約有 50 萬斤左右。近代以降，湖南茶進入迅猛發展階段。漢口開埠後，在茶葉總銷量中，湖南茶約占 1／3。僅安化縣運往漢口的茶葉共計 16 萬石（1600 萬擔），是乾隆年間湖南全省茶葉銷量的 30 多倍。另據民國年間統計，湖南紅茶區有安化、新化、邵陽、寧鄉、湘鄉、桃源等地，年產量爲 15～16 萬擔，最盛時達 20～30 萬擔，在出口茶產區中高居榜首。安化是湖南最大茶產地。在內銷茶生產中，六安綠茶區包括湖南、湖北兩省東南部和安徽北部，產量約有十幾萬擔〔註 4〕。

〔註 3〕 許滌新、吳承明主編：《中國資本主義發展史》第 1 卷《中國資本主義萌芽》，人民出版社 2003 年版，第 219 頁。

〔註 4〕 （美）周錫瑞著，楊慎之譯：《改良與革命——辛亥革命在兩湖》，中華書局 1982 年版，第 44 頁。傅衣凌：《鴉片戰爭前後湖南洞庭湖流域商品生產的分析——讀吳敏村〈桦湖文集〉中的經濟史料》，《社會科學戰線》1983 年第 4 期。李華：《清代湖南農村經濟作物的發展》，《清史研究通訊》1989 年第 2 期。

論者稱，1860 年代到 1870 年代前半期，爲福建茶之黃金時代，出口量幾達中國全部輸出茶的 40%。與此同時，其他地區的茶產量也有增加，最顯著者是兩湖地區，不僅擴大了往昔的對俄貿易，而且開拓了英美等新市場〔註5〕。光緒末年，根據山田繁平《清國茶業調查覆命書》的統計，兩湖茶葉產地多達 16 縣，其中湖南爲 13 縣，湖北僅 3 縣，產量總計湖南 491,000 箱、湖北 52,000 箱〔註6〕。另有人稱，清末湖北植茶面積達到 110 餘萬畝，分布於 50 餘個州縣〔註7〕。

龔勝生的估算有所不同，論述也更爲詳細。他認爲，道光季年以前，兩湖所製茶葉都是黑茶，主要由山西商人販往西北；道光之後，西力東漸，兩湖適應市場需要，大都改製紅茶，主要由廣東商人販往歐美等國。光緒以後，兩湖紅茶業同全國其他茶產區一樣開始滑坡。總之，清代兩湖茶業的鼎盛時期是道光、咸豐、同治年間，湖南茶年輸出量爲 100 餘萬石，湖北蒲圻等主要茶產區每年輸出量約有 30 萬石以上。這表明，清代兩湖茶業最盛時每年可出口茶葉 130 萬石左右。若就總產量來說，估計要翻一番，達到 250 餘萬石。茶葉最宜於紅壤和黃壤土。在湖北，這樣的土壤主要分布在東南和西南的低山丘陵地區，清代茶業的分布也是如此。清代地方志載有「茶」的州縣幾乎全部分布在鄂東南的武昌、黃州二府，鄂西南的恩施、宜昌二府，以及荊州、荊門州的西部個別縣份。分區而論，鄂東南有黃梅、廣濟（今武穴）、興國（今陽新）、咸寧、通山、崇陽、通城、嘉魚、蒲圻諸縣，鄂西南有東湖（今宜昌）、長樂、長陽、鶴峰、恩施、利川諸縣。從清代方志所載茶的分布看，湖南各

鄭昌淦：《明清農村商品經濟》，中國人民大學出版社 1989 年版，第 363～369 頁。梅莉：《明清湖北茶葉及其生產分布》，《湖北大學學報》1994 年第 2 期。曾獻斌、田強：《清代湖南茶葉生產述論》，《湘潭師範學院學報》1996 年第 4 期。田炯權：《中國近代社會經濟史研究——義田地主和生產關係》，中國社會科學出版社 1997 年版，第 187～188 頁。張建民：《湖北通史》（明清卷），華中師範大學出版社 1999 年版，第 332～335 頁。朱聖鍾：《明清鄂西南民族地區經濟地理初步研究》，陝西師範大學歷史地理專業 1999 年博士學位論文。方行、經君健、魏金玉主編：《中國經濟通史・清代經濟卷》（上），經濟日報出版社 2000 年版，第 440 頁。

〔註5〕 陳慈玉：《近代黎明期兩湖茶之發展》，《食貨月刊》復刊第 10 卷第 1～2 期，1980 年。

〔註6〕 參見陳慈玉《近代黎明期兩湖茶之發展》，《食貨月刊》復刊第 10 卷第 1～2 期，1980 年。

〔註7〕 徐凱希：《晚清末年湖北農業改良述略》，《中國農史》2004 年第 1 期。

地都有茶葉出產，但商品意義較大的主要產區只有兩片：一是岳州府及其周圍地區，一是長沙、寶慶、常德、辰州 4 府交接地區。清代發引銷茶的善化（今望城）、湘陰、益陽、攸縣、安化、邵陽、新化、武岡、巴陵（今岳陽）、平江、臨湘、武陵（今常德）、桃源、龍陽（今漢壽）、沅州等全都分布在此。除了上述兩大片外，清後期有的州縣茶業也比較興盛，如湘東的醴陵縣、永州府的零陵縣、衡州府的耒陽縣、澧州的慈利縣等。雷男《湖南安化茶業報告書》稱，明萬曆年間，茶商在橋口創製黑茶，為安化製造黑茶之始；清咸豐八年，廣東商人抵安化倡製紅茶，為安化製造紅茶之始；吳覺農《湖南省茶業視察報告書》則稱始於道光二十年前後，《湖南商事習慣書》又說始自咸豐四年〔註 8〕。

　　徐建青指出，清代在部分地區實行茶引制度，商人領引配茶。清初，在西北地方仍實行茶馬互市，至清中葉已趨廢棄，官府對茶葉產銷的控制已經不大。同時，茶葉出口量不斷擴大，直到 19 世紀末華茶一直獨佔國際市場。這些都促進了清代植茶業與茶葉加工業的發展，是民間手工製茶業的鼎盛時期。康熙初年，茶葉外銷的擴大引起湖廣等省茶葉產區擴大。湖南茶的品種主要為綠茶和黑茶，有君山銀針等名茶，道光末至咸豐時，紅茶開始盛行。湖南桃源縣另有油茶〔註 9〕。

　　清代植茶的主要是山區和半山區的個體農民，兩湖地區也不例外〔註 10〕。關於山西商人引導兩湖農民種茶，說法不一。戴嘯洲認為，清咸豐年間晉商指導羊樓洞土人製造紅、綠茶，光緒初年又指導製造磚茶。黃鑒暉指出，在中國，商人引導農民種茶有文字記載的，要數山西商人。明末以降，山西商人前往湖南安化及湘江沿岸採辦茶葉，由漢口出發，必經武昌府之蒲圻、崇陽和湖南岳州府之臨湘、巴陵。眼觀耳聞，發現彼地是個天然種茶良區，於是指導土人種茶，為自己建立茶葉生產和加工基地，既確保供應又節省費用。山西商人在羊樓洞開設製茶工廠，是手工業作坊生產。由於山西商人十分注重產品品質，所以磚茶做工精細，羊樓洞、安化每年茶葉開盤時，山西

〔註 8〕 龔勝生：《清代兩湖農業地理》，華中師範大學出版社 1995 年版，第 179～187頁。

〔註 9〕 方行、經君健、魏金玉主編：《中國經濟通史·清代經濟卷》（上），經濟日報出版社 2000 年版，第 609～616 頁。

〔註10〕 許滌新、吳承明主編：《中國資本主義發展史》第 1 卷《中國資本主義萌芽》，人民出版社 2003 年版，第 339 頁。

茶商製作的茶葉比其他商幫製作的茶葉價格高出 5 釐至 1 分〔註 11〕。另據吳覺農《湖南省茶業視察報告書》，近代初期，英人在廣東之對華貿易以茶爲大宗，兩廣產茶不多，粵商遂赴湘示範，教導農民製造紅茶，此爲紅茶在中國之創始，亦即湖南茶對外貿易之鎬矢。湖南茶極盛之時，年產量達百餘萬擔之巨，光緒末年（約 1900 年後）銳減，湘紅輸出不及往昔十分之一〔註 12〕。

　　羊樓洞是兩湖重要茶產區。李華指出，羊樓洞大面積種植茶葉，並成爲湖北茶葉栽培、生產中心和著名市鎮，是在清乾隆年間。鴉片戰爭前後，羊樓洞開設大批粗加工的製茶廠，工人拿計日、計件工資，男工 1 人 1 日製茶 300 兩者，工資爲 18～20 分。粗加工後的茶葉，有的直接供應農村市場，大部分就地進行細加工，或運往漢口加工。當時羊樓洞最大的茶莊有 17 個分莊，各分莊從業人員達數百人。湖北茶葉生產的另一基地，是位於蒲圻縣東南的崇陽縣龍泉山一帶〔註 13〕。19 世紀 40～50 年代，羊樓洞所產紅茶和磚茶已成爲市場搶手貨，尤爲俄商看好。就磚茶而言，羊樓洞茶區在明代製作的「帽盒茶」是其前身。但正式批量生產開始於清康熙年間，主要得益於山西茶商。道光年間，羊樓洞茶區開始製作紅茶，江西茶商有宣導之功〔註 14〕。清末羊樓洞茶葉以老茶爲多，大都在該地製成磚茶，每年產銷量約有 10 萬多箱，多時達 20 萬箱。紅茶與青茶皆非該地所重視，也不製成磚茶，成包運銷。青茶歷年約銷 2 千餘包，紅茶也有此數〔註 15〕。

　　在茶葉包裝及加工方面，清初皆用簍裝，爲方形簍，後改爲半圓柱形，兩簍相合，如同帽形，故名「帽合茶」。後又有箱裝，俗稱「洋裝箱」。散裝之茶，體積膨大，運輸不便，遂改進爲壓製成塊之茶，稱「磚茶」〔註 16〕。澳大利亞茶葉專家賀尼可（Nick Hall）對磚茶的製作有專門研究，指出 19 世

〔註 11〕　戴嘯洲：《湖北羊樓洞之茶葉》，《國際貿易報告》，1936 年卷 5。參見黃鑒暉《明清山西商人研究》，山西經濟出版社 2002 年版，第 132～133 頁。

〔註 12〕　吳覺農：《湖南省茶業視察報告書》，《中國實業》第 1 卷第 4 期。參見何業恒《洞庭湖區茶葉生產的歷史興廢》，《湖南城市學院學報》1985 年第 4 期。

〔註 13〕　李華：《清代湖北農村經濟作物的種植和地方商人的活躍——清代地方商人研究之五》，《中國社會經濟史研究》1987 年第 2 期。

〔註 14〕　杜七紅：《茶葉與清代漢口市場》，武漢大學人文學院專門史 1999 年碩士學位論文。

〔註 15〕　牛達興、雷友山、黃祖生、高章林主編：《湖茶文化大觀》，湖北科學技術出版社 1995 年版，第 49 頁。

〔註 16〕　張正明、張梅梅：《清代晉商的對俄茶葉貿易》，《農業考古》1997 年第 4 期。

紀下半葉漢口是磚茶的生產中心〔註17〕。磚茶又叫邊銷茶，是銷往西北邊疆少數民族地區的茶葉。為便於運輸，茶商將散茶發酵後壓製成外形似磚的緊壓茶，主要品種有湖南的茯磚、黑磚、花磚，湖北的青磚、米磚，四川的康磚，雲南的沱茶等〔註18〕。

中國磚茶的出口可以追溯到17世紀，那時的歐洲已有一個龐大的消費群體，尤其是西伯利亞一帶。輸入俄國的磚茶由非產茶之省的山西商人經營，他們每年深入江南茶區收購茶葉，在當地設廠，用木架壓機和鐵質輪旋手搖壓機製作便於長途運輸的茶磚。起初，晉商主要採買浙江和福建茶葉，清咸豐年間由於太平天國起義的影響，商路受阻，遂改為採買兩湖茶，以湖南安化、臨湘聶家市，湖北蒲圻羊樓洞、崇陽、咸寧為主，就地加工成茶磚〔註19〕。長途販運多有不便，晉商就把散茶壓製成磚茶，人稱盒茶幫。乾隆時，每年生產此類磚茶有10萬盒。湖廣是晉商的磚茶製造中心。1861年前，一向是山西商人在湖北湖南購買並包裝磚茶，由陸路一直運往恰克圖市場。湖南安化黑茶也是晉商收購運銷西北的重要邊銷茶〔註20〕。清光緒初年，俄國商人曾大量偷運磚茶不法傾銷蒙古地區，這種磚茶是俄商在漢口以紅茶末為原料、用機器壓製的，品質超過山西商人運往蒙古地區、用綠茶和茶梗製作的磚茶〔註21〕。

論者稱，益陽縣所產茯磚茶始於道光年間，採用安化黑茶製成，品種有天拳、貢尖、生尖，其色純黑，淨度高。咸豐十一年（1861年）後，農戶將產於安化的優質黑茶——黑毛茶踩製成篾簍大包，運往陝西涇陽製成茶磚銷售，時稱「茯茶」。同治年間，農戶將黑毛茶細加工製成茶卷，稱為「千頁茶」，稍後正式生產磚茶，即「益陽茯磚茶」〔註22〕。

清代商人資本在茶業中相當活躍。徐建青認為，在兩湖茶區，茶行、茶莊兼事加工製茶的情況非常普遍。茶行、茶莊原本以收購銷售茶葉為主要業務，但在清代，為了滿足茶商的特殊要求，一些茶行茶莊也進行茶葉的精加

〔註17〕 （澳）Nick Hall 著，王恩冕等譯：《茶》，中國海關出版社2003年版，第144～146頁。

〔註18〕 吳剛：《磚茶散記》，《民族論壇》1999年第4期。

〔註19〕 劉曉航：《漢口與中俄茶葉之路》，《尋根》2003年第4期。

〔註20〕 陶德臣：《中國古代的茶商和茶葉商幫》，《農業考古》1999年第4期。

〔註21〕 米鎮波：《光緒初年俄商偷運磚茶傾銷蒙古地區問題考述》，《南開學報》2003年第1期。

〔註22〕 李映輝：《清代益陽縣經濟發展的歷史地理分析》，《湖南城市學院學報》1992年第3期。

工。具體做法是，茶行、茶莊從分散的農民手中收購茶葉，雇用貧家婦女，進行揀選、分類、薰製、烘焙，然後包裝，做成各種牌號，售給各地商人，或者是接受販運商人的定貨，並按照商人的要求進行再加工。咸同時期紅茶盛行時，湖南平江、醴陵、巴陵等地多有茶莊於三四月間開莊發揀。商人資本直接投資於植茶、製茶業，是商人資本支配茶業生產的形式之一，但其性質仍屬商業。另有茶棧，與茶行、茶莊不同。茶棧是一種專門從事茶葉加工的組織，相當於後來的茶廠。其主要工作是收買茶戶的毛茶，加工精製，然後出售。茶棧中雇用大量製茶工人，從揀選、薰製、焙乾、包裝均有分工，其商業性已減輕，應屬於生產性單位。咸同時期，湖南平江、醴陵，湖北羊樓洞、漢口，都有專門從事茶葉加工的茶棧。嚴格而論，製茶作為一門獨立的手工行業，是清中葉以後隨著茶葉外銷擴大，適應外銷需要而形成發展起來的。在這之前，中國製茶業雖有較久歷史，製茶技藝精熟，但尚未形成獨立行業，製茶與農業、商業結合在一起，從屬於農業、商業。專業茶棧生產仍有一定季節性，有忙季閒季之分，不過其季節性已不那麼強了﹝註23﹞。

2. 關於茶葉的行銷

清代兩湖茶葉的市場網路經歷了由國內而國際的變遷。陳慈玉、田炯權認為，明末清初，由於茶馬貿易之故，湖南茶的主要市場是西北邊境地帶和塞外方面，由山西商人主導。湖南茶正式進入國際市場是在 1842 年五口通商以後，當時廣東商人竭力向歐洲出口紅茶，刺激了湖南茶的生產，並以廣東為輸出港。太平軍興，商路阻隔，湖南茶乃順長江而下至浙江蘭溪，再由此經杭州，以運往上海輸出。1860 年漢口開埠後，兩湖茶大都運抵漢口，由廣東輸出的兩湖茶顯著減少。昔日茶葉貿易港——廣州的重要性已經喪失，其地位遂為漢口取代。中國中部之茶以長江流域為主，漢口是中心市場。由於漢口直接輸出之紅茶的增加，因此與長江下游的上海在中國茶的出口市場構成上，形成了互相消長的關係。出於英、俄競爭的緣故，加之漢口茶市開市比上海早一個月，所以頭春茶大都運往漢口，由漢口直銷俄、英，上海約在六月下旬開市，價格比內河港口為低。在漢口，俄商只購買較佳品質的茶葉，以故上等茶很容易成交而大量輸出，但中等茶和低等茶常被忽略，只得運往上海，供過於需，導致上海茶價低於漢口。總之，漢口開埠後，作為茶葉輸

﹝註23﹞ 方行、經君健、魏金玉主編：《中國經濟通史・清代經濟卷》（上），經濟日報出版社 2000 年版，第 621～624 頁。

出港的上海之主要作用，變成轉運漢口、九江、寧波所運運來的茶葉至外國市場。與漢口紅茶及磚茶直接輸出的重要性日益突出相比，上海轉口港的色彩亦更加濃厚〔註24〕。

陶德臣認為，明代仍實行茶馬互市制，到後期，因漢中茶葉產量有限，川茶以康藏地區為銷場，西北地方的茶葉主要依靠湖茶，陝西商人統聚襄陽收購。清代湖茶銷路大增，西北各地所飲磚茶稱為湖磚，係湖南安化等地所產黑茶經漢水運至龍駒寨，轉陸路運至涇陽縣壓製而成。涇陽是西北磚茶製作中心〔註25〕。

重田德指出，湖南茶的外貿可分為兩個階段：一是五口通商後，廣東商人到平江、巴陵等運輸較便利之地帶，收買毛茶製成紅茶；二是由於太平天國影響，安化縣等內地也逐漸製造紅茶，宣導者仍為廣東商人〔註26〕。

漢口茶葉市場是清代中國最大的茶葉生產和加工市場，也是兩湖茶業的中心市場。相關研究表明，漢口開埠前（1644～1860 年），茶葉已躋身漢口市場前十名大宗商品之列，彼時漢口茶館業生意興隆。尤為重要的是，《中俄恰克圖條約》（1727 年）簽訂後，大批茶葉在漢口集中，轉道上海、北京、張家口、恰克圖，再輸入俄國。鴉片戰爭前後，鄂、豫、陝、黔、皖的茶葉多在漢口匯合，由水陸運往中國北部、外蒙、俄國，由水路運往日本、西歐。約在 1850 年，俄國商人開始涉足漢口茶葉市場，此為日後茶葉大規模外銷拉開了序幕。漢口開埠後，穿梭往來的運茶船源源不斷地出入漢口，西方人因此稱之為「茶葉港」〔註27〕。19 世紀 90 年代，俄商開通漢口至敖得薩之間的定期航班，每年茶季，俄國運茶汽船前後踵接。1906 年，京漢京綏鐵路通車，羊樓洞及漢口所產磚茶有一部分裝火車運俄，往昔十分繁忙的漢水輸俄商路乃成為歷史陳跡〔註28〕。茶

〔註24〕 陳慈玉：《近代黎明期兩湖茶之發展》，《食貨月刊》復刊第 10 卷第 1～2 期，1980 年。田炯權：《中國近代社會經濟史研究——義田地主和生產關係》，中國社會科學出版社 1997 年版，第 187～188 頁。

〔註25〕 陶德臣：《中國古代的茶商和茶葉商幫》，《農業考古》1999 年第 4 期。

〔註26〕 （日）重田德：《清末における湖南茶の新展開——中國近代產業史のための斷章》，氏著《清代社會經濟史研究》，東京岩波書店，1975 年。今有蔡懋棠中譯文《清末湖南茶業的新開展》，《食貨》1972 年新 2 卷第 7 期。參見陳慈玉《近代黎明期兩湖茶之發展》，《食貨月刊》復刊第 10 卷第 1～2 期，1980 年。另參王繼平《晚清湖南史》，湖南人民出版社 2004 年版，第 171～172 頁。

〔註27〕 郭偉齊、董玉梅：《漢口茶葉貿易的興衰》，《武漢文史資料》2000 年第 11 期。

〔註28〕 周軍、趙德馨：《長江流域的商業與金融》，湖北教育出版社 2004 年版，第 236頁。

葉除了直接輸往倫敦，亦經蘇伊士運河輸往敖得薩和 Trieste（的里雅斯特，意大利北部港口），也有帆船至 Melbourne（墨爾本，澳大利亞東南部港口）。就漢口近代市場而言，貨源來自湖北、湖南、江西、安徽、四川、陝西、甘肅、河南、廣西、貴州等地，其中兩湖茶葉是最大貨源。此外，進入漢口市場的還有外國茶葉，如日本綠茶、印度紅茶、印度及錫蘭茶末等。據悉，漢口俄商磚茶廠每年生產小京磚茶 7800 擔，其中 3900 擔是用印度進口的茶末製成。蛛網般的長江水系成爲茶葉運輸的最佳路徑。茶葉從產區到消費者手中大致經過如下環節：茶區→洋莊、口莊、茶莊、茶棧、茶行、批發行、個體茶販→洋行、茶葉店→消費者〔註 29〕。

　　近代中國茶葉外銷流通環節，既不同於歷史上的茶馬互市及清前期的公行買賣，也有別於絲茶業統制的形式。外銷茶流通的中間環節多，主要爲：茶農出賣毛茶給茶販、茶行、水客而達洋莊茶號，經精製裝箱運至通商口岸茶棧存放，通過茶樓通事與洋行買辦洽談賣給洋行出口，外國批發商再批發給零售商，售與消費者〔註 30〕。論者認爲，漢口茶市的收購和販運由茶莊承辦，又分爲包茶莊和磚茶莊。包茶莊專製散茶，裝包販運，故稱「包茶」；磚茶莊自購毛茶，既製散茶，又壓磚茶。漢口開埠前，經營茶莊者多爲山西、廣東商人，每逢穀雨前後分赴茶區收購，加工製作後運往漢口。這時，茶莊的角色由買方變爲賣方，買方主要是洋商。買賣雙方一般不許直接交易，須由茶棧撮合生意，在其監督下簽訂合同，載明採辦數量、茶葉品質、衡器標準、交貨期限，以及包裝、價格、付款等內容。茶棧經理往往是洋行買辦。漢口茶葉以俄國爲大市場，運輸路線概有兩條：一是從漢口沿江而下，經上海海運至天津，再轉陸路經恰克圖輸往西伯利亞；一條是由漢口溯漢水而上，在樊城起岸駝運至張家口，再北運蒙古和俄國。部分沿漢水運輸的茶葉在老河口起岸駝運至山西歸化廳，再分銷蒙古、新疆等地〔註 31〕。

　　在羊樓洞茶區與漢口茶葉市場的對俄銷售網路中，恰克圖是一個關鍵的

〔註 29〕陳慈玉：《近代黎明期兩湖茶之發展》，《食貨月刊》復刊第 10 卷第 1～2 期，1980 年。杜七紅：《茶葉與清代漢口市場》，武漢大學人文學院專門史 1999 年碩士學位論文。郭偉齊、董玉梅：《漢口茶葉貿易的興衰》，《武漢文史資料》2000 年第 11 期。

〔註 30〕周軍、趙德馨：《長江流域的商業與金融》，湖北教育出版社 2004 年版，第 236 頁。

〔註 31〕皮明庥主編：《近代武漢城市史》，中國社會科學出版社 1993 年版，第 145～146 頁。

中轉市場。關於恰克圖市場之興衰，論者的評述詳略不一。有人指出，茶磚先集中於漢口，再由漢水航運到襄樊及河南唐河、社旗，而後上岸以騾馬馱運北上，經洛陽過黃河，過晉城、長治、太原、大同至張家口，或從右玉縣的殺虎口入內蒙古的歸化（今呼和浩特），再由旅蒙茶商改用駝隊在荒原沙漠中跋涉 1000 多公里至中俄邊境口岸恰克圖交易。俄商們將茶葉販運至雅爾庫茲克、烏拉爾、秋明，一直通向遙遠的彼得堡和莫斯科。第二次鴉片戰爭後，《天津條約》將漢口關爲通商口岸，俄國人特別看好漢口茶市。1862 年《中俄陸路通商章程》簽訂，俄國人取得了直接在茶區採購加工茶葉和通商天津的權利。至此，俄國人終於打通了最大的茶葉集散地漢口至天津、再至符拉迪沃斯托克的水路，從而取得了水陸聯運的便利。這不僅使中國商人的利益受損，而且導致繁榮近 200 年的邊境貿易口岸恰克圖式微[註32]。另有論者指出，1860～1880 年間，天津至恰克圖陸路商路開通期間是中俄茶葉貿易達到最興盛時期，商隊首尾相望，晝夜不息。90 年代後，此路由於修築西伯利亞鐵路開始衰落。至 1900 年，符拉迪沃斯托克至俄國鐵路告成，商隊乃完全絕跡[註33]。有論者指出，恰克圖茶市之衰，是因爲同治五年（1862 年）伊始，俄商在兩湖地區建立茶棧，收購和販運茶葉。由於俄商享有免除茶葉半稅的特權，又是水陸聯運（將茶葉用船從漢口沿江運至上海，再沿海路運至天津，然後由陸路經恰克圖運至歐洲），大大節省了費用，所以俄商茶務迅猛發展。反觀晉商，由於清廷限制，要交付數倍於俄商的釐金稅款。如，從漢口販茶至張家口，需經過 63 個釐金分卡，所付稅金比俄商多 10 倍，以故晉商在恰克圖對俄茶葉貿易也就日益衰落[註34]。

晉商茶葉運輸路線，在清代因其採製地不同而有變異。清初，晉商採辦茶葉的地點是安徽、湖南等地，但以福建武夷山茶區爲主。其茶葉商路爲：由武夷山啓程，入江西，下鄱陽湖，出九江，入長江，抵武昌，轉漢水，至樊城起岸，經河南入山西，至張家口，再運至庫倫、恰克圖，最後運往俄國及歐洲各地。清中期，商路發生變化，以湖南安化爲起點，分水旱兩路：一路由常德、沙市、襄陽、鄭州入山凱撒州，北上經張家口抵達恰克圖；一路越洞庭湖、岳陽，入長江至漢口，再達恰克圖。清後期，晉商採辦茶葉的地

〔註32〕 劉曉航：《漢口與中俄茶葉之路》，《尋根》2003 年第 4 期。
〔註33〕 周軍、趙德馨：《長江流域的商業與金融》，湖北教育出版社 2004 年版，第 236 頁。
〔註34〕 張正明、張梅梅：《清代晉商的對俄茶葉貿易》，《農業考古》1997 年第 4 期。

點改至羊樓洞，其運輸路線爲：沿陸水河入長江達武漢，轉漢水至襄樊起岸，經河南、山西陸路，由張家口抵達恰克圖。也有部分茶葉經山西右玉縣抵歸化，轉運恰克圖。這些茶葉商路在晉商的苦心經營下暢通無阻，保證了晉商茶葉貿易的開展〔註35〕。

在茶葉流通的市場體系中，專業性的市鎮應運而生。任放指出，茶葉是清代兩湖地區商品流通之大宗，由此催生一批茶業市鎮，代表者如長沙府東坪、硒洲、喬口鎮、黃沙坪，岳州府長壽、晉杭、浯口，荊州府津洋市，漢陽府漢口鎮，武昌府羊樓洞、新店等等。兩湖茶業市鎮的崛起是在漢口闢爲商埠之後，這表明該地區茶葉生產的商品化進程主要受到對外貿易的影響〔註36〕。巫仁恕在論及清代湖南市鎮的發展與變遷時，注意到道咸年間雖因列強侵略與太平天國起義，市鎮數目略有下降，然而茶葉的外銷卻使茶葉市鎮異軍突起〔註37〕。另有人指出，羊樓洞茶區是典型的以邊疆市場和世界市場爲主的出口導向型經濟，其市場體系包括產地初級市場、中間轉運市場、最終消費市場的多元層級。在茶業經濟的帶動下，羊樓洞茶區形成了特殊的集鎮模式，即以工業加工中心與商品集散中心互動的模式〔註38〕。

3. 關於茶商

清代兩湖茶葉種植的擴大和市場流通的發達，與國內外各路茶商密不可分，尤其是深入茶產區的國內茶商。例如，湖南茶商有引商和客販之分。按官方規定，穀雨之前之細茶，先盡引商收買；穀雨以後之茶，方許賣給客販〔註39〕。在一定程度上，沒有茶商的介入和市場引力就沒有兩湖茶業的發展。

在各路茶商中，山西商人和廣東商人勢力最大。田炯權認爲，湖南茶受廣東、山西、安徽等地商人的影響，湖北蒲圻的茶葉生產由山西商人統製，

〔註35〕張海鵬、張海瀛主編：《中國十大商幫》，黃山書社1993年版，第30頁。楊力、王慶華：《晉商在明清時期茶葉貿易中的傑出貢獻》，《農業考古》1997年第4期。張正明、張梅梅：《清代晉商的對俄茶葉貿易》，《農業考古》1997年第4期。皮明庥、吳勇主編：《漢口五百年——新編漢口叢談》，湖北教育出版社1999年版，第164頁。

〔註36〕任放：《明清長江中游市鎮經濟研究》，武漢大學出版社2003年版，第177～180頁。

〔註37〕巫仁恕：《清代湖南市鎮的發展與變遷》，《漢學研究》1997年第15卷第2期。

〔註38〕定光平：《羊樓洞茶區近代鄉村工業化與地方社會經濟變遷》，華中師範大學歷史文化學院中國近現代史2004年碩士學位論文。

〔註39〕曾獻斌、田強：《清代湖南茶葉生產述論》，《湘潭師範學院學報》1996年第4期。

崇陽縣的茶葉生產則由山西商人和廣東商人共同掌控〔註40〕。清代前期，山陝商人在湖南主要從事長距離茶葉販運貿易。他們赴湖南購買茶葉，然後銷往西北地方〔註41〕。湖北地區，山西商人可謂無孔不入，他們主要從事茶葉貿易。鴉片戰爭前，山西商人基本上控制了蒲圻縣、崇陽縣產茶區的茶葉購銷業務，將磚茶運往內外蒙古及新疆各地。迨至清末，雖然有外幫商人介入，但蒲圻磚茶的生產和販運仍控制在山西商人手中，他們將磚茶長途販運至張家口，乃至庫倫，銷往外蒙。清末，廣東商人介入蒲圻紅茶，打破了山西商人的壟斷，成為與山西商人並駕齊驅的茶商。崇陽縣的茶商，也出現廣東商人與山西商人平分秋色的格局。早在道光年間，廣東商人就打入了崇陽茶葉市場，其製茶方法優於山西商人，使崇陽縣成為湖北著名茶市。鶴峰州產茶區，從道光年間直至清末，無山西商人活動的記載，一直被廣東商人所獨佔。在湖北農村，坐商與行商並無截然分別，如鶴峰州的廣東茶商，一方面開設茶莊收茶，另一方面將茶運到漢口，再加工後銷往國外，是典型的坐商兼行商〔註42〕。關於茶稅，田炯權指出，1885年在崇陽、咸寧和蒲圻羊樓洞設立的茶釐總局，每年徵收茶釐銀多達20餘萬兩〔註43〕。

漢口在山西、陝西商人販運茶葉中具有很重要的地位。按黃鑒暉的看法，在漢口的茶商分為紅茶幫、盒茶幫、卷茶幫，經營紅茶、三九磚茶、三六磚茶、二四磚茶、半斤磚茶、貢天尖茶、千兩卷茶、百兩茶、五斤貢尖茶、合茶、皮包茶等名目的茶貨。磚茶和盒帽茶實際上都屬於紅茶類，只不過製作的茶葉形態不同。從紅茶幫和盒茶幫的字型大小名錄中，可以發現紅茶幫多是總號設在張家口去恰克圖與俄商進行茶貨貿易的，盒茶幫有的只做國內貿易。大體上，清代山西茶商可分為兩類：一是由產茶區到東西兩口（張家口、歸化）的茶商，做國內貿易，可稱之為「內茶商」；一類是由東西兩口販茶至邊疆各城，特別是恰克圖和俄國等國的茶商，屬於國際貿易，可稱之為「外

〔註40〕 田炯權：《中國近代社會經濟史研究——義田地主和生產關係》，中國社會科學出版社1997年版，第187～188頁。

〔註41〕 陳曦、陽信生：《從湖南的地方志看清代前期湖南商業》，《中國地方志》2002年第5期。

〔註42〕 李華：《清代湖北農村經濟作物的種植和地方商人的活躍——清代地方商人研究之五》，《中國社會經濟史研究》1987年第2期。張建民：《湖北通史》（明清卷），華中師範大學出版社1999年版，第430～431頁。

〔註43〕 田炯權：《中國近代社會經濟史研究——義田地主和生產關係》，中國社會科學出版社1997年版，第187～188頁。

茶商」。內茶商是純茶商，主要特點是經營茶葉的收購、加工製作和運銷，銷售對象以東西兩口的外茶商為主，賣出茶貨，收回爭兩，不與蒙古、俄國進行物物交換。外茶商是不純粹的茶商，長途販運以茶葉為主的商品，去蒙古、新疆及恰克圖與少數民族和俄國商人貿易。因為清初蒙古地區不流通貨幣，以及與俄商貿易都是以物易物的交換。所以，外茶商的經營方式是以茶葉交換牲畜、皮張等貨物，運回內地銷售，換成銀兩，再買茶葉，然後繼續從事以貨易貨貿易，循環往復。外茶商販運茶葉，均要具呈理藩院設在張家口和歸化城的辦事衙門，請領部票。清末，一票可販茶 600 箱。內茶商販茶，不領官票〔註44〕。

　　有清一代，山西商人始終壟斷著恰克圖的對俄貿易〔註45〕。雍正年間，先由歸化總商號派出的商人在恰克圖經營分號業務，其中茶葉、大黃、煙草為輸俄大宗。同治六年（1867 年），「大盛魁」這家歸化最大的旅蒙商，聯合歸化商民，呈請綏遠將軍裕瑞等人批准，由恰克圖假道與西洋通商。從此，歸化城的商號活躍在中俄邊境，輸出輸入各種中俄商品。「大盛魁」以自己的駱駝隊馱運茶葉等貨深入俄國內地銷售，取得豐厚利潤。磚茶是「大盛魁」經營的第一大商品，設有「三玉川」、「巨盛川」兩大茶莊。以「三玉川」為例，總號設於山西祁縣，也是該縣最大的茶莊，每年在湖南、湖北茶葉產區自採自製各種磚茶，並根據各地不同消費者的需求分為不同品牌，在漢口設有常駐的運茶、收交款項等辦事機構。磚茶一項，或在漢口就賣給俄國洋行，或運至歸化城賣給跑新疆的行商，運銷給哈薩克族，也有部分茶葉運銷陝、甘、晉等地。「三玉川」在歸化設有莊口，為「大盛魁」進貨；在張家口亦設有莊口，專銷給多倫諾爾、庫倫、恰克圖的茶商。除了本身的運銷所需，也批發給張家口、包頭一帶的旅蒙商。「大盛魁」另有「東升長茶布店」，兼營接受其他商販「住莊」買賣服務。為分攤風險，「大盛魁」也向伴莊的茶商進貨。僅茶葉貿易，「大盛魁」的營業範圍就已包括華中、華北東西部，大漠南北、新疆乃至俄羅斯，可見其貿易網路之廣闊〔註46〕。

〔註44〕 黃鑒暉：《明清山西商人研究》，山西經濟出版社 2002 年版，第 111～115 頁。
〔註45〕 張正明：《晉商興衰史》，山西古籍出版社 1995 年版，第 79～83 頁。
〔註46〕 黃麗生：《由軍事征掠到城市貿易：內蒙古歸綏地區的社會經濟變遷（14 世紀中至 20 世紀初）》，臺灣師範大學歷史研究所專刊第 25 輯，1995 年版，第 435～436、438、457 頁。

　　徽商也是清代經營茶葉貿易的一支勁旅，其足跡遍布兩湖。武漢地區是徽商販運茶葉的中心市場，所販茶葉大多轉售山陝商人〔註 47〕。江西商人也在羊樓洞開設茶行，充當「包頭」。

　　除了外地客商，茶區本地商人扮演了怎樣的角色？在湖北本地商人中，荊襄商幫經營茶葉業務〔註 48〕。咸豐末年，左宗棠主持西北軍務，扶持湖南勢力，以故湖南茶商一度佔據西北茶葉市場，排擠了山陝茶商〔註 49〕。定光平剖析了羊樓洞茶區的紳商，指出這些紳商在當地社會經濟運行過程中發揮了仗義執言、建章立規、維護市場秩序，修橋築路、改善外部環境，調處軍政關係、保全市面穩定，勇於投資、廣建行屋、添置器具、招攬客商的功用，並與晉商建立了長期穩固的合作關係。這種合作關係滲透茶區的組織管理和經營管理、資金調配和融通、茶葉運輸和銷售等環節，為羊樓洞中心地位的形成起到了重要作用。至於各級市場中的茶商，定光平指出：在初級市場，市場主體由茶農、販戶、牙行、茶莊及其子莊等構成。茶農製成毛茶，擔至茶號出售。販戶是收買茶農之茶轉售於茶號者。牙行係本地有行屋及製茶工具者，向官方領取牙貼，交納貼稅，招致茶客落行收茶。牙行按收買茶價向買賣雙方抽取傭金。羊樓洞早在康熙乾隆年間即有茶號，光緒時最盛。茶莊又叫茶號，或茶廠，當時承辦磚茶的粵商即號稱「洋莊茶廠」。經辦出口業務的山西、廣東、江西等省商人資本雄厚，與洋行一起，被稱為「外幫」，資本較少的本地商人則稱為「本幫」。一些較大的茶號，因業務需要，設有行棧，或徑直到茶場設立子莊。在中間轉運市場，在洋莊與口莊之別。洋莊係與外商直接交易者，口莊係與蒙古直接交易者，晉商勢力最大。晉商駐漢口的分號將各種茶葉運至張家口和歸化城，再由那裡的總櫃分銷他處。羊樓洞茶區的終端消費市場因茶葉品種不同而有區別：青磚茶銷往內外蒙古、新疆及俄國，紅茶銷往英、法、德、俄等國，綠茶銷往國內各地〔註 50〕。

　　關於茶商，論者有不同解讀。清代茶商概有三大類型：一為安徽、福建商

〔註 47〕陶德臣：《中國古代的茶商和茶葉商幫》，《農業考古》1999 年第 4 期。

〔註 48〕段超：《明清時期湖北地區商業發展初探》，《荊州師範學院學報》2000 年第 6 期。

〔註 49〕張海鵬、張海瀛主編：《中國十大商幫》，黃山書社 1993 年版，第 83 頁。

〔註 50〕定光平：《羊樓洞茶區近代鄉村工業化與地方社會經濟變遷》，華中師範大學歷史文化學院中國近現代史 2004 年碩士學位論文。定光平、邱紅梅：《清以降羊樓洞茶區的山西商人》，《山西師大學報（社會科學版）》2004 年第 2 期。

人，二爲陝西、四川商人，三爲山西、江浙、湖廣商人。鴉片戰爭前，除了中俄恰克圖貿易，茶商基本上是從事國內貿易的舊式商人。鴉片戰爭後，出現經營出口貿易的新式茶商。如漢口原有領部貼的舊式茶商 20 多家，開埠後出現專與洋行買賣的茶棧七八家。茶葉的交易環節甚多，主要有茶棧、茶號（茶客）、茶行、茶販〔註51〕。論者指出，茶業中有行、莊、棧、號之分，均係由產區到口岸，即由直接生產者到出口洋行之間的中間商。活動於直接生產者與茶莊之間的有茶販。茶莊亦稱茶行，是散處於各地、承購茶販所售之茶的另一種中間商人。茶棧就其蔗售經銷性質而言，猶如茶行，但它兼有金融周轉業務。茶棧既不是純粹的茶商，也不是簡單的中介人，而是介於茶行與外商之間經營茶的委託販賣，同時以茶爲抵押而進行貸款的機構。後來爲了適應國外市場的需求，又出現一種以加工製造爲主的茶棧，它與代客堆存買賣之棧不完全相同，已經帶有茶廠性質。不僅茶棧，後來茶莊也普遍兼有毛茶的加工業務。如，兩湖之茶最初由選茶之人發給女工，攜回家中揀製，後來則在棧房雇用女工加工。實際情況較爲複雜，如有的茶棧自設茶莊（行），有的茶棧越過茶莊直接派人到產區收購。洋行也曾直接與茶莊交往。但是，各色名目的行、莊、棧都是洋行向內地收購出口物資的必要的中間環節，它們大都是在外商出口貿易的擴張下興起的〔註52〕。有人認爲，專門從事外銷業務的是洋莊和口莊，洋莊直接到茶區探查貨源，然後運至漢口，稍作加工後即售給各洋行，採辦區域主要限於長江中游以及安徽祁門。口莊主要負責將茶葉從產區運到漢口市場，再銷往蒙古地區。茶莊、茶棧、茶行主要經營內銷業務，其中茶莊多設於茶區，是各茶區與漢口市場的重要津梁。茶棧與茶行性質相仿，但略有不同：茶棧以行銷紅茶爲己任，多數是替洋行採辦茶葉的買辦機構。茶棧領有部貼，茶行通常帶有行幫色彩，亦領有部貼，在資金與規模上超過茶棧，並且深入茶區與其他商販合股採辦茶葉，稱爲「搭莊」。另有一些茶商爲了營利目的脫離茶棧或茶行，專門開展茶葉內銷的批發業務，其新設機構稱爲「撮摸行」〔註53〕。

〔註51〕 許滌新、吳承明主編：《中國資本主義發展史》第 2 卷《舊民主主義革命時期的中國資本主義》，人民出版社 2003 年版，第 225～238 頁。

〔註52〕 嚴中平主編：《中國近代經濟史（1840～1894）》下冊，人民出版社 2001 年版，第 1132～1135 頁。

〔註53〕 杜七紅：《茶葉與清代漢口市場》，武漢大學人文學院專門史 1999 年碩士學位論文。曾兆祥：《近代武漢的貿易行棧》，《中南財經大學學報》1986 年第 1 期。

由於漢口出口之茶葉，照例須經茶棧介紹，方能運輸外銷。以故有人將漢口茶葉交易的中間商——茶棧，視爲牙行。清代，茶商到湖北境內茶葉產區採辦茶葉，「必須向行棧索取出產稅禁，呈驗完繳，方准起運」。這裡所謂「行棧」即牙行〔註54〕。清末，漢口有所謂「八大行」之稱，其中就有茶行〔註55〕。有人認爲，所謂「八大行」實際上是牙行〔註56〕。武漢地區的茶商計有4個公會，即茶葉店公會（零售業）、茶業行公會（收購、批發業）、茶葉販運業公會、茶業出口業公會〔註57〕。在漢口茶葉市場，一度出現徐潤、唐翹卿、劉輔堂等出身洋行買辦的身家千萬的大茶商〔註58〕。

在清代兩湖茶業的發展歷程中，俄商的作用非常重要。論者指出，俄國商人使漢口市場的茶葉貿易臻於顛峰狀態，在外貿領域扮演了最重要的角色。在某種意義上，沒有俄商的介入就沒有漢口茶市的繁榮。俄商是最早涉足漢口茶葉市場的外商，那時（1850年）的漢口還未對外開放。十年之後，漢口方才闢爲通商口岸。直至第一次世界大戰，俄商始終是漢口市場茶葉外貿領域的主角，他們在茶葉品種、數量、品質、包裝、信用、商路等方面的需求，從根本上決定了漢口近代茶葉生產、加工、出口的基本範式。十月革命後，俄商退出漢口市場，茶葉貿易從此一落千丈。在近代中國七大茶埠中，上海、福州、九江、廣州、廈門、淡水等六處主要由英商操縱茶葉出口。惟獨漢口一埠，英商讓位於俄商，屈居第二，俄商獨佔鰲頭長達60年之久。這是漢口市場有別於近代中國其他通商口岸的特色所在〔註59〕。

關於茶商的資金周轉，論者指出在漢口從事茶葉貿易的中國商人並不需要

〔註54〕 朱培夫：《武漢牙行初探》，《湖北大學學報》1984年第2期。方立：《清代兩湖地區的牙人牙行》，武漢大學人文學院專門史2001年碩士學位論文。

〔註55〕 王保民：《漢口各行幫及其貿易》，《武漢文史資料》1994年第2期。

〔註56〕 朱培夫：《武漢牙行初探》，《湖北大學學報》1984年第2期。

〔註57〕 黃藍田：《趣談武漢舊時的公所會館》，《武漢文史資料》2000年第12期。

〔註58〕 許滌新、吳承明主編：《中國資本主義發展史》第2卷《舊民主主義革命時期的中國資本主義》，人民出版社2003年版，第232～234、242頁。

〔註59〕 陳鈞：《十九世紀沙俄對兩湖茶葉的掠奪》，《江漢論壇》1981年第3期。程鎮芳、王大同、徐恭生：《從十九世紀的茶葉貿易看沙俄對我國的經濟侵略》，《清史研究集》第3輯，四川人民出版社1984年版。郭蘊深：《漢口地區的中俄茶葉貿易》，《江漢論壇》1987年第1期。張篤勤：《近代漢口茶葉對外貿易》，載楊蒲林、皮明麻主編《武漢城市發展軌跡》，天津社會科學院出版社1990年版。馬克蘭：《近代湖北茶葉市場與外國資本的滲透》，《武漢教育學院學報》1990年第2期。杜七紅：《茶葉與清代漢口市場》，武漢大學人文學院專門史1999年碩士學位論文。

很大的資金來源，茶商買茶並將之運至市場，大體上僅需茶葉總值的 30%即可，不足之數由茶農賒賣。由於資本不大，所以中間商只得依靠出售頭春茶之所得來購買六月中旬左右上市的二春茶、七月底八月初旬的二春茶〔註60〕。茶葉貿易初期，漢口錢莊不信任外國銀行的紙鈔，寧願自己發行「花票」，但有金融風險。後來，錢莊、茶商與外國銀行之間建立互信關係，和外國銀行打交道成了茶葉貿易的重要輔助手段。茶業的豐厚利潤使很多錢莊斥鉅資投資茶葉貿易，但茶行的倒閉連累了錢莊。1891 年當英國商人撤離漢口，過度透支的大錢莊銳減，由以前的 40 多家減至 20 多家。山西票號紛紛倒閉。為了給小茶莊融通資金，小錢莊應運而生，居然出現 500 多家。在春天茶市開張時，茶商急需貸款，利息不斷升高，達到每月 14%，1899 年高達 28%。此時，錢莊已離不開外國銀行，它們已成為融資的中轉站，大把鈔票經過錢莊流入外國銀行。繼滙豐銀行後，華俄道勝銀行、德華銀行、東方匯理銀行、橫濱正金銀行都在漢口設立支行。金融機構的增多，資金流通的加快，更加刺激了茶葉貿易的繁榮〔註61〕。外國茶商在漢口買茶，其付給中國茶商的款項必須用漢口銀兩支付，同時開出折合美金或英鎊的支票〔註62〕。

4. 關於茶業的近代變遷

茶業的近代變遷及其影響最典型地體現在茶葉全面拉動漢口經濟增長。19 世紀 60～70 年代，茶葉成為漢口最大宗出口商品，其輸出額占全國總量的 60%，取代廣州成為中國第一大茶葉出口商埠〔註63〕。論者認為這一影響具體體現為：其　一，茶葉催生了漢口的磚茶工業，使漢口成為中國近代磚茶工業的濫觴地；其二，茶葉貿易是導致漢口近代海關制度產生的直接動因；其三，茶葉使漢口金融業發生了質的變化，直接促成了近代銀行系統的產生；其四，茶葉在使漢口成為國內乃至國際著名商埠方面發揮了舉足輕重

〔註60〕陳慈玉：《近代黎明期兩湖茶之發展》，《食貨月刊》復刊第 10 卷第 1～2 期，
　　　　1980 年。

〔註61〕郭偉齊、董玉梅：《漢口茶葉貿易的興衰》，《武漢文史資料》2000 年第 11 期。
　　　　黃鑒暉：《山西票號史》，山西經濟出版社 2002 年版，第 280～281 頁。

〔註62〕牛達興、雷友山、黃祖生、高章林主編：《湖茶文化大觀》，湖北科學技術出
　　　　版社 1995 年版，第 46 頁。

〔註63〕黎少岑：《武漢今昔談》，湖北人民出版社 1957 年版，第 44、50 頁。皮明麻
　　　　主編：《近代武漢城市史》，中國社會科學出版社 1993 年版，第 147 頁。陳鈞、
　　　　任放：《世紀末的興衰——張之洞與晚清湖北經濟》，中國文史出版社 1991 年
　　　　版，第 213～216 頁。

的作用〔註64〕。

　　另有論者指出，漢口茶業的影響是多方面的。俄商阜昌洋行買辦出身的大茶商劉子敬，不僅從事茶葉貿易，而且大量投資房地產、蛋品加工、紡織工業，先後與德國合資開設發華蛋廠，又獨立開設發記蛋廠，成爲漢口早期民族工業的巨頭之一。可見，漢口早期的房地產開發和民族工業與茶葉貿易有著密切聯繫。武漢早期的近代教育也與茶業有緣。武昌江漢書院、經心書院都是茶商出資建立。張之洞依靠兩湖茶商資助，才創辦了著名的兩湖書院。茶商們的條件是：兩湖書院每期招收的 480 名學生中，湖南、湖北各招 240 名。在茶商資助下，兩湖書院學生每月津貼達到 3 海關兩〔註65〕。

　　陳慈玉認爲，漢口之所以能在開埠後短期內使茶葉輸出量劇增，成爲主要的中國茶葉貿易港口，主要原因是英、俄商人在此展開激烈的競爭，而且對俄茶葉貿易異常發達。英、俄競爭抬高了茶價，俄國以高價得到好茶（頭春茶），迫使英國爲了尋求廉價茶而另謀發展，因此 1880 年代初期開始大量輸入印度茶。這必然影響到中國其他港口的輸出茶（如福州）之減少，但對漢口影響甚微，因爲俄國之茶葉貿易已發展至相當程度。換言之，1880 年代以後逐漸明顯的亞洲產茶國（中國、印度、日本）之間的競爭，主要肇因於1860 年代後半期英、俄兩大消費國在漢口的購茶競爭，也因爲消費國之間的競爭與英國之另謀發展，使中國茶在世界市場上逐漸由賣方市場轉換到買方市場的地位〔註66〕。值得注意的是，在告別漢口茶市多年後，1906 年英國商人重返漢口，個中原因是英國紳士及上流社會實在無法忍受印度茶低劣的品質，而且江漢關英國稅務司對 5 年來的茶葉貿易進行分析，發現統計資料與茶葉品質成正比，結果 1907～1908 年漢口的茶葉貿易上了一個新臺階。這多少緩和了 1904 年日俄戰爭後中俄茶葉貿易直線下降的趨勢。不過，中國商人以次充優、弄虛作假的行爲使英國茶商損失慘重。1909 年漢口的茶葉產量與

〔註64〕杜七紅：《茶葉與清代漢口市場》，武漢大學人文學院專門史 1999 年碩士學位論文。

〔註65〕朱志經：《張之洞與兩湖書院》，《湖北師範學院學報》1987 年第 2 期。郭偉齊、董玉梅：《漢口茶葉貿易的興衰》，《武漢文史資料》2000 年第 11 期。賀玨：《關於 1886～1896 年中國紅茶出口的考察——試論中國近代茶業出口衰落的原因》，《福建論壇》2003 年第 1 期。何祚歡：《漢口第一「劉」，「牛」氣亦衝天——記商海沉浮中的劉子敬》，《武漢文史資料》2003 年第 3 期。

〔註66〕陳慈玉：《近代黎明期兩湖茶之發展》，《食貨月刊》復刊第 10 卷第 1～2 期，1980 年。

品質跌至谷底。英國商人再次離開了漢口。他們回到印度，全力扶植印度茶葉，給予較之中國茶更優惠的關稅待遇，從而在國際市場上給本已衰敗的漢口茶葉以致命打擊。漢口已是徒有虛名的「茶葉港」，棉花、皮革、黃豆、煙草等土特產在漢口經濟繁榮中所起的作用把茶葉遠遠地甩到了後面〔註67〕。

　　一般認爲，中國茶在國際市場受到嚴重挑戰是1880年代以後。但有人認爲，就英國市場來說，中國茶葉出口由盛轉衰的轉捩點是19世紀70年代中期，具體地講應是1875年。華茶在英國市場節節敗退，對俄國出口（主要是磚茶）卻有巨大增長，這在一定程度上抵消了對英出口的下降，是華茶出口在70年代中期以後得以維持10多年繼續增長的原因。這種表象的繁榮使中國的業茶者和政府沒能及時意識潛在華茶出口的危機，延誤了採取挽救措施的時機，終於使中國外貿商品的第一大宗——茶葉出口一再衰退，以至一蹶不振。華茶不敵印度茶，固然與華茶捐稅苛重、茶葉品質方面的摻假等有關，但根本原因在於英國殖民者對國際茶葉市場的操縱，中印茶葉生產方式的差異和國際茶葉市場結構的變化。華茶國際貿易的衰減對中國茶農、茶商和政府都造成損害，帶來中國外貿出口結構、政府財政和茶區經濟、社會的一系列變化〔註68〕。

　　近代國際茶市也對兩湖茶業產生了重大衝擊。進入19世紀80年代後，由於印度茶、錫蘭茶的崛起，漢口茶市受到猛烈衝擊。從深層因素剖析漢口中國茶商在與外商（洋行）競爭中每每敗北，除了清廷的繁重稅課、近代商會的遲緩誕生、洋行的刁難等因素外，應該承認技術層面和管理層面的落後狀態是病原所在。在茶葉的選種、栽培、加工、製作、包裝、貯存、運輸各環節，中國均停留在傳統手工勞作、粗放型經營階段。尤其是，中國茶葉生產採取的是以小農戶爲單位的分散經營方式，效率低下，與印度、錫蘭機械化的資本主義大茶園的集約型規模經濟不可同日而語。在資金方面華商亦遜於外商，勇於創辦機器製茶廠者寥若晨星，未能打破俄商壟斷漢口磚茶工業的格局〔註69〕。關於印度、錫蘭茶興起的原因，陳慈玉指出：1870年代前半

〔註67〕　郭偉齊、董玉梅：《漢口茶葉貿易的興衰》，《武漢文史資料》2000年第11期。
〔註68〕　孫洪昇：《我國傳統茶業的生產方式與傳統茶業的現代化》，中國經濟史學會2002年年會論文（山西太原）。林齊模：《近代中國茶葉國際貿易的衰減——以對英國出口爲中心》，《歷史研究》2003年第6期。
〔註69〕　杜七紅：《茶葉與清代漢口市場》，武漢大學人文學院專門史1999年碩士學位論文。

期，經營中國茶的中間商利用長江和漢水運茶至漢口，再轉售洋商，而非由外商派買辦深入內地購買，因此漢口市場的茶葉中間商可以操縱市場茶價，加之外商之競爭，以故茶價居高不下，但品質卻不如前，所以輸出至國外後，價格反倒降低，外商因而損失不小，促使以英國為主的西方國家為減低成本嘗試在中國以外的地方——如印度（紅茶）、錫蘭（紅茶）、日本（綠茶）發展茶業，導致華茶衰落〔註 70〕。另有論者指出，國際茶葉生產的現代化是華茶敗北的重要原因，中國茶葉出口貿易自 19 世紀末開始走下坡路〔註 71〕。

茶葉工廠方面，分布在湖北 7 個地區和湖南 14 個地區，依次為江西商人、廣東商人、湖廣商人擁有，當然包括俄國商人〔註 72〕。在羊樓洞，晉商先於俄商設立磚茶廠。清咸豐年間，晉商（如祁縣渠家、榆次常家）在羊樓洞開設商號七八家、磚茶加工廠 10 餘家，1863 年俄商順豐洋行始在羊樓洞設立磚茶廠〔註 73〕。在漢口，1896 年，廣東商人黃雲浩設立興商磚茶廠，資金 50 萬元，工人 700 人，年產值 15 萬元，產品銷往青海、內蒙、新疆等地。1898 年，江西商人所設周恒順機械廠製造茶磚機，這在我國茶業史上有重要意義〔註 74〕。另有人稱，1896 年福州商人創辦的造茶公司，是中國最早的機器製茶廠〔註 75〕。

俄商磚茶廠，許多論者均有論述。歷史文獻關於漢口俄商磚茶廠數目的記載比較混亂，漢口商務報告 1875 年記為 2 家，1876 年記為 3 家，1877 年記為 4 家，1878 年記為 6 家。相關研究表明：1863 年，俄商始在崇陽縣羊樓洞設廠，用傳統方法製造磚茶，自行銷往俄國。至 1869 年已設磚茶廠 3 座，分由俄商 14 人經營。1873 年俄商將羊樓洞磚茶 1 座遷入漢口英租界，改用蒸汽機。這是出現於漢口的第 1 座新式工廠。1875 年遷入第 2 座。1878 年、1893

〔註70〕 陳慈玉：《近代黎明期兩湖茶之發展》，《食貨月刊》復刊第 10 卷第 1～2 期，1980 年。

〔註71〕 （美）吉伯特·羅茲曼主編：《中國的現代化》，國家社會科學基金「比較現代化」課題組譯，江蘇人民出版社 1998 年版，第 170 頁。嚴中平主編：《中國近代經濟史（1840～1894）》下冊，人民出版社 2001 年版，第 1015～1019、1177～1189 頁。汪敬虞主編：《中國近代經濟史（1895～1927）》上冊，人民出版社 2000 年版，第 189～190 頁。

〔註72〕 陳慈玉：《近代黎明期兩湖茶之發展》，《食貨月刊》復刊第 10 卷第 1～2 期，1980 年。

〔註73〕 馮祖祥、周重想、陳立峰：《湖北茶市》，《農業考古》2004 年第 2 期。

〔註74〕 馮祖祥、周重想、陳立峰：《湖北茶市》，《農業考古》2004 年第 2 期。

〔註75〕 謝天禎：《中國最早之機器製茶考》，《福建茶葉》1983 年第 2 期。

年各增設 1 座，共計 4 座。至此，俄商已完全以蒸汽機取代傳統的木製壓機法製造磚茶，設有發電廠，雇用大批工人，少者 800 人，多者 2000 人。這 4 家俄商磚茶廠 1894 年共有資本約 4 百萬兩，資產約有 5 百萬兩。19 世紀 90 年代初，漢口俄商磚茶廠共有 15 臺磚茶機，7 臺茶餅機，日產茶磚 2700 擔，茶餅 160 擔。在 90 年代的 10 年裏，共生產茶磚和茶餅價值 2640 多萬兩。英商曾於 1873 年在漢口設立磚茶廠，因競爭不過俄商，被迫停業。以故俄商壟斷漢口磚茶的局面，一直持續到 20 世紀初〔註 76〕。俄商機器磚茶廠在漢口站穩腳跟後，又向另外兩個磚茶貿易中心——九江和福州發展〔註 77〕。

　　羊樓洞茶區的形成和發展是清代兩湖茶業的重要現象。筆者認爲，羊樓洞茶區是一個經濟地理概念，涵蓋湖北南部的蒲圻、崇陽、通城、通山、咸寧等縣以及湖南北部的臨湘，以羊樓洞爲茶葉栽培與製造中心。在清代前期，羊樓洞茶區已成爲國內著名茶區和貿易市場，這既爲漢口成爲茶葉外銷的重要口岸創造了條件，又爲晚清漢口市場茶葉異軍突起奠定了堅實基礎〔註 78〕。任放認爲，羊樓洞茶區生產者（園戶）與銷售者（茶行）有明確分工，市場管理者（牙儈）大量湧現，茶葉專業市鎮形成，這是專業化生產達到相當規模後的必然結果。在商品流通的環節，各種專業人員有著極爲細緻的分工，有木工、錫工、竹工、漆工、篩茶工，男女混雜，人數眾多，形成了一支專業化的茶業大軍。茶葉的專業化生產使大量勞動力脫離糧食種植業而食用商品糧，導致茶區對糧食需求的增加，促進了糧食的商品流通，加強了區域經濟的互補性，並刺激市場糧價上漲，影響及於其他商品。茶葉生產專業市鎮的商品輸出，對市場消費的拉動力可謂不小，刺激了外來商品的輸入，形成商品對流的循環圈〔註 79〕。

〔註 76〕 張加恩：《清季華茶輸出之研究：1842～1911（下）》，《思與言》1979 年第 17 卷第 2 期。蘇雲峰·《中國現代化的區域研究（1860～1916）——湖北省》，臺北中央研究院近代史研究所 1981 年版，第 120～121 頁。汪敬虞：《中國近代茶葉的對外貿易和茶業的現代化問題》，《近代史研究》1987 年第 6 期。羅福惠：《湖北通史》（晚清卷），華中師範大學出版社 1999 年版，第 135 頁。李憲生：《兩次世紀之交武漢的對外開放》，中央文獻出版社 2001 年版，第 27 頁。

〔註 77〕 嚴中平主編：《中國近代經濟史（1840～1894）》下冊，人民出版社 2001 年版，第 1266～1272 頁。

〔註 78〕 杜七紅：《茶葉與清代漢口市場》，武漢大學人文學院專門史 1999 年碩士學位論文。

〔註 79〕 任放：《明清長江中游市鎮經濟研究》，武漢大學出版社 2003 年版，第 181 頁。

　　參照日本學者的相關研究，賈植芳對清末羊樓洞茶葉的生產過程及工藝進行了近乎白描式的論述〔註 80〕。定光平探討了羊樓洞茶區的多元化市場、商人之間的合作模式、製茶工業的多元化、茶區社會的近代變遷，尤其是茶葉的生產形態，出現了家庭製茶手工業、製茶工廠手工業、製茶機器工業 3 種工業形態的共生關係，其中機器製茶工業又表現為移植型和嫁接型兩種形式，移植型有始無終，嫁接型工業化進程所展示的漸進性、實用性、黏連性，成為羊樓洞茶區近代機器製茶業的重要特徵。羊樓洞茶區製茶業的勃興，推動了茶葉種植、製作和經濟組織的近代化，促進了鄉村工業的專業化及農民經濟的多元化，帶動了新興市鎮和區域政治、交通、通訊、文教、社區生活的整體性進步。總之，整個茶區出現了程度不一但較普遍的近代化和城鎮化，使傳統封閉的農村社會開始向現代開放的都市社會過渡〔註 81〕。

　　羅威廉認為，茶葉出口是中國和西方在漢口接觸的開始，茶莊的活動體現了商業資本家直接插手生產過程，標誌著茶業中的商業資本主義已從簡單的流通領域開始走向工業資本主義經濟。漢口建立之初，從湖南和其他茶產區彙集並重新分配茶葉就成為漢口的主要功能之一。歷明清兩代，漢口成長為國內以及北邊蒙古和俄國所倚重的不斷增長的茶葉市場。漢口開埠後，茶葉成為漢口對外貿易的主要商品，而且正是這種茶葉貿易的中心地位引起西方人的關注〔註 82〕。

　　張之洞振興兩湖茶業是近代茶業發展史的重要內容，論者多有述及。張之洞作為洋務運動的代表人物，其開風氣之先的創新精神在湖廣總督任內得到充分發揮。振興兩湖茶業即其一例。由於茶葉乃漢口市場最大出口商品，關係重大，以故當外國茶的競爭傷及茶市，身為湖廣總督的張之洞力圖整頓茶務、扭轉華茶出口受挫的困局。關於他在漢口設立茶商公所，操辦茶葉運銷俄國，甚至希望以兩湖茶業之興衰作為地方官之考成等事宜，皮明庥、馮

〔註 80〕 賈植芳：《近代中國經濟社會》，遼寧教育出版社 2003 年版，第 211～216 頁。按：此書完稿於 1948 年，翌年由棠棣出版社出版。

〔註 81〕 定光平：《羊樓洞茶區近代鄉村工業化與地方社會經濟變遷》，華中師範大學歷史文化學院中國近現代史 2004 年碩士學位論文。

〔註 82〕 William T. Rowe, Hankow: Commerce and Society in a Chinese City, 1796～1889, Stanford University Press, 1984. 另參該氏《十九世紀漢口的貿易》，朱丹、江溶譯，收入馮天瑜、陳鋒主編《武漢現代化進程研究》，武漢大學出版社 2002 年版。

天瑜、陳鈞等人多有論及〔註 83〕。不可忽略的是，與張之洞幾相同時，湖南巡撫吳大徵曾向中央政府請求借款撥銀設局督銷湖南紅茶，吳氏後被調離，其願望無果而終。論者甚至認爲，張之洞抽調兩江總督，實際上腰斬了他在湖廣總督任內振興茶務的努力〔註 84〕。不過，也有人對張之洞振興茶務的實績予以高度評價，稱經過張之洞等人的努力，湖北茶務逐漸復蘇。全省種植茶葉的面積最多時達 110 餘萬畝，此後 10 年中，漢口茶葉外銷保持在 80～90 萬擔之間，成爲國內最大茶葉出口市場。由於採製得法，茶葉的品級也有所提高，在 1910 年南洋博覽會和 1915 年巴拿馬博覽會上，漢口有 41 種土特產獲得二等獎以上獎項，其中茶葉就達 25 種之多〔註 85〕。

除了上述 4 個論題，還有其他問題引起論者關注，如茶業與民俗，明清時期，兩湖地區飲茶之習俗頗有特點，如喜飲油茶、煎茶、擂茶等〔註 86〕。關於漢口茶館，論者多有論及〔註 87〕。有人指出，清末楚劇誕生與茶葉有緣。明清時期，湖北各縣皆有採茶戲，以黃梅採茶戲爲代表，因明萬曆年間流行於鄂東黃梅山區而得名。採茶戲的內容包括茶葉的栽培、採製、販賣，茶園的租當、出賣，摘茶的糾紛與訴訟，因茶事引起的婚戀等等。清代，採茶戲已流入通山、崇陽、通城、咸寧、陽新茶區，形成各具地方特色的採茶戲。清末，採茶戲藝人向漢口聚集，落腳茶館、戲園。漢口以黃陂、孝感人最多，

〔註 83〕皮明庥：《張之洞在湖北興辦洋務平議》，《武漢師範學院學報》1982 年第 1～2 期。馮天瑜：《張之洞評傳》，河南教育出版社 1985 年版，第 147 頁。陳鈞：《張之洞與清末湖北商政》，《湖北大學學報》1985 年第 6 期。陳鈞：《張之洞與清末湖北農政》，《湖北大學學報》1989 年第 6 期。羅福惠：《張之洞對商人群體的扶持維護》，《華中師範大學學報》2003 年第 2 期。周群：《張之洞督鄂時期漢口市場的發展及其原因》，《湖北行政學院學報》2003 年第 3 期。黃清敏：《張之洞與湖北茶政》，《農業考古》2004 年第 2 期。馮祖祥、周重想、陳立峰：《湖北茶市》，《農業考古》2004 年第 2 期。周群、劉和旺：《晚清湖廣督府在漢口市場發展進程中的作用探析》，《江漢論壇》2004 年第 6 期。

〔註 84〕賀琤：《關於 1886～1896 年中國紅茶出口的考察——試論中國近代茶業出口衰落的原因》，《福建論壇》2003 年第 1 期。

〔註 85〕黃清敏：《張之洞與湖北茶政》，《農業考古》2004 年第 2 期。陶德臣：《中國茶在巴拿馬賽會聲譽鵲起》，《民國春秋》1994 年第 3 期。徐凱希：《晚清末年湖北農業改良述略》，《中國農史》2004 年第 1 期。

〔註 86〕王美英：《明清時期長江中游地區的風俗與社會變遷》，武漢大學歷史學院專門史 2003 年博士學位論文。

〔註 87〕劉慶平、肖放：《轉型期的漢口民俗——清末民初漢口民俗研究》，《江漢論壇》1998 年第 7 期。杜七紅：《茶葉與清代漢口市場》，武漢大學人文學院專門史 1999 年碩士學位論文。

以故藝人們根據漢口人口結構特點，以黃陂、孝感語言為採茶戲基礎語言，在各茶園演出，逐漸形成楚劇這一新劇種〔註88〕。

　　綜上所述，學界對清代兩湖茶業的概況進行了不同層面的論述，取得了一定成果，為此後的相關研究奠定了基礎。與此同時，也存在若干不足。許多論述只是一般性的介紹和史料整理，還談不上嚴格意義上的學術研究，如茶葉產地，只需翻檢方志作一排序即可了然。對前此學者的研究成果不夠重視也是較為嚴重的現象，導致有些文章十分相似，屬於低水準重複勞動。有的論述以鴉片戰爭為限將清代截然分開，前一段的論述不顧後面的承續和變化，後一段的評估也不顧前面的歷史基礎。這種做法割裂了歷史的整體性，不利於全面把握兩湖茶業的發展歷程。也許是資料所限，如茶稅、牙行的研究相當薄弱。有的論述脫離歷史真實，所下結論不能服人。如有人認為羊樓洞茶區近代工商業的發展，促進了村社和世襲社會群體的普遍解體，社會成員普遍參與經濟與政治事務等，恐有誇大之辭。在資料利用方面，檔案材料的挖掘用力不夠，報刊、文集、譜牒、碑刻、回憶錄等材料也相對缺乏。凡此種種，在今後的相關研究中均應得到足夠重視，並力求消彌之。

　　研究清代兩湖茶業，其意義概有如下數端：

　　第一，中國是茶葉的故鄉。在中國社會經濟的發展史上，茶葉扮演了獨特的角色，茶業成為影響國計民生的重要產業。詳言之，唐宋以降，隨著茶葉種植業的日漸興隆，茶業在國民經濟中的地位越來越重要。清代，茶業得到迅猛發展，無論從生產、工藝、品種、外貿看，均堪稱高峰期。時至今日，茶葉的種植、製作及流通依然是國民經濟的有機組成部分，飲茶依然是中國人日常生活中韻味十足的傳統習俗。在某種程度上，茶葉已成為中國文化的象徵之一。因此，研究茶業在中國的發展史無疑具有特別重要的意義。

　　第二，兩湖地區（湖北、湖南）是歷史上的重要產茶區，其茶葉生產及銷售在全國具有相當影響。簡言之，從茶聖陸羽的《茶經》（唐）到影響軍國大計的茶馬貿易（明），兩湖茶葉的特殊地位赫然可現。迨至清代，植茶飲茶之風日熾，兩湖茶業經濟獲得發展。尤其是鴉片戰爭後，在兩湖傳統茶業經濟的基礎上，作為通商口岸的漢口一躍而為晚清中國茶葉對外貿易的主要港

〔註88〕余炳賢：《漫談楚劇與茶──兼議楚劇誕生於茶》，《農業考古》1997 年第 2 期。周軍、趙德馨：《長江流域的商業與金融》，湖北教育出版社 2004 年版，第 202～203 頁。

口。受此影響，近代國際市場對紅茶、磚茶的需求刺激了兩湖茶業的結構性調整，茶葉種植面積和市場流通額達到歷史最高水準。在很大程度上，兩湖茶業的興衰與國際市場行情的波動聯繫十分密切。晚清至民國，國際茶市的衝擊導致中國茶業式微，兩湖地區也不例外。因此，研究清代兩湖茶業，不僅可以對該地區的茶業經濟在清代前後期的長期發展過程有一個全面的瞭解，以便系統把握茶葉在區域經濟中所扮演的角色，而且可以對相關研究如漢口市場發展史、近代對外貿易史、國際市場影響下的區域經濟史等貢獻良多。此外，該項研究對於我們深入探討中國經濟史的變遷，吸取歷史經驗教訓，振興兩湖茶業，都具有重要意義。

第三，從上述學術前史可知，儘管諸多學者已有相關論著發表，並取得多方面成果，但對清代兩湖茶業進行長時段的貫通性研究仍付闕如，某些論著給人清代、近代兩不相屬之感。因此，本選題在某種程度上可以在前此學者的相關成果上彌補此項空白，使人們對兩湖地區的茶業經濟在有清一代的變遷獲致完整印象。

此外，筆者對茶葉文化有濃厚興趣，加之碩士學位論文以《茶葉與清代漢口市場》為題，這為本人將研究範圍擴展至整個兩湖地區打下了一定基礎。

二、研究方法與寫作框架

鑒於學術前史之回顧，今後的清代兩湖茶業研究應注重以下幾個方面：

首先，拓展資料範圍。除了歷史時期的方志，今人所修志書也應參考，因為其中有新發掘的地方性材料和新的研究成果。在條件許可的情況下，有選擇地進行田野考察，以彌補資料缺失。此外，檔案、家譜等材料也應著力收羅。

其次，深化研究論題。許多論著都言及茶葉種植，但對製茶工藝少有論述，不同的茶葉有不同的製作程序，對茶葉的市場行銷有重要影響。手工製茶與機器製茶在設備和技術方面的差異到底有多大，對茶葉生產的數量及品質有什麼影響，這些基本問題目前並不清楚。對外貿易是刺激兩湖茶業發展的重要因素，那麼兩湖茶的出口品種有哪些，產地在哪裏，數量有多大，不同時期有什麼變化，行銷路線有哪些，仍有許多疑問。介入兩湖茶區的商人在漢口開埠前後的變化如何，資金情況、組織管理、市場運作等方面的情況有待釐清。茶稅的研究基本上處於空白狀態，稅額、稅局、牙釐、出口關稅

等項均有待探討。漢口茶市的消長有何階段性特點,對兩湖茶業的影響如何,漢口茶葉市場體系的層級分布情況等,均應給予有說服力的解釋。

最後,在研究方法上,除了恪守歷史學重視史料爬梳的基本規範,還應借鑒相關研究方法,如原始工業化理論、中心地理論、現代化理論等,將理論與史料有機結合起來,使區域經濟史的研究躍上新臺階。

第一章　茶政與茶稅

　　茶政，又叫茶法，是中國歷史時期中央政府有關茶業的經濟立法，包括一系列的政策法令和規章制度。唐宋以降，茶政是關乎國計民生的大政之一，涉及茶業管理機構的設置，茶葉的生產、販運、銷售，茶稅徵課名目的變動，茶葉緝私等內容，堪稱繁煩。本章擬對清代茶政略作梳理，重點論述兩湖地區的茶稅徵解。

一、清代茶政概觀

　　陸羽《茶經》記唐代茶葉產地，計有山南、淮南、浙西、劍南、浙東、黔中、江西、嶺南諸地，歷經宋、元、明之變遷，到清代，行茶地方總計 10 個省，包括江寧省、安徽省、浙江省、江西省、雲南省、湖北省、湖南省、陝西省、四川省、貴州省。清代茶政因襲前代舊制，但也有所更張。

　　明代茶法包括官茶、商茶、貢茶 3 項內容，清代基本上沿用之。官茶儲邊易馬，此即傳統的茶馬貿易。清順治初午，釐定以茶易馬條例，強調每茶一篦重 10 斤，上馬給茶 12 篦，中馬給茶 9 篦，下馬給茶 7 篦。清順治七年（1650 年）題准：「甘肅省舊例：大引篦茶，官商均分；小引納稅，三分入官，七分給商。今定茶引從部頒發，俱照大引例官商均分，以爲中馬之用。」清康熙四年（1665 年）覆准，雲南省北勝州開茶馬市，商人買茶易馬者，每兩收稅銀 3 分。清康熙四十四年（1705 年）題准：「陝西省西寧等處所徵茶篦，停止中馬，將茶變價折銀，每新茶一篦折銀四錢，陳茶一篦折銀六錢充餉。」

茶馬貿易並未就此而止，清雍正九年（1731 年）奏准，甘肅省洮岷、河州、西寧、莊浪、甘州五司，復行額茶中馬之法，其按馬易篦，悉照順治初年定例辦理。清雍正十三年（1735 年）奏准，甘肅省停止以茶中馬〔註 1〕。以此爲標誌，茶馬貿易正式退出歷史舞臺。

除了在西北、西南地區以茶易馬，其他省份則實行商茶領引徵課之制，間有商人赴部領銷，也有小本經營的茶販於本籍州縣領銷者。如果州縣承引，但無商可給，則發給種茶園戶及其經紀人。茶引由戶部寶泉局統一製作，產茶各省預期請領，年辦年銷。行過之殘引必須上繳戶部。

以貢茶言，四川蒙頂甘露、杭州西湖龍井、江蘇洞庭碧螺春等均爲宮廷御茶。

清代管理茶業的官方機構也沿襲明代之制。具體而言，陝西設置巡視茶馬監察御史，專司茶馬貿易，「竊惟招商運茶，招番中馬，職之職事也」〔註 2〕。該監察御史下轄 5 個茶馬司：西寧司駐西寧，洮州司駐岷州，河州司駐河州，莊浪司駐平番，甘州司駐蘭州。巡視陝西茶馬監察御史不久改爲戶部官員充當，並令甘肅巡撫予以配合，後歸陝甘總督協理。此外，清政府在四川設有鹽茶道，在江蘇設有茶引批驗大使，隸屬江寧府。

茶稅徵解是清代茶政的核心所在。茶稅之興，始於唐代。唐建中元年（780 年），戶部侍郎趙贊議奏，將茶、漆、竹、木課稅 10%，以補助軍費開支。北宋崇寧元年（1102 年），蔡京立茶引法，規定商人販賣茶葉，必須納稅領引，運銷茶葉的數量及地點均有限制。元代，於茶引外增設茶由，徵收零賣茶稅。明清時期繼續實行茶引制。以清代而論，茶引分長引、短引、正引、餘引、腹引、邊引、土引等〔註 3〕，兼行票法。史載：「官給茶引，付產茶府州縣。凡商人買茶，具數赴官納銀給引，方許出境貨賣。每引照茶一百斤，茶不及引者，謂之畸零，別置由貼付之。量地之遠近，定以程限，於經過地方執照。若茶無由引及茶引相離者，聽人告捕。其有茶引不相當或有餘茶者，並聽拿問。賣茶畢，即以原給由引赴住賣官司告繳。該府州縣俱各委官一員

〔註 1〕 光緒《欽定大清會典事例》卷 242《戶部・雜賦・茶課》。另參《清朝文獻通考》卷 30《征榷考五・榷茶》；《清朝通志》卷 90《食貨略十・雜稅・茶法》。
〔註 2〕 蘇京爲報甘肅茶馬數事揭貼，順治四年八月十七日。引見中國第一歷史檔案館編《清代檔案史料叢編》第 10 輯，中華書局 1984 年版，第 3 頁。
〔註 3〕 如，「長引」准許商人將茶葉銷往外地，有效期爲 1 年；「短引」則只能在本地銷售，有效期爲 3 個月。

專理。」〔註 4〕同時規定：茶引每引無論精粗，連包照茶百斤爲一引，給半印引目。引價納完隨即發引，照例不許溢額。客商販茶，不許茶引相離，違者即同私茶，與私鹽同罪。經過關津，批驗所依例照驗，將引由截角，別無夾帶，方許放行。茶至各省府州縣往賣者，即赴該地方官驗明截角發賣〔註 5〕。凡偽造茶引、製造假貨、私自與外商貿易者，一律按律科罪。

歲徵之課，按照省區發引辦理，均有定制。光緒《欽定大清會典事例》卷 242《戶部‧雜賦‧茶課》有詳細記載，抄錄如下——

江蘇額行茶，一萬五千引，分發江寧茶引所大使茶引八千，其餘七千，分發產茶之荊溪縣張渚巡檢司、湖汊巡檢司。凡有商販入山製茶，貨不論精細，每擔給一引。每引額徵紙價銀三釐三毫。其徵收課稅，例於經過各關按照則例，驗引徵收，匯入關稅項下報銷。

安徽額行茶，原額六萬九千九百八十引，新增一萬七千一百引，共八萬七千八十引。又餘引一萬五千一百引。分發產茶之潛山、太湖、歙縣、休寧、黟縣、宣城、寧國、太平、貴池、青陽、銅陵、建德、蕪湖、六安、霍山、廣德、建平十七州縣。凡有客商入山製茶，每擔給一引，每引徵紙價銀三釐三毫。其徵收茶課，例於經過各關按照則例驗引徵收，匯入關稅項下解部。又歙縣街口司，有每年茶牙完納茶稅銀四錢三分二釐，匯歸地丁奏報。

江西額行茶，二千六百三十八引，分發徽商一千二百三十五引，本省州縣小販一千四百三引。每引徵紙價銀三釐三毫三絲，徵課銀一錢五分，額徵課銀三百六十五兩七錢。行茶到關，仍行報稅。

浙江額行茶，十四萬引，由布政司委員給商，每引徵紙價銀三

<hr>

〔註 4〕光緒《欽定大清會典事例》卷 242《戶部‧雜賦‧茶課》。

〔註 5〕凡領有茶引的商人，必須驗引截角，方能販賣茶葉。光緒《欽定大清會典事例》卷 242《戶部‧雜賦‧茶課》載：乾隆十三年（1748 年）議准，湖北省建始縣茶引，由本縣截角，給商在本地行銷。甘肅省各商領引之後，前赴湖南收買茶斤，運回甘肅。由陸路者，自河南陝州驗引，移送潼關秤盤截角。由水路者，自襄陽府驗引截角，經過新安、白河、紫陽等州縣驗引。陝西省榆林府商人，販湖廣安化茶，由水路至襄陽府驗截引角，由陸路入山境至汾州府河西驛，由陝西綏德州查驗茶封。該省神木同知衙門領引 200 道，差人赴湖廣襄陽府買茶，驗引截角，運回本地行銷。江西省額頒茶引內，徽商領引 1035 道，赴饒州餘干縣販往湖廣行銷，每於赴司兌課給引之後，知照九江關驗明截角。

釐三毫，買價銀一錢。北新關每引徵茶稅銀二分九釐三毫八絲。匯入關稅報解。又歲額恭辦上用黃茶二十八簍，恭辦陵寢黃茶、內廷黃茶，共九十三簍，由辦引委員於所收茶引買價內辦解。

湖北額行茶，二百四十八引，係咸寧、嘉魚、蒲圻、崇陽、通城、興國、通山七州縣請領，各州縣產茶無幾，不足供本地日用，所有茶引無商可給。向種茶園戶、經紀坐銷二百三十引。建始縣給商行銷十八引。每引額徵紙價銀三釐三毫。坐銷者，徵稅銀一兩；行銷者，稅銀二錢五分，課銀一錢二分五釐。共額徵稅銀二百三十四兩五錢，課銀二兩二錢五分。行茶到關，仍行報稅。又均州、荊門州、鍾祥縣，本地鋪戶、肩販小簍粗茶，每引報稅銀一釐八毫，名落地稅，盡收盡解。

湖南額行茶，二百四十引。向例茶商皆自陝帶引赴楚採買，本省所頒茶引，並無客領，給發產茶之善化、湘陰、瀏陽、湘潭、益陽、攸縣、安化、邵陽、新化、武岡、巴陵、平江、臨湘、武陵、桃源、龍陽、沅江十七州縣行戶，以為一年護帖。每一引，徵紙價銀三釐三毫，納稅銀一兩，共額徵稅銀二百四十兩。

甘肅額行茶，二萬八千七百六十六引。西寧茶司商銷九千七百十二引，甘州茶司商銷八千一百五十引，莊浪茶司商銷九千三百二引，陝西省西安、鳳翔、漢中、同州四府商銷一百三十二引，寧夏府商銷二百七十引，陝西省榆林府九百引，延安府屬靖邊縣一百引，定邊縣一百引，陝省神木同知一百引。每引徵紙價銀三釐三毫，寧夏、榆林、神木每引徵價銀三兩九錢。共額徵銀五千七百三十三兩。每引行茶一百斤，內交官茶五十斤，餘五十斤即為商運茶，令其售賣作本。每茶百斤，作為十篦；每篦二封，每封五斤，共徵本色茶十三萬六千四百八十篦。其西寧、甘州、莊浪三茶司，陝西省西安、鳳翔、漢中、同州四府商交官茶，改折之年每封折徵銀三錢。又陝西省漢中府屬西鄉、興安、漢陰、紫陽、石泉五州縣所產之茶向不設引，止許本地行銷，由各園戶每年共徵課銀五百三十三兩三錢二分有奇，歸入地丁案內奏銷。

四川額行茶，十一萬四千七百四十八引，餘引五千引。本省州

縣，行腹引一萬四千二百二十七引，打箭爐松潘廳行邊引八萬四千二十七引。打箭爐，行土引一萬六千四百九十四引。其餘引值正引額外暢銷，即以抵行。每引徵紙價銀三釐；腹引、邊引、土引，每引各徵課銀一錢二分五釐；腹引，每引徵稅銀二錢五分；邊引，每引徵稅銀四錢七分二釐；土引，每引徵稅銀三錢六分一釐，共額徵課銀一萬四千三百四十三兩五錢，稅銀四萬九千一百七十一兩八錢二分八釐，餘引課稅，隨年報解。

雲南額行茶，三千引，由麗江府給商，赴鶴慶州中旬等地方行銷。每引徵紙價銀三釐，稅銀三錢二分，共額徵稅銀九百六十兩，按年匯入地丁冊內造報。

貴州額行茶，二百五十引，由懷仁縣分里給商，赤水裏載一百十八引，二郎里載十九引，吼灘里載十五引，小溪里載五十八引，土城里載四十引。赴四川永寧縣行銷，每引徵紙價銀三釐，稅銀二錢五分，赤水等五里共額徵課銀一兩六錢九分三釐有奇，額徵稅銀六十二兩五錢。

可見，浙江、四川、安徽 3 省領引最多，均在 8 萬引以上，最高者達到 14 萬引；甘肅、江蘇居其次，行引均在 1 萬以上；雲南、江西又次之，派發茶引數千；兩湖、貴州為最末，僅限數百引。如果出現茶引壅積遲滯的現象，各該省管理官員及領引商人將一併受到嚴厲處分。其他省份雖不頒引，但也有茶稅之徵。詳言之，「直隸、河南均無茶課，向不頒引，惟茶商到境，各由經過關口輸稅，不科引課。盛京向不頒引，亦無茶稅。民間食茶，係各處商販運往，在蓋平縣並海城縣之牛莊，錦縣之天橋廠、螞蟻屯各海口完納茶課。山東向不頒引，惟濟南府額徵茶稅銀八兩，係牙行赴司領貼，每茶一馱收稅銀三分。歷城縣額徵銀一兩四錢。壽張縣茶行絅紀一名，每年納稅銀三兩八錢。又濟寧州有商運茶到州，每茶百斤收稅銀一錢，粗茶百斤收稅銀五分，均匯入雜稅項下報解。山西向不頒引，惟鋪戶外販經關納稅運至省城，每百斤抽稅銀二錢，作為商稅報解。汾陽縣食茶商稅項下，每年額徵茶馬稅銀十六兩二錢四分。福建向不頒引，並無徵收茶課。惟崇安之武夷山產茶，聽商販運，於經過關口照則例納稅，多寡不一，匯入商稅項下奏銷。廣東地不產茶，向不頒引。民間日用，或藉江、閩商販，或採野茶自食。所徵茶稅，惟

樂昌縣十兩五錢，長寧縣六兩，每年附入雜稅。又潮州廣濟橋，每粗茶百斤，稅銀五分；細茶百斤，稅銀三錢四分，匯入橋稅內報解。廣西亦無茶課，向不頒引，惟興安、義寧二縣瑤人種植粗茶，土商前往收買，運至桂林、平樂、梧州、慶遠各處售買，經過關廠，照例報稅，於關稅雜項造銷」〔註6〕。清末釐金驟興，引制漸廢。

二、茶稅徵解

茶稅，雜稅之一種〔註7〕，又稱茶課，按引徵收。《清朝通典》載：「凡商販入山製茶，不論精粗，每擔給一引，每引額徵紙價銀三釐三毫。其徵收茶課，例於經過各關時按照則例驗引徵收，匯入關稅項中解部（間亦有匯歸地丁款項內奏報者）。」〔註8〕光緒《續輯咸寧縣志》卷4《食貨・雜稅・茶釐》載：「康熙時府志載茶稅銀七十兩，嘉慶通志則載銀四十兩，此茶引稅也。」晚清《湖南財政說明書》則徑直將茶稅稱之爲「茶引稅」。按照清代定制，每道茶引徵稅銀1兩。嘉慶《湖南通志》卷36《田賦一》及晚清《湖南財政說明書》稱，長沙、寶慶、岳州、常德4府屬茶引240道，徵稅銀240兩，另收紙價銀八錢二釐。同治《臨湘縣志》卷4《食貨志・雜稅》也稱，該縣茶引25道，茶稅銀25兩。個別產茶縣域稅率有變化，同治《通城縣志》卷8《田賦・雜稅・茶稅》記載：「每引額徵茶稅銀五兩零。……國朝康熙四年，通山縣茶戶因擘引射入通城，初猶僅輸引稅一兩，後遞增引五道，輸茶課銀五兩」。茶稅並非固定不變，而是漲跌有時。康熙《湖廣武昌府志》卷3《田賦志》載：茶稅銀460兩，其中咸寧縣茶稅銀70兩，嘉魚縣40兩，蒲圻縣80兩，崇陽縣50兩，通城縣10兩，興國州40兩，通山縣170兩。同治年間，稅額有所

〔註6〕關於各省茶稅，另參《清朝通典》卷8《食貨八・賦稅下・雜稅・茶課》。

〔註7〕因茶稅爲雜稅，故方志家常將其及閘攤等稅歸爲一類，如同治《當陽縣志》卷4《政典志上・賦役》載：「門攤、茶稅、正貢共銀二十兩一錢八分，除荒銀十兩九分，實徵銀十兩九分。」茶稅亦包括茶行的牙貼稅、茶鋪（茶館）的營業額等，如光緒《續修鶴峰州志》卷5《賦役志》載，「州城埠頭茶行八貼，五里坪埠頭茶行八貼，南村埠頭茶行二貼，劉家司埠頭茶行一貼，下坪埠頭茶行一貼……每貼賦銀四錢五分」。再如康熙《安陸府志》卷5《賦役志・起運・摘裁》載，「茶價、祭祀、雜項銀一千七百七十五兩一錢一釐四毫八絲九忽一微一塵，……不在丁田、門攤、商茶稅銀三百一十一兩六錢九分七釐六毫」；同治《公安縣志》卷3《民政志上・田賦・摘裁項下》載，「茶價、雜用共額銀三百貳拾玖兩肆錢玖分肆釐柒毫肆絲三忽」。

〔註8〕《清朝通典》卷8《食貨八・賦稅下・雜稅・茶課》。

下降，如同治《蒲圻縣志》卷 2《政典・賦役・雜稅》載，茶稅銀 40 兩。又
如，同治《重修嘉魚縣志》卷 2《賦役志第三・貢賦》載，茶稅銀 20 兩。不
同縣域稅額也不盡相同。例如，同治《建始縣志》卷 4《食貨志・雜稅》載，
茶稅銀六兩七錢五分。再如光緒《續輯均州志》卷 7《戶賦・雜稅項下》載，
茶稅銀二兩四錢，並稱「商民出辦無定額」。

　　依戶部則例，湖北行 230 引，額徵銀 230 兩；湖南行 240 引，額徵銀 240
兩。湖南茶引多於湖北，是因爲該省產茶區域及產量多於湖北。湖北茶引係
咸寧、嘉魚、蒲圻、崇陽、通城、興國、通山等 7 州縣請領。「向種茶園戶、
經紀中，按每引紙價銀三釐三毫，徵稅一兩」。均州、荊門州、鍾祥縣本地鋪
戶、小販，小簍粗茶每引報稅一釐八毫，盡收盡解。清乾隆八年（1743 年），
四川建始縣改隸湖北施南府，舊行茶 18 引隨帶湖北，每引徵銀二錢五分，課
銀一錢二分五釐。湖南省茶引，由善化、湘陰、瀏陽、湘潭、益陽、攸縣、
安化、邵陽、新化、武岡、巴陵、平江、臨湘、武陵、桃源、龍陽、沅江等
17 州縣轉給行戶坐銷〔註 9〕。清前期，茶商皆自陝西帶引赴湘採買〔註 10〕，
本省所頒之引並無客領給發。這一狀況在晚清有所改變，湖南本地商人開始
躋身販茶行列。與湖北一樣，湖南茶商既要上繳茶引紙價銀，又要上繳茶引
稅銀，所謂「行戶以爲一年護貼，每引徵紙價三釐三毫，納稅銀一兩」〔註 11〕；
「茶引紙價，按則按引共額解銀七錢九分二釐。又按徵紙價外，每銷一引徵
茶稅銀一兩，共額銀二百四十兩」〔註 12〕。

　　茲據晚清《湖南財政說明書》所輯錄的相關史料，將清代湖南各州縣茶
引稅列表如下。

〔註 9〕 茶課徵解分坐銷、行銷，數額不同。以湖北爲例，坐銷者徵稅銀一兩；行銷
　　　　者徵稅銀二錢五分，課銀一錢二分五釐。參見光緒《欽定大清會典事例》卷
　　　　242《戶部・雜賦・茶課》。
〔註 10〕 按，湖茶走私一直存在。清光緒十二年（1886 年）奏准：「晉商在理藩院領票，
　　　　詭稱販貨運銷蒙古地方，其實私販湖茶，侵銷新疆南北兩路，到處潑賣，一
　　　　票數年，循環轉運，漫無限制，逃釐漏稅，取巧營私。以後領票，注明不准
　　　　販運私茶字樣，如欲辦官茶，即赴甘肅領票，繳課完釐，與甘商一律辦理。
　　　　倘復運銷私茶，查出，將貨充公。」光緒《欽定大清會典事例》卷 242《戶部・
　　　　雜賦・茶課》。
〔註 11〕 《清朝通典》卷 8《食貨八・賦稅下・雜稅・茶課》。
〔註 12〕 晚清《湖南財政說明書》之《入款・茶課稅釐類第五・茶引稅》，宣統三年（1911
　　　　年）湖南清理財政局編印。

表1-1 清代湖南各州縣茶引稅

（單位：兩、釐）

州　縣	額　數	紙　價	州　縣	額　數	紙　價
善化縣	3 兩	1 分	湘陰縣	10 兩	37 釐
瀏陽縣	5 兩	17 釐	湘潭縣	7 兩	24 釐
益陽縣	15 兩	5 分	攸　縣	5 兩	17 釐
安化縣	60 兩	198 釐	邵陽縣	7 兩	24 釐
新化縣	30 兩	99 釐	武岡州	8 兩	27 釐
巴陵縣	10 兩	33 釐	平江縣	10 兩	33 釐
臨湘縣	25 兩	83 釐	武陵縣	12 兩	4 分
桃源縣	8 兩	27 釐	龍陽縣	20 兩	66 釐
沅江縣	5 兩	17 釐	合計	240 兩	802 釐

資料來源：晚清《湖南財政說明書》之《入款·茶課稅釐類第五·茶引稅》，清宣統三年（1911 年）湖南清理財政局編印。

從茶稅之統計，可以窺見茶葉生產之多寡及其商業地位之高下。安化、新化兩縣茶稅最重，尤其是安化縣遠超其他州縣，實為茶葉重點產區，也是省內外茶商最為青睞之處。臨湘、龍陽、益陽 3 縣次之，也是湖南茶葉重要產區。武陵、平江、湘陰、巴陵又次之，但其地位不可忽視。桃源、武岡、邵陽、湘潭、攸縣、沅江、瀏陽、善化諸州縣居於最末。

　　晚清時期，茶稅種類出現變易，史稱茶釐，亦為雜稅之一種。清咸豐二年（1852 年）太平天國起義爆發後，長江流域茶道受阻，兩湖改行釐金，在羊樓洞設立專局，並在咸寧、嘉魚、崇陽、通山等縣產茶地方設立分局。其抽收之法，分箱釐、業釐、行釐三項，實則一道並徵。詳言之，清咸豐五年（1855 年），湖廣總督官文、湖北巡撫胡林翼因軍餉匱乏，奏請仿照揚州仙女廟章程抽取釐金〔註 13〕，在省城設立鹽茶牙釐總局，各州縣水陸要道設立局

〔註13〕 釐金最初實為捐輸之變種，源自清咸豐三年（1853 年）太常寺卿雷以諴幫辦
　　　　江北大營時的籌餉之舉。光緒《欽定大清會典事例》卷 241《戶部·釐稅·直
　　　　省釐局》載：雷氏向揚州城周邊仙女廟諸市鎮米行抽釐助餉，每石米捐錢 50
　　　　文。翌年，釐金抽收不限米穀，舉凡油、鹽、茶、糖等種類物品，一律抽釐。
　　　　是年，欽差大臣勝保奏請朝廷將釐金之法向全國推廣，戶部議覆勝保之奏，
　　　　勸諭商販抽釐助餉，章程通行各省。清咸豐五年（1855 年），湖南巡撫駱秉璋、
　　　　湖北巡撫胡林翼等相繼在湖南長沙、湖北武昌設立釐金總局。在此過程中，
　　　　捐輸性質的釐捐逐步演變為商稅性質（雜稅）的釐稅。但是，人們仍習慣於
　　　　將茶釐稱之為「茶捐」、「行捐錢」等，一如清光緒十三年（1887 年）湖北《酌

卡，徵收各項牙釐，解充軍餉，茶釐即其一。茶釐稅率爲 1%，經年累月，堪稱地方財政一大財源〔註14〕。光緒《續輯咸寧縣志》卷4《食貨‧雜稅‧茶釐》「夫釐者，百分而取一，不爲不輕也，而綜計所取，不下萬餘金矣。」長沙府屬安化茶區設有釐金局，「釐局設小淹，歲入稅金約三四十萬」〔註15〕。

關於湖北茶釐之制，史載甚明：

〔湖北〕茶稅一項只二百三十餘兩，向由產茶州縣照額徵收，歲無增減。茶釐創自咸豐五年，原爲抽釐助餉，定章在咸寧、嘉魚、蒲圻、崇陽、通山等縣產茶地方設局抽收。論其名分，箱釐、業釐、行釐三項，實則一道並徵。又，箱釐一項分廣莊箱、大面箱、洋莊箱、二五箱，均係成箱出口之貨，每百斤抽箱釐銀一兩二錢五分；小斤箱紅茶抽銀九錢三分七釐；花箱抽銀六錢二分及三錢不等；其茶末、茶梗、茶片每百斤抽收錢一二百文至數十文不等，名目甚多。行、業兩釐分頭茶、子茶、夏茶、秋茶四等。頭茶每百斤共抽錢七百三十六文，子茶、夏茶、秋茶等釐以次照七折遞減。湖南過境茶船未完正捐者，歸寶塔洲局抽收，只收箱釐，其科則與前項同。抵漢後起坡，凡係包茶套簍，無論鄂、湘所產，均收落地釐一道，每百斤抽錢二三文不等，超載減半。光緒三十四年五月，因英商偉德於滬關請領聯單，照正稅減半，只完半稅六錢二分五釐，遂將湖北釐捐概行規避。若茶商效尤，鄂捐必至無著，於是改章抵制，奏明無論洋商、華商，箱捐減半徵收，另加二成，共抽銀七錢五分。改行、業兩釐之名曰出產稅，銀錢並徵，每百斤抽銀八錢四分，錢七百三十六文，免去一切雜款。並奏定：凡請有稅單商人，只抽能抵箱捐，不能抵產稅，以杜取巧。又，二成茶釐係光緒二十年遵照部諮籌餉案內議章，由羊樓洞等處專收，茶捐六局及補收湖南茶捐之

減茶捐業行釐章程》所示。

〔註14〕儘管胡林翼規定釐金不用吏胥，以杜貪污。但是，在實際運作過程中，仍有地方官員假公濟私。光緒《欽定大清會典事例》卷241《戶部‧釐稅‧考成》載：「咸豐七年諭：湖北署漢川縣知縣城張祥泰，接管該縣釐金局，半年之內，抽錢二萬五千餘串，報解甚屬寥寥。張祥泰著即革職，照數追繳，按律懲辦。……（十一年）又奏准，辦理釐捐，不使吏胥經手，則弊端較少。現在湖南、湖北釐捐，分濟本省及各省征剿之餉，無論本籍外籍，但求廉勤不苟者，延請入局，不專令候補人員及地方州縣經辦，以收實效。……」

〔註15〕辜天祐編：《湖南鄉土地理參考書》第1冊，群益圖書社1910年版，第37頁。

寶塔洲局，於抽收正釐外加抽二成，漢口落地稅一律照加。

由上可知，茶釐抽收稅目繁雜，總括而言有箱釐、業釐、行釐 3 種；細分之，則各有所屬。箱釐包括廣莊箱、大面箱、洋莊箱、二五箱、小斤箱、花箱箱、茶末、茶梗、茶片諸名目。與箱釐按箱形類別及茶葉類別抽收不同，行釐、業釐的抽收繫將茶葉分成若干等級，即按茶葉採摘季節及先後分爲頭茶、子茶、夏茶、秋茶 4 種等級，分別徵收不同額度的稅款。兩湖茶葉運抵漢口市場，均收落地釐不等，並於正釐外加抽二成。值得注意的是，針對英國茶商手持聯單、規避釐捐一事，兩湖鹽茶牙釐總局規定無論華洋茶商，均需上繳茶釐，箱釐減半，另加二成。清光緒年間，又將行釐、業釐統稱之爲出產稅，銀錢並徵，稅目類別及性質一目了然。對於這項地方稅之利弊，時人稱：「稅額甚微，幾同例款。欲求整頓，實亦非易。惟茶釐亦進款之一大宗，近年收數較遜於前，論者動謂印度茶以後，各國接踵而起，西人之種植日多，華商之銷場日絀，稅項亦因之日短。不知西產之茶色香味究不若中茶之美，誠使中國講求種茶、製茶之法，事事爭勝於西人，何患銷路不旺？至於徵收之法，全賴各局員隨時稽查，留心整頓，務使商家無所偷漏，司巡不致侵漁，則釐務自蒸蒸日上矣。」〔註16〕論者稱：茶釐的出現標誌著實行一千餘年的茶稅制度逐告停廢。此言差矣！究其原因，茶釐實爲茶稅之變種，只是名稱有所不同而已。以此觀之，晚清《湖北財政說明書》將茶稅統稱之爲「茶稅釐」，可謂確當。實行釐金制度後，茶引漸至湮沒，但原有稅額依舊徵納，「湖南近來久未請領茶引，所有前項額徵銀兩向由各該州縣攤繳」〔註17〕。茶商負擔並未止於此，因爲官方往往在正釐之外，又有額數無定的加抽。上引光緒年間的加抽之舉，顯然是出於拓展省級地方財稅之目的，對園戶及商人的巧取豪奪。另據清宣統元年（1909 年）統計，湖南茶稅正釐爲省平銀三十萬零八千三百六十七兩八錢九分六釐，銅元二萬二千七百八十八串八百零八文，加抽省平銀六萬二千零五十一兩九錢四分九釐，加抽部分爲正釐五分之一。「抽收之法，洋莊紅茶每百斤一律抽正釐銀一兩二錢五分。其外各種茶視貨色之高下，定釐金之等差，牙釐局收釐章程列載綦詳。迨光緒二十年戶部奏籌餉緊要，將茶、糖釐金一律加抽二成，專供海防餉需，另款候撥，嗣奉文

〔註16〕 晚清《湖北全省財政說明書》之《歲入部・鹽課稅釐・茶稅釐》，並參民國《湖北通志》卷 50《經政志八・榷稅・茶稅》。

〔註17〕 晚清《湖南財政說明書》之《入款・茶課稅釐類第五・茶引稅》，宣統三年（1911年）湖南清理財政局編印。

解歸俄、法、英、德四國舊案償款之用」〔註18〕。有關正釐及加抽情形，表
列於後。

表1-2　清代湖南茶釐各局正釐加抽比較表　　　（單位：文）

局　別	數　量	局　別	數　量
湘潭局	錢 70832306 文	城陵磯局	錢 1891384 文
岳州局	錢 37682920 文	雷市局	錢 564421 文
平江局	錢 86123569 文	小淹局	錢 299775460 文
永州局	錢 1309648 文	常德局	錢 26284751 文
靳江河局	錢 5426363 文	聶家市局	錢 97985710 文
益陽局	錢 5696619 文	瀏陽局	錢 35617742 文
衡州局	錢 2439075 文	醴陵局	錢 13452066 文
榔梨局	錢 38984869 文	宜章局	錢 3930621 文
石門局	錢 12780254 文	湘陰局	錢 14512831 文
靖港局	錢 4770730 文	湘鄉局	錢 4603533 文
武岡局	錢 271022 文	新化局	錢 4570281 文
合　計	錢 769506175 文		

資料來源：晚清《湖南財政說明書》之《入款‧茶課稅釐類第五‧茶正釐並加抽》，
清宣統三年（1911 年）湖南清理財政局編印。

通觀湖南，茶釐各局正釐加抽數目不小。那些重點產茶區域自然是難逃其累，
如小淹局所收加抽高達錢 299775460 文，幾乎是湖南全省茶釐加抽總額的三
分之一。

在實行釐金制度的數十年間，相關規定時有變化。清同治十年（1871 年），
有所謂《重訂咸嘉蒲崇城山六縣各局卡抽收茶釐章程》，內容如下——

　　　一、紅茶廣莊大箱出口，每百斤抽箱釐庫平色銀一兩一錢五分。

　　　一、紅茶廣莊二五箱出口，每百斤抽箱釐庫平色銀一兩二錢五分。

　　　一、紅茶廣莊一五箱出口，每百斤抽箱釐庫平色銀一兩二錢五分。

　　　一、紅茶口莊大箱出口，每百斤抽箱釐庫平色銀九錢三分七釐

　　五毫。

〔註18〕晚清《湖南財政說明書》之《入款‧茶課稅釐類第五‧茶正釐並加抽》，宣統
　　　三年（1911 年）湖南清理財政局編印。

一、紅茶花香茶成箱出口，每百斤抽箱釐庫平色銀六錢二分五釐。

一、紅茶米茶成箱出口，每百斤抽箱釐庫平色銀六錢二分五釐。

一、紅茶花香茶出口，每百斤抽拾足錢一百六十文。

一、紅茶茶梗、揀皮出口，每百斤各抽拾足錢一百六十文。

一、紅茶打片洗末出口，每百斤抽拾足錢一百六十文。

一、紅茶半草茶出口，每百斤抽拾足錢三十文。

一、紅茶淨草茶出口，每百斤抽拾足錢二十文。

一、黑茶大、小斤箱出口，每百斤抽庫平色銀三錢。

一、黑茶東、西口箱出口，每百斤抽庫平色銀一錢五分。

一、黑茶東、西套簍出口，每百斤抽庫平色銀一錢五分。

一、黑茶老茶進出各卡，每百斤抽拾足錢五十文。

一、口莊灑面、白茶，每買錢一串，抽釐錢四十文。

一、各路紅茶，出湖南省進廣東者，須於大票注明「由南省進廣」字樣，每百斤抽半稅庫平色銀六錢二分五釐，業釐照四分抽收。

一、紅茶樣箱出口，華商仍用護票，照章抽釐。洋商毋用各該局放行發票，不取釐金。

一、各國洋商持運照報單到局，由各局卡驗明，並無冒充情弊，查清斤兩、件數，隨時填給放行，毋得留難遲滯。

一、各莊分出子莊在湖南省買來花香，經島口卡已抽收過境釐金，每百斤抽拾足錢一百六十文。該商經過各局卡，將島口卡護票呈驗，免抽一分業釐。

一、各莊分出子莊在湖南省買來茶斤，如驗有南省抽過三分業釐，護票如無島口卡過境釐票者，仍應補抽業釐、行捐各一分。

一、各局卡茶秤較定司碼，秤以十六兩八錢爲准。

一、各路茶商買紅、黑毛茶，以三十二兩夾秤報局，俟其成箱出口之日，赴局請領大票，按毛茶一五申算，必須業釐、箱釐照數完訖，方准填給出口大票。〔註19〕

〔註19〕民國《湖北通志》卷50《經政志八·榷稅·茶稅》。

該章程表明，茶釐抽收更加規範，稅目更加細密，較之咸豐時的初定章程更顯完備。首先，茶釐抽收對象相當明確，僅紅茶一項就有 11 類之多，又可細分為廣莊、口莊不同類型的茶箱，以及花香茶、米香茶、茶梗、揀皮、打片洗末、半草茶、淨草茶等不同類型的茶葉。黑茶也細分為 4 種 7 類，分別箱、簍、老茶徵稅。其次，華洋茶商稅負不同，華商照章抽釐，洋商不取釐金，凸顯了貿易不平等待遇。第三，對茶秤予以劃一，避免弄虛作假，強調用秤以 16 兩 8 錢為准，而毛茶使用 32 兩夾秤。第四，各茶莊之子莊在湖南採購茶葉，必須交納過境釐金，否則要補抽業釐、行捐。此外，特別強調湖南紅茶運經廣東出口，必須注明產地字樣，以彰顯湘茶之聲名。

因釐卡林立，釐稅繁雜，商民怨聲載道，於是清光緒十三年（1887 年），湖北出臺《酌減茶捐業行釐章程》，對茶釐予以削減——

> 頭茶每百斤抽業釐六百四十文，抽行捐錢九十六文。
>
> 子茶每百斤抽業釐四百五十文，抽行捐錢六十七文。
>
> 夏茶每百斤抽業釐三百一十文，抽行捐錢四十七文。
>
> 秋茶每百斤抽業釐二百二十文，抽行捐錢三十三文。
>
> 東口紅茶前定每百斤抽業釐五百六十文，抽行捐錢八十四文，今亦分為兩等：自穀雨節前起至大暑前一日止，每百斤抽業釐五百文，抽行捐錢七十五文；交大暑節以後，每百斤抽業釐三百文，抽行捐錢四十五文。
>
> 東、西口茶磚、斤磚套簍，每百斤抽業釐銀七分二釐，抽行捐銀一分二釐。
>
> 老茶包採買運至漢口壓磚，每百斤業、行釐銀與東、西口茶磚同。
>
> 花香端磚謂之米磚，業釐與東、西口茶磚同，行捐免抽。
>
> 以上箱釐照舊章抽取。
>
> 通山包茶除包釐仍照舊章每百斤抽足錢六百文外，頭茶業釐每百斤抽足錢四百八十文，子茶業釐每百斤抽足錢三百三十六文。〔註20〕

〔註20〕民國《湖北通志》卷 50《經政志八‧榷稅‧茶稅》。

不難發現，各類茶葉的業釐銀、行捐銀均有不同程度的削減，涉及頭茶、子茶、夏茶、秋茶、紅茶、磚茶等 14 類。但箱釐不改舊章，照常抽取。

又，清光緒三十四年（1908 年），湖廣總督陳夔龍奏稱——

> 竊照湖北徵收茶葉稅，向在羊樓洞設立專局，各產茶縣屬設立分局，由官貼牙行居間經理，代為收繳。其款有三：取諸商販者曰箱釐，以茶之廣莊、口莊為大宗，上者徵銀一兩二錢五分。此外，黑茶及紅茶之花香、米茶、茶梗等類，物質不一，捐數均較輕減。取之行戶者曰行稅，取之業戶者曰業稅，此二項即係就地所徵之出產稅，從前係照賣價扣算，自光緒十三年起，改為按斤計數，仍分頭、子、夏、秋四等。頭茶收錢七百三十六文，其餘以次遞減。嗣復遵照部議，將以上三項一概加收二成，均係歷年循辦在案。惟近來茶葉疲敝，商情困難，每以箱釐過重為詞。若不設法維持，恐洋莊盛行，為叢毆爵。而箱釐與行、業兩稅同係撥充軍餉要需，又未便率議減收。案，查光緒十六年，准部諮：必先籌有抵用之款，而後可以減茶釐等因，洵為扼要之論。茲經臣督飭牙釐、洋務兩局、江漢關道，遴派委員詳加察訪，查有行戶中飽一項為數頗巨，實為一大漏巵。緣向來園戶所售土茶，每價本錢一千文，行戶實扣一百零七文。除地方公用九文外，應以七十六文代繳出產稅，其餘二十二文即歸牙戶行用。按照紅茶價值牽勻貴賤，以三十碼計算，每百斤約需價本錢三十千文，自應繳出產稅錢二千二百八十文，乃歷年釐局所收行、業兩稅，雖廣莊頭茶每百斤亦止六百文，是經手之行戶實中飽一千四百八十文，夏、秋各茶所蝕之鉅款更可想見。擬現寬其既往，從光緒三十五年為始，概提歸公，以一千四百文之數從寬核價，折庫平銀七錢，又加二成，共銀八錢四分，作為廣莊新稅定額，其次各茶均照價本分別折銀核收，另訂專章，不准分毫增減。原有之行、業稅錢款仍照向章辦理，並將以上銀、錢兩款統定名曰出產稅，以符名實。所有各局原徵箱釐，除黑茶及紅茶之花香、米茶、茶梗等類，額釐本輕，無可再減外，應將紅茶之廣莊、口莊均自光緒三十五年起減為每百斤抽銀六錢二分五釐，再加二成，共庫平銀七錢五分，按之舊額，核減已多。此項茶釐原係撥充長江水師餉銀，即以出產稅新提中飽歸公之款彌補湊解。其舊有帶收金口救

生捐每箱二釐，仍照向章抽取。似此辦法既無損於帑項，亦足以恤商難，與部諮本意頗相脗合。惟出產稅項，本應由園戶自行赴局完納，而茶未售出，無款可繳，且零星散漫，不便稽收，應仍循照舊章，責成行戶扣繳。凡內地茶商到山採茶，必須向行棧索取出產稅票，呈驗完繳，方准起運。其有洋商在海關請領三聯單赴內地購茶者，毋庸完納箱釐，亦須向行棧索取出產稅票，到局呈驗，乃可免釐起運，以免弊混。至本省牙行，自光緒二十五年由釐局清查後，相隔已十餘年，其中有收貼未換、歇業未報者，亦有未請牙貼、開閉無常、僅由釐局每年查明牌名具報者，姑念相沿已久，暫照江南本年奏定新章，分別有無牙貼，由釐金總局督同茶釐委員及公所董事查明，一律註冊，給照定章，以後不准私自開設，各該局員司亦不准稍有需索，寓體恤於整頓之中，各行戶當必樂於從事。〔註21〕

此奏在進行一般性回顧之後，袒陳箱釐實為茶釐之重稅，嚴重危害兩湖茶業的健康發展，所謂「惟近來茶葉疲敝，商情困難，每以箱釐過重為詞」。該督同時注意到，牙行貪污中飽，數目驚人，實為茶業一大弊端，亟待整頓。他重申將業稅、行稅統一命名為出產稅，並將箱釐予以部分削減。這一舉措較之從前不啻為革新。具體而言，黑茶及紅茶之花香、米茶、茶梗等類按章照抽，僅將紅茶之廣莊、口莊應繳箱釐予以刪減。出產稅之款項，在茶市開張之前，由行戶代園戶上繳。而內地茶商到茶區採購茶葉，必須向行棧索取出產稅票，以保證出產稅金的抽取，杜絕逃稅之弊。洋商也不例外，所謂「其有洋商在海關請領三聯單赴內地購茶者，毋庸完納箱釐，亦須向行棧索取出產稅票，到局呈驗，乃可免釐起運，以免弊混」。於此可見，行棧之牙人扮演著重要角色，既是居間貿易、撮合生意的經紀人，又是准官方身份的稅收監管人。但是，清末兩湖茶業牙行的管理卻並不令人樂觀，從事牙行一業者魚目混雜，官方疏於督察。以故，該督飭令釐金總局會同茶釐委員及公所董事進行全面清查，重新註冊，不准私自開設，以維護茶業正常的營運秩序。

附帶提及，茶釐之徵是創立江漢關的直接原因。民國《湖北通志》卷 50《經政志八·榷稅·江漢關稅務》記載，江漢關稅務「設於咸豐十一年，以漢黃德道兼，監督稅務。江漢關署設立漢口鎮（後改為夏口廳）青龍巷。附錄湖廣總督官文奏略：自今春二月以來，……內地商人分赴湖南、湖北，購

〔註21〕民國《湖北通志》卷 50《經政志八·榷稅·茶稅》。

買茶葉等貨物，動稱洋商雇夥，抗不完納釐金，惟有於漢口設關，明定章程，設立行棧，收票發票……」云云，江漢關是兩湖地區近代第一關，對區域經濟影響甚巨。

第二章　茶葉種植及其生產工藝

　　清代的湖南、湖北是中國茶葉的主要產區。適宜的自然環境爲兩湖茶葉的生產提供了重要前提，與此同時，數量可觀的茶葉產地表明兩湖茶葉的種植及製作已形成一定規模。在此，筆者擬對清代兩湖茶葉生產的自然環境與產地分布予以梳理，對兩大茶區——湖南安化和湖北羊樓洞予以剖析，對茶葉種植、採摘與焙製方法予以論列，以期對兩湖茶業的生產布局及相關情形有一個總體把握。

一、自然環境與產地分布

　　由於文獻厥失，目前學界已不可能詳盡描述明清時期湖南及湖北的自然地理狀況，不可能提供有關氣候、土壤、地貌等方面的精確資料。鑒於此，筆者嘗試借鑒現代地理學的成果作爲參照。

　　在地質結構上，湖北位於秦嶺褶皺系與揚子准地臺的接觸帶上，湖南北部屬於揚子准地臺江漢斷拗，湖南南部屬於華南褶皺系贛湘桂粵褶皺帶。兩湖地貌類型多樣，山地、丘陵、崗地、平原兼備。湖北境內的山地約占全省面積 55.5 ％，丘陵和崗地約占 24.5％，平原湖區約占 20％。全境西、北、東三面被山地環繞，山前丘陵崗地廣布，中南部爲江漢平原，與湖南洞庭湖平原連成一片。湖北全境地勢呈三面高起、中間低平、向南敞開、北有缺山的不完整盆地。湖南山地約占總面積的 51.2％，丘陵約占 15.4％，崗地約占 13.9％，平原約占 13.1 ％，河湖水面約占 6.4％。全境西、南、東三面爲山地環繞，北部地勢低平，中部爲丘陵盆地。詳言之，湘西主要爲武陵和雪峰兩大山地，對東西向交通發展造成阻礙。湘南山地爲長江與珠江水系的分水嶺，其低谷埡口間爲南北交通要道。湘東山地是湘贛兩大水系的分水嶺，其隘口爲湘贛通道。湘中多爲波狀起

伏的丘陵盆地。湘北有中國著名的淡水湖──洞庭湖。就茶業而言，山地、丘陵和岡地是適宜茶葉種植的主要地貌，兩湖地區的大部分地貌均屬此三大類。

除了地質、地貌，氣候及土壤也是制約經濟作物（如茶樹）的關鍵因素。在氣候類型上，湖南及湖北均屬北亞熱帶季風氣候，其中湖北屬北亞熱帶季風氣候，湖南屬中亞熱帶季風濕潤氣候。湖北年均氣溫 15～17℃，湖南 16～18℃。湖北年降水量 800～1600 毫米，湖南 1200～1700 毫米。湖北無霜期 250～270 天，湖南 270～300 天〔註 1〕。兩湖地區光照充足，熱量豐富，雨、熱光大致同季，有利於農作物生長。就土壤而言，紅土和黃土是兩湖地區有代表性的地帶性土壤，也是最適合茶葉生長的土壤。

由上可見，兩湖地區的自然地理為茶葉種植提供了良好條件。史稱：荊湖南北路有材木、茗荈之饒〔註 2〕。兩湖地區植茶、飲茶的歷史相當悠久，傳說可上溯神農氏發明飲茶之法，信史則可追溯至魏晉。在貢茶方面，據《舊五代史・梁紀》，湖南歲貢茶 25 萬斤；地方文獻也稱「邑茶盛稱於唐，始貢於五代」的記載〔註 3〕。《唐書・劉建鋒傳》、《宋史・食貨志》、《文獻通考》等史籍，均有兩湖地區歲貢茶葉之記載，兩湖貢茶延續至明清時期。在國內貿易中，唐宋時期的邊茶銷售即有兩湖蒸青團茶（宋人稱之為片茶）的身影，尤其是明清時期的茶馬貿易，兩湖茶（尤其是湖南茶，時稱「湖茶」）佔據著重要一席之地，與此同時，兩湖茶也是內地茶葉輸往西北邊陲的主要貨源之一。迨至晚清，兩湖茶業在對外貿易的刺激下進入繁盛時期。鑒於兩湖茶業的重要性，唐宋以降，中央政府多次在此設立徵稅專門機構。宋代實行茶葉專賣制度，有所謂六務十三場之設，全國有 6 處「榷貨務」，兩湖佔有 3 處，即江陵府，漢陽軍，蘄州之蘄口。元至元二十三年（1286 年）二月，設立常德、澧州榷茶提舉司。元元統元年（1333 年）十月，復立湖廣榷茶提舉司。明清尤其是晚清，兩湖設有鹽茶牙釐總局，總攬鹽茶釐金的徵解。

就產地而言，清代湖北茶葉生產集中於鄂東南之武昌府，鄂西南之施南府、宜昌府〔註 4〕，地形多為丘陵山岡，「各鄉之茶，多種於土阜及平原地，

〔註 1〕 《中國大百科全書》(中國地理卷)，中國大百科全書出版社 1993 年版，第 201、207、256 頁。

〔註 2〕 《宋史》卷 88《地理志第四十一・地理四》。

〔註 3〕 光緒《巴陵縣志》卷 7《輿地志七・物產》。

〔註 4〕 清代，湖北其他州縣也產茶，但量少質劣，如羅田縣、黃梅縣、江陵縣、遠安縣等。有些茶產區則呈現式微趨勢，如鄂東低山丘陵地區之黃州府本是傳

而南鄉則崇山峻嶺，無不產之，金紫山、松峰山、芙蓉坡一帶出產尤勝」〔註5〕。當時，湖北全省有8縣頒發茶引，武昌府竟佔有7縣，即蒲圻、崇陽、咸寧、通城、通山、興國、嘉魚，另外1縣是施南府建始縣〔註6〕。產量方面，湖北在清代前期無可誇耀，「各州縣產茶無幾，不足本地日用」，以至於「所有茶引無商可給」〔註7〕。迨至晚清，湖北茶葉產量才有大幅度增長。下面分別府屬州縣，將湖北茶葉產區情形臚列於下。

1. 武昌府

該府所屬各州縣均產茶，是湖北重要茶區。其中，以通山、崇陽、興國、蒲圻、咸寧最為著稱。康熙府志載，興國州「有果瓜、竹箭、茶茗之利」；通山縣「產茶，即以茶為業，犢襁稚髫與估客交易，無紛爭」〔註8〕。章學誠《湖北通志檢存稿》在論及茶葉時，稱「山陝需武昌之茶」；「六安、武彝、松蘿、珠蘭、雲霧、毛尖，遠來自福建、徽州、六安州，近出於通山、崇陽」〔註9〕，表明通山、崇陽均為產茶大縣。雍正《湖廣通志》也有類似記載：「茶出通山者上，崇陽、蒲圻次之。」〔註10〕

興國州。據悉，興國州在宋代以片茶著稱，是為數不多的榷茶合同場之一〔註11〕。《明史‧食貨志》載，湖廣武昌府產茶頗多，其中以興國州為最。清代，興國州的茶業雖遜於蒲圻等縣，但也不可輕視。光緒州志記載，該州茶葉「多出永福、吉口、雙遷等里，穀雨前茶為上」〔註12〕。

通山縣。同治縣志記載，茶葉「有紅、黑二品，隨人自為」〔註13〕。通山產茶由來已久，諺語稱「家有千叢茶，吃穿都不怕」。清代，該縣出產綠茶、紅茶、青茶。綠茶產自九宮山、楊芳林、土橋等地，紅茶則全縣皆出。青茶

統茶區，魏晉時期即有植茶記載，迨至明清時期，該府各縣雖亦產茶，但數量、品質均不及從前，且遠遜武昌、施南、宜昌諸府。
〔註5〕民國《蒲圻縣鄉土志》，蒲圻縣教育局1923年版，第64頁。
〔註6〕《清史稿》卷124《食貨志‧茶法》。按，建始縣舊屬四川省，清乾隆八年（1743年）改隸湖北施南府。
〔註7〕《清朝通典》卷8《食貨八‧賦稅下‧雜稅‧茶課》。
〔註8〕康熙《湖廣武昌府志》卷3《風俗志》。
〔註9〕章學誠《湖北通志檢存稿‧考六‧食貨考第三》。
〔註10〕雍正《湖廣通志》卷18《田賦志‧物產附》。
〔註11〕《文獻通考》卷18《征榷考五‧榷茶》。
〔註12〕光緒《興國州志》卷4《輿地志三‧物產》。
〔註13〕同治《通山縣志》卷2《風土志‧土產‧貨類》。

－45－

又名曬青，產自畈泥、橫石一帶，系穀雨時採摘，經殺青、揉撚、曬乾等工序製作而成。

崇陽縣。崇陽自宋代即長於植茶，「崇陽在趙宋，茶、絹迭興」〔註14〕。迨至明清，該縣植茶業日益繁盛。嘉慶《湖北通志》引明一統志，稱「崇陽縣龍泉山前產茶，味甚美，號龍泉茶」。同治縣志載，茶樹「今四山俱種，山民藉以爲業」〔註15〕。時人劉鎭鼎有《採茶行》組詩，對採茶女工的茶事予以描繪：「山前山後種茶場，春風初試芽旗香。六斑好趁雨前採，背束筍籃手提筐」；「採茶須採早，莫待茶芽老。茶老價亦廉，茶早售較好」；「朝採茶暮採茶，山花壓損鬢雲斜。蠶事未了茶事急，忙煞山中兒女家。」衛道之士進而感歎「近年村家婦女逐隊入市揀茶，則風俗之大憂也」〔註16〕。

蒲圻縣。蒲圻爲湖北產茶大縣〔註17〕，產區集中於縣北的茗山和縣南的羊樓洞，尤以後者爲著。民國鄉土志記載：「茶爲出口大宗，蒲邑四鄉皆產之。而種植較盛、獲利頗多者，厥惟南鄉，以其近羊樓洞茶市也。」〔註18〕羊樓洞產茶始自唐代，素有「洞茶」之盛名。迨至元明時期，受邊茶貿易發展的刺激，湖北茶葉主要產區由宋代的黃州、蘄州、江陵、鄂州、歸州、峽州等地轉向以羊樓洞爲中心的鄂南地區。清康熙年間，官方逐漸放寬漢人到蒙古經商的限制，山西商人遂轉型爲「旅蒙商」，將內地茶葉等貨物銷往邊境地區。清乾隆年間，山西茶商到鄂南設莊收購，以供邊銷，加快了該地茶業的發展。後來，廣東茶商也到鄂南製辦紅茶，輸往海外。漢口開埠前，羊樓洞已是聲名遠揚的邊茶產區和紅茶出口基地。清末民初，蒲圻茶葉種植面積擴大，飲茶廣爲風行。據悉：「茶爲蒲圻土產出口大宗，亦日用所必需。然蒲俗，尋常飲料皆茗、荈之類，其龍團、雀舌至貴重者，惟待客一設而已」〔註19〕。

咸寧縣。咸寧是產茶大縣，明代在綠茶之外，開始製作磚茶，晚清生產紅茶，產量很大，同治、光緒縣志均有記載〔註20〕。文獻載：「穀雨。茶芽初

〔註14〕同治《崇陽縣志》卷4《食貨志‧物產》。
〔註15〕同治《崇陽縣志》卷4《食貨志‧物產》。
〔註16〕同治《崇陽縣志》卷1《疆域志‧風土》。
〔註17〕同治《蒲圻縣志》卷1《疆域‧物產‧雜植類》。
〔註18〕民國《蒲圻縣鄉土志》，蒲圻縣教育局1923年版，第64頁。
〔註19〕民國《蒲圻縣鄉土志》，蒲圻縣教育局1923年版，第52頁。
〔註20〕同治《咸寧縣志》卷4《食貨‧物產‧貨類》。光緒《續輯咸寧縣志》卷4《食貨‧物產‧貨類》。

發，鄉間競事紅茶，摘茶、踩茶、焙茶。又值割麥插禾之時，民無暇刻。」
〔註21〕其中又以咸馬橋、柏墩所產最佳，「自西洋通商，咸馬橋、柏墩地方植
茶最廣，行戶領帖開行，商人販賣，委員抽取釐稅」〔註22〕。柏墩所產磚茶
以老青茶爲原料，製作精良，曾在巴拿馬博覽會獲獎。

　　大冶縣。明清方志皆記載大冶產茶，集中於天台、汪家岩、吳家嶺諸山，
尤以縣西大、小茗山最有名〔註23〕。

　　通城縣。同治縣志所記土產有茶葉，並輯錄歌詠款待客人的詩歌，稱「尤
愛人情禮俗饒，親朋相見喜粗招。開罈綠酒兼加醴，四碗清茶並著椒」〔註24〕，
似可說明沖泡茶葉已成爲鄉民習以爲常的禮節。

　　嘉魚縣。茶葉生產始自宋代，境內名茶有陽山茶、湖西茶。乾隆縣志所
記土產有「茶」，同治縣志則有茶課銀、茶稅銀之記載〔註25〕。

　　武昌縣。明代開始植茶，主要分布於縣南低山丘陵地帶，「山鄉多種於隙
地，隔年播種茶子數十顆，至次年便生，烈日須用樹枝遮之，三年便可採。有
雨前、明前、雀舌諸名。土人以嫩爲貴，故味清而不腴。產黃龍山巓者名雲霧
茶，極佳」〔註26〕。這裡提及的黃龍山，位於縣南145里，「秀聳盤紆，泉石
甚美，山巓常棲雲霧，可占晴雨，產茶名雲霧茶」〔註27〕，是名噪一時的佳茗。

　　江夏縣。明代，縣東九峰山出產茶葉，但清代方志不見載〔註28〕。

2. 施南府

　　該府所屬各縣（恩施、宣恩、來鳳、咸豐、利川、建始）均產茶。同治
府志所記物產有「茶葉」。在當地民俗中，人們擅長以花入茶，「多產月月紅、
月桂、荷包花、玫瑰花，山人以此納茶葉中，其氣味香美」〔註29〕。此外，
鄉民喜食油茶，「土人以油炸米花、豆乾、芝麻、黃豆諸物，和茶葉作湯泡之，

〔註21〕光緒《續輯咸寧縣志》卷1《疆域・風俗・節序》。
〔註22〕光緒《續輯咸寧縣志》卷4《食貨・雜稅・茶釐》。
〔註23〕嘉靖《大冶縣志》卷2《田賦志・物產・貨類》。同治《大冶縣志》卷2《山
　　　　川志・物產》。
〔註24〕同治《通城縣志》卷6《風俗》；卷7《土產・貨類》。
〔註25〕乾隆《重修嘉魚縣志》卷2《風土志第五・土產・貨之品》。同治《重修嘉魚
　　　　縣志》卷2《賦役志第三・貢賦》。
〔註26〕光緒《武昌縣志》卷3《物產・茶之屬》。
〔註27〕光緒《武昌縣志》卷1《山川》。
〔註28〕同治《江夏縣志》卷2《疆土志二・山川》；卷5《風俗志十・物產》。
〔註29〕同治《增修施南府志》卷11《食貨志・物產》。

名曰油茶。客至，則獻之，以致敬。宣、咸、來三邑旅店中，亦有鬻此爲生易者，行人便之」〔註30〕。

恩施縣。同治縣志所載物產有「茶」〔註31〕。

宣恩縣。宣恩產茶，清人商盤《采蕨》一詩可爲佐證，詩云：「夕陽一片踏歌起，社前競採西岩茶。」〔註32〕該縣茶葉以伍家臺茶最有名。其史事略爲：乾隆年間，茶民伍昌呂製作的茶葉品質優良，相繼得到知縣劉澍、知府廷毓的賞識。乾隆帝聞知，遂派人到此監製，並賜伍昌呂金字匾，伍家臺茶因此名揚天下〔註33〕。

建始縣。明清文獻均載產茶，明人周鴟化《業州竹枝詞》云：「亦有斤茶免貢輸，火前香味最清腴。趁他陽雀未開口，好挈筠籃伴小姑。」道光、同治縣志也有茶葉記載，但品質不佳，所謂「產茶而民拙於焙，香者絕少」〔註34〕。

來鳳縣。同治《來鳳縣志》之《地輿志》有「老茶口」、「茶園坪」地名；《風俗志》則有鄉民以油茶「餉客致敬」的記述。大體上，來鳳縣產茶不多，但也有上等茶。史稱「〔茶〕最佳者造在社前，其次則雨前，葉稍老則茶粗。邑雖種植不多，然間有佳品，舊志所以有雲岩、仙洞兩種」〔註35〕。

利川縣。同治縣志所記物產有「茶」〔註36〕。光緒縣志記載：茶「早採者爲茶，晚採者爲茗，一名荈。產縣西南烏洞、東南毛壩者良，產縣西南界牌嶺者味甘，曰甜茶」〔註37〕。

咸豐縣。據同治《咸豐縣志》記載：「茶，穀雨前採取，其味香美。」〔註38〕

3. 宜昌府

該府地處鄂西山區，所屬各州縣均產茶，產量頗豐，尤以鶴峰爲最，所

〔註30〕 同治《增修施南府志》卷10《典禮志‧風俗》。
〔註31〕 同治《恩施縣志》卷6《食貨志‧物產》。
〔註32〕 同治《宣恩縣志》卷19《藝文志》。
〔註33〕 參見梅莉《明清湖北茶葉及其生產分布》，《湖北大學學報》1994年第2期。
〔註34〕 道光《建始縣志》卷3《戶口志‧物產‧雜產》。同治《建始縣志》卷4《食貨志‧物產‧雜產》。
〔註35〕 同治《來鳳縣志》卷29《物產志‧貨屬》。
〔註36〕 同治《利川縣志稿》卷4《食貨志‧物產‧雜產》。
〔註37〕 光緒《利川縣志》卷7《戶役志‧物產》。
〔註38〕 同治《咸豐縣志》卷8《食貨志‧物產》。

謂「州中產茶甚多，其味較佳於他邑。近有茶行數家，荊、襄人多入山採買」〔註39〕。尤其是，宜昌府的植茶歷史在湖北最爲悠久。陸羽《茶經》將峽州所屬遠安、宜都、夷陵三縣所出之茶，視爲唐代茶葉之上品。明清時期，該府所產紅茶—— 宜紅茶，其品質僅次於祁門紅茶，飲譽海內外。詳言之，清道咸年間，廣東茶商進入鶴峰、五峰、長陽一帶製辦紅茶，推動了鄂西茶業的增長，漁洋關成爲省內著名紅茶市場。鄂西所產宜紅茶頗受英國茶商青睞，成爲國內著名的紅茶外銷品種。

東湖縣。乾隆《東湖縣志》所記物產有「茶」。有意思的是，採茶之風甚至浸潤到了年節文化之中。史稱：「元宵張燈自正月初十至十五日，間有少年數十輩，餚女妝，攜籃負簍，作採茶狀，且唱且採，歷親友家，各以意作態。」〔註40〕

長陽縣。同治《長陽縣志》所記物產有「茶」。當地民間小調頗多歌詠茶事，如「燈火元宵三五家，村里迓鼓也喧嘩。他家縱有荷花曲，不及儂家唱採茶」；「三月採茶茶發芽，姊妹雙雙去採茶。大姊採多妹採少，不論多少早還家」；「三月採茶是清明，奴在房中繡手巾。兩邊繡的茶花朵，中間繡的採茶人」等，誠可謂「俚而不俗，頗近竹枝，漁洋所稱粵風續九，無以過也」〔註41〕。

長樂縣。該縣有悠久的植茶史，唐代出產黃牛峽茶〔註42〕。清代，以盛產紅茶聞名遐邇。光緒《長樂縣志》稱，茶園坡「在石樑司，一在石板保，距城一百一十里，產茶，味甚美。」又稱：「邑屬水盡、石樑、白溢等處俱產茶，每於三月，有茶之家婦女大小俱出採茶。清明節採者爲雨前細茶，穀雨節採者爲穀雨細茶，並有白毛尖、萌勾（亦曰茸勾）等名，其餘爲粗茶。」另有李煥春所撰《竹枝詞》，描寫一對姐妹採摘春茶的情形，云「深山春暖吐萌芽，姊妹雨前試採茶。細葉莫爭多與少，筐攜落日共還家」〔註43〕。

興山縣。光緒《興山縣志》記載，「縣境舊無茶。咸豐中，九沖山民李進考始種茶，爲縣境產茶之始」〔註44〕。

巴東縣。巴東介於長江上游巫峽與西陵峽之間的鄂西山區，有良好的生

〔註39〕同治《宜昌府志》卷11《風土·物產》。
〔註40〕乾隆《東湖縣志》卷5《疆域下·風俗》。
〔註41〕同治《長陽縣志》卷1《地理志七·風俗·歲時》。
〔註42〕嘉慶《歸州志》卷1《地輿志·土產》。
〔註43〕光緒《長樂縣志》卷3《山川》；卷8《物產》；卷12《風俗志·工藝》。
〔註44〕光緒《興山縣志》卷14《物產志》。

態環境，植茶歷史悠久。唐宋以降，該地茶產著稱於世。《唐書·地理志》載，歸州巴東郡貢葛、茶、密、蠟。該縣所產真香茶，是茶之上品。同治《巴東縣志》引舊志：「茶名真香。顏元慶《茶譜》云：……巴東有真香……。據此，是巴東茶品舊亦稱著海內。今自變亂之後，荒為榛莽，間有採而售者，皆大葉粗梗，兼之烘焙失宜，色味俱惡。然則茶雖本於地力，而興衰之故亦由乎天時、人事哉。」又稱：「今長豐里及在市里之羊乳山產茶，里人於穀雨前採之，色味俱佳。長豐產者尤勝，惜難多得耳。聞之父老，言巴東盛時，民有桐、茶、藥、果、蠟、漆之利，野獸竄伏深山，不為民害。迨崇禎壬午以後，迄於壬辰，十年之間百姓死於虎至萬餘人，重以寇盜殺掠之慘，而邑遂為墟。方今土滿人稀，茶荒桐槁，間採檗皮、五倍子貨於市……」〔註45〕由此可見，巴東茶業經歷了由盛而衰的嬗變過程。

　　鶴峰州。該州是湖北著名茶葉產區。道光《鶴峰州志》引《世述錄》稱，「神仙園、陶溪二處茶為上品」，時過境遷，昔日之上品已不復存在，「今查各處所產無甚分別」。儘管如此，茶業仍然是鶴峰州的支柱性產業。史載：「州屬田土苦窳，生殖不饒。山林之產，惟茶利最厚，次則飼豬、種煙，販出外境，藉通泉貨」〔註46〕；「邑土多磽薄，桑、麻、絲、棉諸種仍屬未興，故物產志仍舊，惟葛仙米、芽茶生殖頗饒」〔註47〕。特別值得一提的是，鶴峰出產的容美茶舉世聞名。「容美貢茗，遍地生植，惟州署後數株所產最佳。署前有七井，相去半里許，汲一井而諸井皆動。其水清冽，甘美異常。離城五十里，土司分守留駕司、神仙茶園二處，所產者味極清腴，取泉水烹服，驅火除瘴，清心散氣，去脹止煩，並解一切雜症，現生產更饒。咸豐甲寅年，高炳之同眾公議，遂創首請示設棧，多方經營。由是遠客鱗集，城鄉悉食其利，而財源漸開矣。」〔註48〕鶴峰州除傳統名茶容美茶外，還是宜紅茶的重點產區。光緒《續修鶴峰州志》聲稱：「近今美利日增，惟茶為最。」論及紅茶，稱「邑自丙子年廣商林紫宸來州採辦紅茶，泰和合、謙慎安兩號設莊本城五里坪，辦運紅茶，載至漢口兌易，洋人稱為高品，州中瘠土賴此為生計焉」〔註49〕。

　　除了以上三大茶區，湖北另有少數縣域也產茶。如荊州府、黃州府均為傳

〔註45〕同治《巴東縣志》卷11《物產志·貨幣》。
〔註46〕道光《鶴峰州志》卷7《物產·雜產》。
〔註47〕同治《續修鶴峰州志》卷首《物產志》。
〔註48〕同治《續修鶴峰州志》卷首《物產志》。
〔註49〕光緒《續修鶴峰州志》卷7《物產志》。

統茶區，唐宋時期達致極盛，清季已呈衰敗之勢。荊州府屬當陽縣，有玉泉山之仙人掌茶，為唐宋時之名茶；江陵縣在彼時亦因出產楠木茶、大拓枕茶而著稱〔註50〕。迨至清代，荊州府屬之茶，僅有遠安縣較著。同治《荊門直隸州志》載：「遠安茶以鹿苑為絕品，每年所採不足一斤，反不如鳳山之著名。然鳳山亦無茶。外間所賣者，皆出董家畈、馬家畈等處，以其近鳳山，故曰鳳山茶。」〔註51〕此外，枝江縣、宜都縣清代均有少量茶產〔註52〕。再如黃州府，陸羽《茶經》言：蘄州茶生黃梅縣山谷，黃州茶生麻城縣山谷，品與荊州、梁州同。《唐書·地理志》載，蘄州土貢有茶。《宋史·食貨志》載，天下設置6處榷茶務，其中即有蘄黃之蘄口。另有山場採造，官府監管，淮南道有蘄、黃二州。李時珍《本草綱目》載「茶之美者，蘄州之團面」。咸豐《蘄州志》卷3《地理志下·土產》：「雲霧茶，出仙人臺，味最佳，諸茶莫及。」但是，該志土產細目「貨類」卻不記茶。黃梅縣在清代有茶〔註53〕，但已失去昔日風光。唐宋時期與蘄州茶同樣有名的黃州茶，也令人有夕陽西下之歎。雖然清代《黃州府志》記「茶」，但產值大不如前。乾隆《黃岡縣志》、光緒《黃岡縣志》僅記「茶供瀹」，茶葉似乎自產自銷，沒有成為大宗商品。光緒《麻城縣志》也僅記「茶供瀹」，再徵之民國縣志：「麻城產茶之山不一，以龜峰為最佳，山麓附近各地出產亦旺，而品稍遜。蓋茶不喜瘦山，山愈高則土質愈瘠，接雲霧亦近，故香味清冽可貴。他如天台山、疊峰山、覆鐘尖等處，所產均美，惜數量不多，只是供本地之用，故名不遠傳耳」〔註54〕，茶業已衰。黃州府其他縣份莫不如是，如康熙《黃安縣志》記述，萬峰庵僧人「種茶數畝，紫旗綠槍，復以啜客」〔註55〕。乾隆《英山縣志》卷4《山川》僅記「茶園嶺，縣東二十里，舊產茶」。再參考民國文獻，「〔茶〕邑境皆有，但所種不多，僅供本處飲料。近雖有肩挑販運，亦不甚多。

〔註50〕乾隆《荊州府志》卷18《物產·雜植之屬》。乾隆《江陵縣志》卷22《風土二·物產·雜植之屬》。同治《當陽縣志》卷2《方輿志下·物產》。光緒《荊州府志》卷6《地理志六·物產·雜植之屬》。光緒《續修江陵縣志》卷22《風土志·物產·雜植之屬》。

〔註51〕同治《荊門直隸州志》卷1《輿地志·物產》。同治《遠安縣志》卷2《物產·貨之屬》。

〔註52〕同治《枝江縣志》卷7《賦役志下·物產·木屬》。同治《宜都縣志》卷1下《地理·物產·雜產》。

〔註53〕光緒《黃梅縣志》卷7《地理志·物產·貨屬》。

〔註54〕民國《麻城縣志續編》卷3《食貨志·物產·飲饌之屬》。

〔註55〕參見梅莉《明清湖北茶葉及其生產分布》，《湖北大學學報》1994年第2期。

茶味不減六、霍，若能廣種，亦生利之一端。苦丁茶。生深山岩石間，枝葉似茶而大，有二種：一葉小有刺，一葉大而圓，味甘苦，極香。近年山民漸知覓採，價值甚昂，惜無子種，極難覓種。」〔註56〕另如羅田縣，光緒《羅田縣志》僅記「最上者爲雨前茶」〔註57〕。蘄水縣，光緒《蘄水縣志》載，茶「斗方山及人家諸圃皆出」〔註58〕，所記寥寥。另如漢陽府，宋代曾是榷茶之地，但清代文獻均未記茶，僅民國《湖北通志》記有「漢陽茶」，又引舊志，稱「茶茗，舊無稱」〔註59〕。黃陂縣明代屬黃州府，清代雍正七年（1729）改屬漢陽府。同治《黃陂縣志》輯錄邑人向古所撰《朝陽洞記》，內稱「旁有庵名解脫庵，側種茶數百本，名小峴春」〔註60〕。襄陽府，明代產茶，但清代文獻多不記茶〔註61〕。僅襄陽府屬均州產「陽羨茶」，該茶「能滌煩熱，蓋羽衣道流所珍也」〔註62〕，似乎不是大眾飲品。

茲根據清末湖北諮議局的相關文獻記載，將清代湖北產茶州縣及產量表列如下。

表2-1 清末湖北各州縣產茶表

（單位：斤、擔、串）

州　縣	類　別	年產量	州　縣	類　別	年產量
嘉魚	紅茶	二三千斤	南漳	山茶	二萬餘斤
蒲圻	紅茶 黑茶	十六萬五千餘擔 十六七萬擔	鄖陽	家園	百餘斤
			竹山	家園	百餘斤
崇陽	色茶 老茶	二百餘萬斤	東湖	綠茶	錢萬串
			興山	雨前	二萬八千餘斤
通山	次老茶 頭紅茶	錢六七萬串	歸州	毛尖	千餘斤
			利川	毛尖	四千餘斤
興國	春茶	三萬餘斤	恩施	綠茶	五萬餘斤
通城	茶	千餘擔	鶴峰	紅茶	四十萬斤

〔註56〕民國《英山縣志》卷1《地理志・物產・嗜好科類》。
〔註57〕光緒《羅田縣志》卷1《地輿志・物產》。
〔註58〕光緒《蘄水縣志》卷2《地理志・物產・貨之屬》。
〔註59〕民國《湖北通志》卷22《輿地志二十二・物產一・茶類》。按，乾隆《漢陽縣志》卷10《物產》、同治《續輯漢陽縣志》卷9《風土・物產類》均不記茶。
〔註60〕同治《黃陂縣志》卷15《藝文中》。
〔註61〕萬曆《襄陽府志》卷14《物產・貨品》。乾隆《襄陽府志》卷6《物產》。
〔註62〕光緒《續輯均州志》卷3《風土・土產》。

圻水	青茶	千餘斤		家園	二百餘斤
黃梅	紅茶 綠茶	一二百斤	穀城	女兒紅 山梨	二千餘斤 百餘斤
廣濟	家園	萬餘斤	長樂	紅茶 白茶	十萬餘斤 三千餘斤
枝江	雨前毛尖	無多			
均州	武當太和茶	無多	長陽	紅茶 白茶	六萬餘斤 無查

資料來源：湖北諮議局《興茶葉以開利源案》，宣統元年（1909 年）十月十三日呈。引見吳劍傑主編《湖北諮議局文獻資料彙編》，武漢大學出版社 1991 年版，第 193 頁。

上表顯示，直至清末，武昌府、施南府、宜昌府作爲湖北重點茶區的地位不可動搖。不知何故，一些產茶大縣如武昌府江夏、武昌、咸寧、大冶諸縣，施南府宣恩、來鳳、咸豐、建始諸縣，以及宜昌府巴東縣均不見載。其他產茶州縣，如遠安、宜都、黃岡、麻城、黃安、英山、羅田、黃陂等亦不見載。姑且揣測，一是諮議局統計不周，資料厥失；二是某些州縣至清末確已無茶可記。但統計所得之資料十分重要，可補方志記述之不足。如諮議局披露之南漳、鄖陽、竹山、穀城、廣濟諸縣，地方文獻或語焉不詳，或遺漏未記。尤其是，南漳、穀城茶葉產量，竟然數以千萬計，誠爲清末湖北產茶大縣。從茶葉品種看，清末湖北有紅茶、綠茶、黑茶、白茶、青茶、色茶、老茶、春茶、山茶、家園、雨前、毛尖、女兒紅、山梨、武當太和茶，約 15 種。其中，紅茶產量很大，表明茶葉外貿是晚清影響湖北茶業發展的重要因素。家園茶產量最少，年產量在百餘斤左右，似乎可視爲侷限於一縣之隅的自產自銷產品。唯獨廣濟是特例，所產家園茶年產量在萬餘斤。某些稀有品種，如枝江雨前毛前、均州武當太和茶，則產量較少，益顯名貴。從茶葉產量看，崇陽最多，年產量高達 200 餘萬斤；鶴峰爲次，爲 40 萬斤。年產量在萬斤以上、年產值在萬串以上者，均可視爲產茶大縣，計有蒲圻、長樂、長陽、恩施、興國、興山、南漳、廣濟、通山、東湖諸州縣。

與湖北相比，清代湖南茶葉產區更多，產量也更大。飲茶是湘人一大風習，「湘茶大抵火焙，謂之煮茶。湘人性寒，飲之甚宜」〔註63〕。湖南各地幾乎都出產茶葉，但茶園主要集中在二大區域：

一是湘東北地區，即位於湖南東北部的岳州府及其周邊地區，包括臨湘

〔註63〕民國《寧鄉縣志》之《故事編第三‧財用錄‧農業‧物產八》。

（岳州府）、平江（岳州府）、巴陵（岳州府）、湘陰（長沙府）、沅江（常德府）等縣。

二是湘中地區，即位於湖南中部的長沙府、寶慶府、常德府、辰州府交匯地區，尤其是以安化、桃江為主的資水中下游地區，以安化（長沙府）、新化（寶慶府）為主，兼及桃源（常德府）、武陵（常德府）、沅陵（辰州府）、漵浦（辰州府）、武岡（寶慶府）、邵陽（寶慶府）、益陽（長沙府）、寧鄉（長沙府）等州縣〔註64〕。

湖南茶區往往連成一片，甚至與鄰省茶區地氣相接。從地理方位看，岳州府屬及其周邊地區，位於湖南東北部，與湖北茶產區武昌府接壤。再以湘中為例，以安化縣為軸心，東有寧鄉縣、益陽縣，西南有新化縣，西有沅陵縣、漵浦縣，北有桃源縣、武陵縣。新化縣之東南有邵陽縣，南有武岡州。

除了上舉兩大茶區外，晚清時期，湖南其他州縣茶業的發展也頗引人注目。如長沙府醴陵縣，永州府零陵縣、東安縣，衡州府耒陽縣，郴州興寧縣，澧州慈利縣（其西北山區與湖北鶴峰州毗鄰）。下面分別湖南各府州縣以臚列之，以觀其全貌。

1、岳州府

該府所屬各縣，除華容縣外，均出產茶葉。早在唐宋，岳州就是著名茶區。「岳處荊襄之都會，有材木、茗荈之饒」〔註65〕。岳州即有「灘湖之含膏」之佳茗，另有開勝、開卷、少卷、黃翎毛、雙上、綠芽、小芳諸名茶。這些名茶隨著歲月流逝，已喪失其本原，「邑茶名古今殊稱，種植亦異地。舊傳產灘湖諸灘，今都無有，多產山崖中」；「惟白鶴僧園有十餘本，頗類北苑所出，一歲不過一二十兩，土人謂之白鶴茶」〔註66〕，差強人意。不過，清代岳州府仍是產茶重鎮，所謂「〔茶〕四鄉均產，以君山為上，臨湘為多」〔註67〕。尤其是紅茶，成為該縣重要商品。清末湖南鄉土教材聲稱，岳州府「物產之著者，一都布、紅茶」〔註68〕。

〔註64〕龔勝生：《清代兩湖農業地理》，華中師範大學出版社1995年版，第183頁。
〔註65〕同治《巴陵縣志》卷11《風土‧土產》引宋志。
〔註66〕嘉慶《巴陵縣志》卷14《風俗‧物產‧貨之屬》。
〔註67〕乾隆《岳州府志》卷12《物產志‧貨之屬》。
〔註68〕辜天祐編：《湖南鄉土地理教科書》第2冊，群益書社、群智書社、作民譯社1910年版，第12頁。

巴陵縣。該縣植茶歷史悠久,「邑茶盛稱於唐,始貢於五代馬殷時」〔註69〕。迨至清代,巴陵所產君山茶聞名遐邇,成爲宮廷飲品。康熙《岳州府志》載:「君山茶,出君山。」〔註70〕清代諸縣志云:「茶。君山爲上,國朝充土貢,自乾隆四十六年始。有蘭芽、鍋青等名,栢港稍次,俱非他產所及。」又稱「巴陵君山產茶,嫩綠似蓮心,歲以充貢」;「君山茶色味似龍井,葉微寬而綠過之」。清人所撰《瀟湘聽雨錄》進而聲稱:「君山之毛尖,當推湖茶第一,雖與銀鍼、雀舌諸品校,未見高下,但所產不多,不足供四方爾。」君山之茶,歲貢 18 斤,由官府監督,僧人採製。史載:「穀雨前知縣遣人監山僧採製,一旗一槍,白毛茸然,洵珍品也,俗呼白毛尖,即白鶴翎之遺意」;「聞貢茶入京,以供大廟之用」。其產量較少,但價值不菲,「貢尖下有貢兜,隨辦者炒成,色黑而無白毫,價率千六百,粗五十止,其實佳茶也。君山茶無他葉,其味粗細若一,粗者但陳收而濃煎之,可消食利氣,而無剋損之害」;「或至百數斤,斤以錢六百償之。僧造茶成,已斤費二千餘錢矣。向來買者可得四千。」君山之外,柏港(一作北港)也是重要產地。所謂「若柏港茶,浸潤數邑……此則物產爲甚饒,而舊志所未詳者」;「北港地亦不廣,而出茶較多,鄉人有茶園者收利頗饒。惟穀雨前初擷者佳,再擷、三擷則稍遜矣」;「北港地皆平岡,出茶頗多,味甘香亦勝他處」。僧人甚至以柏港茶冒充君山茶,「今之貢茶皆君山之產,君山所出無多,山僧每以栢港〔茶〕亂之」〔註71〕。光緒《巴陵鄉土志》論及茶葉時,亦稱「君山最貴,北港次貴,灘湖諸山各洞皆產茶。」吳敏樹《土產說》對巴陵茶業有較多論述:

> 茶,巴陵故少種,而君山舊有名。乾隆間入貢,歲十八斤。而余少時見近里荷塘人賣茶,春三月清明過十日,提小筐過門,其茶尚青,名曰鍋青,生葉過湯而焙成,價斤百數十錢,貴之,常不買。穀雨後,侵晨擔竹籠者,與之價,其人滿堂,議定畢售,一日率斤九十,二日減五,三日又減五矣,歲歲如此。家飲陳茶,新者炒而收之。爲引火氣,有陳至二十年者,以與人治火疾,大效也。四都最多茶,地稍遠,價廉於荷塘,人挑之來,或自遣人去,蓋以四五十錢取其少粗者。又,老茶斤十餘錢,則臨湘來矣。道光末,江廣

〔註69〕 嘉慶《巴陵縣志》卷 14《風俗・物產・貨之屬》。
〔註70〕 康熙《岳州府志》卷 14《物產》。
〔註71〕 嘉慶《巴陵縣志》卷 14《風俗・物產・貨之屬》。同治《巴陵縣志》卷 11《風土・土產》。光緒《巴陵縣志》卷 7《輿地志七・物產》。

人販茶至洋，名紅茶。慮茶僞，專取生葉，高其價，人爭與市。而
貿於本地者，名黑茶，乃取山中雜樹葉爲之，極有無一葉茶者。於
是，茶值三倍往時，苦難得，始有自種者。兵事起，岳陽設水卡，
多榷茶、鹽。鹽自川來，而茶出湖南也。城中買茶行，又有落地之
抽，茶益貴矣。將來種茶者必日多，惟望時事清平，稅盡除去。君
山茶以名高，督兵船過必取，以饋當路大人，斤至十二千，平價九
千六百。縣官見僧多利，貢外添辦，至百餘斤，官價六百，僧不敢
較。近兵事少，買茶稀，僧不給本，必敗茶。由此言之，利害之相
倚伏，盛衰之變詎不然哉。〔註72〕

可見，清乾隆年間，巴陵茶的種植及銷售均爲個體茶農及提小筐、擔竹籠的小
販爲之。新茶價值最高，然後逐日遞減。人們熟稔茶的藥用功能，以多年陳茶
治療疾病。值得注意的是，巴陵君山茶之名貴，連普通兵卒也知道，他們以高
價購買，用來賄賂上司。縣衙見利眼開，額外強派，以低價購入，徒佔便宜。
儘管如此，在一買一賣中，採製君山茶的僧人們獲取了豐厚利潤。道光末年，
茶葉出口日增，江浙、廣東商人前來購置紅茶，紅茶一躍而爲巴陵茶業的大宗
商品。但到光緒年間，由於外茶競爭，紅茶旺銷之勢趨於衰退。光緒《巴陵縣
志》祖言：「往時紅茶多得利，其貿本地之黑茶或山中樹葉爲之，乃至無一葉茶，
茶苦難得，值益高，始有自種者。今則紅茶利益微，業茶者亦衰耗矣。」〔註73〕

　　清代巴陵縣所產各路茶葉的產銷情形，參見表2-2。

表2-2　清代巴陵縣茶葉產銷統計　　　　　　　　　　（單位：斤、串）

品　　名	產　　量	價　　值	銷　　路
洪橋茶	2萬餘斤	4千串左右	由水運銷行武昌、漢口、蕪湖、南京等處
化錢爐茶	3萬餘斤	6千串左右	由水運銷行上海、廣東等處
河塘茶	2萬餘斤	4千串左右	由水運銷行江西等處
各洞茶	50萬餘斤	10萬餘串	由水運銷行漢口、外洋等處
北港茶	10萬餘斤	20萬串左右	由水運銷行華容、九都、安鄉、長沙、湘潭、漢口等處

資料來源：光緒《巴陵鄉土志‧物產》。

〔註72〕同治《巴陵縣志》卷11《風土‧土產》。
〔註73〕光緒《巴陵縣志》卷7《輿地志七‧物產》。

由此可見，清代巴陵縣茶葉除君山茶產量較少外，其他各路茶葉的年產量都相當可觀。水路似乎成爲該縣茶葉外銷的主要流通管道。在市場方面，漢口是最大銷場，此外尚有上海、廣東、蕪湖、南京、武昌等外埠，省內則有華容、九都、安鄉、長沙、湘潭等處。

臨湘縣。康熙《臨湘縣志》所記物產有「茶」〔註74〕。植茶是臨湘縣山區農民的主要生業，「山民以植茶、紡織爲生」〔註75〕。

平江縣。該縣是湖南產茶大縣，清代方志均稱「邑產頗多」，並稱「貧民資以度活，有茶稅」；「十七都茶山坳較勝，邑茶稅銀十兩，本都完納」〔註76〕。晚清時期，紅茶成爲平江縣茶業的支柱。史載：「道光末，紅茶大盛，商民運以出洋，歲不下數十萬金」；「第近歲紅茶盛行，泉流地上，凡山谷間向種紅薯之處，悉以種茶，獲利雖豐，然饑不可以爲食。一遇歉收，即有鮮飽之患，有識者深切隱憂」。由於鄉民見茶葉市場銷路良好，紛紛以植茶爲本業，以致引起士人擔憂，稱「今吾平獨以興販外洋之茶，致妨本境之民食，豈可不思變計乎」。其中也有風教之虞，「夫種茶，可也；因種茶而使婦女囂然弗靖，不可也。婦道以蠶織爲本，倘使桑麻被野，繅絲、績布恒業可資，亦何肯露面出頭，爭覓蠅頭之利。……計新茶上市，正蠶月忙時，必不暇捨己芸人，出與雞鶩爭食。此潛移默易之法，於生計大有益，於風化尤大有益也」〔註77〕。

2. 澧州

該州所屬各縣（安鄉縣、石門縣、慈利縣、安福縣、永定縣）均產茶〔註78〕。清代文獻稱：「澧茶皆仰給鄰商，土產無多，以永定毛坪者爲上。」〔註79〕

安福縣。同治《安福縣志》論及茶葉，稱「邑鄉皆間有之，惟出東南者味較美」〔註80〕。

慈利縣。該縣明代即「有茶、椒、漆、蜜之利，暇則摘茶、採蜜、割漆、捋椒，以圖貿易」〔註81〕。清代，該縣西連之地產茶，尤以紅茶爲盛。史載：

〔註74〕康熙《臨湘縣志》卷3《食貨志・物產・貨之屬》。
〔註75〕同治《臨湘縣志》卷2《方輿志・風俗》。
〔註76〕乾隆《平江縣志》卷12《物產志・貨之屬》。嘉慶《平江縣志》卷9《風土志・土產・貨之屬》。
〔註77〕同治《平江縣志》卷20《食貨志一・物產・貨之屬》。
〔註78〕按，康熙《安鄉縣志》卷2《封域志下・土產・木之類》不記茶。
〔註79〕同治《直隸澧州志》卷5《食貨志・物產・植類》。
〔註80〕同治《安福縣志》卷25《物產・食貨》。
〔註81〕萬曆《慈利縣志》卷6《風俗》。

「西連故饒好茶。近紅茶擅贏，民藝日盛，販者飾之出海，號鶴峰幫。鶴峰幫者，西賈，品其與寧都同爲中土第一，實則鶴峰不能專有，大率半出縣北」；「茶惟飯甑山有名，然亦不能多。頃歲，西連有作紅茶者，販之輒獲倍直，於是人稍稍知種茶之利」〔註82〕。

石門縣。該縣茶產不多，大眾所飲之茶多半來自鄰近的湖北鶴峰州及其他茶區。史載：縣邑「環石皆山也，雖非不毛之土，實少產茶之區，故自晉唐迄今，而茶法無聞，非關也，蓋邑人所飲半仰給於鶴峰各溪洞，而雀舌、龍團，其足備七碗而生風雨腋者，悉購自他鄉。夫豈若君山美味上供天廚，安化佳品下裕民生者，之克擅美利於無窮也哉。此石邑茶法所由不設也」〔註83〕。石門所植茶樹，主要用於榨油，「榨取其實爲油，或食，或續燈焉」〔註84〕。

永定縣。明洪武間於慈利西南置永定衛。清雍正十三年（1735年）改永定縣，隸澧州直隸州。該縣鄉間多植茶，以茅坪所產爲最。康熙《永定衛志》所記物產有「茶」〔註85〕。嘉慶《永定縣志》記載：「邑中多植茶，惟茅坪者爲勝，然亦所出無幾。」〔註86〕清代，茅坪茶亦是澧州品質最好的茶葉。

3. 長沙府

該府所屬各縣均產茶葉，以安化茶最爲著稱。乾隆《長沙府志》載：「茶，安化產者佳，今官買入□貢。」〔註87〕

長沙縣。同治《長沙縣志》卷16《風土‧木屬》記有「山茶。」

瀏陽縣。茶葉是該縣重要的外銷商品，「瀏歲以羨鬻諸外者，紙、茶及茶油、苧布略多，餘產或僅給用，或否」〔註88〕。

益陽縣。清代諸縣志均記有「茶」〔註89〕。

寧鄉縣。該縣是湖南重要的茶區，溈山、六度庵、羅仙峰、文佳沖、蘇家坳等處皆產茶，「惟溈山茶稱爲上品」〔註90〕。據悉，溈山茶系「雨前摘製，

〔註82〕 光緒《慈利縣志》卷2《地理第一之二‧山水》；卷6《食貨第五‧物產》。
〔註83〕 嘉慶《石門縣志》卷29《茶法志》。
〔註84〕 光緒《石門縣志》卷6《物產》。
〔註85〕 康熙《永定衛志》卷2《物產‧貨類》。
〔註86〕 嘉慶《永定縣志》卷6《物產‧果木類》。
〔註87〕 乾隆《長沙府志》卷36《物產志‧木之屬》。
〔註88〕 同治《瀏陽縣志》卷7《食貨三‧物產‧貨之屬》。
〔註89〕 嘉慶《益陽縣志》卷4《山川‧物產‧貨之屬》。同治《益陽縣志》卷2《輿地志下‧物產‧貨之屬》。光緒《益陽縣鄉土志‧物產》。
〔註90〕 同治《續修寧鄉縣志》卷25《風俗二‧物產‧蔬屬》。

香嫩清醇，不讓武夷龍井，商銷甘肅、新疆等省，歲獲厚利。密印寺院內數株味尤佳」。另有祖塔甜茶，「樹高葉大，味甘性涼」〔註91〕。早在乾隆時期，縣志就有茶的記載〔註92〕。嘉慶《寧鄉縣志》記載略詳，稱「穀雨前採，謂之雨前茶，有槍無旗，極細嫩，以楓球、黃藤焙之，香滿堂室。近日栽者甚多，曰園茶，不及武彝、建旗、松蘿、古勞諸品，攜至外省，可以已病。」並輯錄採茶歌數首，云「正月裏是新年，借得金釵典茶園。穀前難似雨前貴，雨前半簍值千錢」；「二月裏發新芽，人家都愛吃新茶。個個奉承新到好，新官好坐舊官衙」；「三月裏摘茶尖，焙茶天氣暖炎炎。媽媽催我春工急，又買棉花似白氈」〔註93〕。晚清時期，紅茶勃興，成為寧鄉重要產業，史稱「廣人販紅茶，按穀雨來鄉，不利雨而利晴，不須焙而須曝，鄉園獲小濟焉」〔註94〕。

湘鄉縣。清代植茶，所產不多。所謂「茶亦有種者，要不能給，取給於新化、安化，貧者採樝要、櫨梨、土伏苓、羊角萊之葉以飲」〔註95〕；「〔茶〕家園間植，歲採無多，常待給於新化、安化之茶」〔註96〕。嘉慶《湘鄉縣志》記有「園茶」〔註97〕。再參以民國文獻，「湘土日闢，物產頗豐。農產以稻、麥、茶、紙、豆、麻、花生、紅薯等為最著。而山早園山茶、壺天棉花、杉山桃黎……近年正旺。……出境貨以煤、茶、紙為大宗」。販茶出境是邑人的重要生計，「然邑人遠出服賈者甚蕃，如楊家灘、水豐、何家埠等處人，多以販紅茶、駕鹽船致富」〔註98〕。

茶陵州。清代文獻多有「茶」的記載〔註99〕。

湘陰縣。該縣是湖南產茶大縣，明代即有茶葉出產〔註100〕。清代文獻披露，湘陰多茶。如道光《湘陰縣志·物產》稱，湘陰縣產茶甚多，以南泉寺、

〔註91〕民國《寧鄉縣志》之《故事編第三·財用錄·農業·物產八》。按，此種甜茶，亦見他處。民國《醴陵縣志·食貨志·農林》載，該縣「有一種味如甘草者，名甜茶，性質涼，邑東北深山中常見之。」
〔註92〕乾隆《寧鄉縣志》卷1《食貨·雜貨之屬》。
〔註93〕嘉慶《寧鄉縣志》卷4《賦役志·物產類》；卷8《風俗志》。
〔註94〕同治《續修寧鄉縣志》卷24《風俗一·習尚·商》。
〔註95〕康熙《湘鄉縣志》卷1《物產》。
〔註96〕同治《湘鄉縣志》卷2《地理志·物產·貨之屬》。
〔註97〕嘉慶《湘鄉縣志》卷10《物產·藝產》。
〔註98〕民國《湘鄉鄉土地理志》第29課《物產》；第35課《商務》。
〔註99〕嘉慶《茶陵州志》卷7《食貨志·食貨之屬》。同治《茶陵州志》卷7《食貨·物產·竹木之屬》。
〔註100〕嘉靖《湘陰縣志》卷2《食貨·物產·貨》。

白鶴山出產的茶葉品質最佳。同治《湘陰縣志·物產》也稱「茶植園中，品不甚佳，產亦多」〔註101〕。晚清時期，湘陰茶成爲出口商品，「自海禁開，粵商居茶爲利。邑產無多，價益昂」〔註102〕。

安化縣。見下文，此略。

湘潭縣。該縣是湖南重要茶區。乾隆《湘潭縣志》所記物產有「茶」〔註103〕。嘉慶《湘潭縣志》記載：「穀雨前採者爲雨前茶，過此葉粗，香味亦減。在處園圃種之，十六都白蓮圃所產尤良。」〔註104〕晚清時期，湘潭改製紅茶，成爲重要外貿商品，所謂「海禁開後，紅茶爲大，率五六十日而貿買千萬」。太平天國運動期間，湘潭成爲湖南茶運銷廣州出口的重要中轉站。史載：「寇亂，江路絕，專恃湘潭通嶺南。五口開，漢口、九江建夷館，縣市遂衰，猶歲數百萬。」〔註105〕可見，漢口、九江的相繼開埠，削弱了湘潭作爲湖南茶葉集散市場的中心地位，但其作爲區域市場仍然不可替代。

醴陵縣。該縣茶業在晚清勃興，大有後來者居上之勢。同治《醴陵縣志·風俗志》載：「近日紅茶利興，三四月間開莊發揀。貧家婦女雖多資餘潤，然男女雜沓漸染，當防」〔註106〕。另有文獻稱：「醴陵土產貨物輸出縣外者，清光緒間首推紅茶」〔註107〕；「清光緒間，紅茶爲醴陵大宗產品，運銷於外，歲可二萬石，窮陬僻壤，青翠成叢」〔註108〕。光緒年間，錢莊有公升等24家，多爲江西幫。「紅茶業之興盛」是其發達原因之一〔註109〕。爲了有效規範紅茶貿易，醴陵茶商成立了行業組織——茶團。紅茶外銷甚至帶動了船運業的發展。民國《醴陵鄉土志》第6章《實業·運輸》記載：「縣境尤利船運，其船幫曰倒劃子，約在一萬號以上，操船業者多在東西兩鄉瀕江一帶，上通攸縣、萍、瀏，下達長、潭、常德、漢口等埠。出口以磁、煤、穀米、土貨爲大宗，往歲尤盛紅茶。入口如鹽，如洋油、棉花、南貨、藥材、百貨之屬，所需船

〔註101〕參見龔勝生《清代兩湖農業地理》，華中師範大學出版社1995年版，第184頁。

〔註102〕光緒《湘陰縣圖志》卷25《物產志》。

〔註103〕乾隆《湘潭縣志》卷12《物產志·貨之屬》。

〔註104〕嘉慶《湘潭縣志》卷39《風土下·土產·木之屬》。

〔註105〕光緒《湘潭縣志》卷11《貨殖十一》。

〔註106〕參見彭澤益編《中國近代手工業史資料》第1卷，中華書局1962年版，第482頁。

〔註107〕民國《醴陵縣志·食貨志·工商》。

〔註108〕民國《醴陵縣志·食貨志·農林》。

〔註109〕民國《醴陵縣志·食貨志·金融》。

值甚巨，其營業不因鐵路而減也。」〔註110〕

關於該縣紅茶種植、銷售情形，文獻記載甚詳：

> 醴陵茶葉以西南近潭、攸諸山爲多，東北近瀏陽諸山次之。春夏採製，有黑茶、紅茶兩種。黑茶亦名煙茶，行銷縣鏡。紅茶則後黑茶而採，輸出國外，歲值數十萬元。始由粵人擅其利，光緒初邑人始自起組織茶號，營業頗盛。有謙吉、啓泰、大中諸行，多在縣城來龍門一帶，設子莊於各鄉村，掛秤收買，發揀焙製，裝箱運至漢口，轉售外商。縣人劉敏儒及殷光琳、紹萬父子，均以茶業起家。貧民資以爲活者，更不可勝計。又，採茶揀茶婦女爲之，時値春荒，利賴尤廣。既而錫蘭、日本之茶競興，而我國山戶徒〔徒〕貪近利，摻以雜葉，復不知講究裝璜，於是華茶銷路低落，無人過問。醴陵茶行歇業，至今四十餘年矣。目前所產茶葉皆爲煙茶，僅足自給。〔註111〕

類似記載亦見民國《醴陵鄉土志》第6章《實業・茶業》，內稱：

> 縣境宜茶，山地皆可種植。在昔，醴茶輸出國外，歲值數十萬元。縣城常有茶號十數家，於各鄉設莊，掛秤收買，運至漢口轉售。自採摘、運送，以至發揀、裝箱，貧民資以爲生者不可勝計。又宜於婦女，且時値春荒，利賴尤廣。然山戶徒貪近利，於種植、製造既漫不研究，一至供不應求，又每羼以雜葉，不合衛生。而商人素無營業知識，於裝璜、廣告之法均屬茫然，不能按合外人習尚。於是，印度、錫蘭等處之茶競興，華茶遂以低落，無人過問。而外人且盛倡抵制華茶入口矣。此國內產茶各處應同負其責，不獨醴陵爲然。然即吾醴而言，比歲春荒所受茶業低落之影響固不少也。近各省多有改良紅茶之議，設學研究，漸著成效。華茶出口亦漸啓外人注意，而吾醴則並舊植者而荒落之。至日用之茶（俗名黑茶），亦漸由萍、攸輸入，是可慨已。〔註112〕

由上引兩則材料，可以看出：同光年間興起的紅茶業，入民國後轉盛爲衰，

〔註110〕參見戴鞍鋼、黃葦主編《中國地方志經濟資料彙編》，漢語大詞典出版社1999年版，第892頁。

〔註111〕民國《醴陵縣志・食貨志・工商》。

〔註112〕參見戴鞍鋼、黃葦主編《中國地方志經濟資料彙編》，漢語大詞典出版社1999年版，第136頁。

步履維艱〔註113〕。有識之士分析利弊得失，謀劃拯救良法，以期重振雄風。

4. 寶慶府

該府所屬各州縣均產茶〔註114〕。大體上，武岡州、新化縣是寶慶府重點產茶州縣。明代府志稱：「茶，武岡、新化爲多。」〔註115〕關於武岡、新化產茶的類似記載，亦見於清代文獻〔註116〕。依照土貢舊例，「新化、武岡、邵陽輪年齎解」〔註117〕。對此，道光《寶慶府志》卷84《戶書二》予以詮釋：「明初，令天下貢土所有，……我朝踵之，無所增加，而官書所載，寶慶土產凡七物：曰鐵，曰麻布，曰茶，曰紙，曰桐油，曰黃蠟，曰麝香……乾隆府州廳志則云，寶慶土貢麻布、黃蠟、鐵、茶、煤。然舊志無其事，亦未聞民辦，此稚存之說，殆不然也。惟新化貢芽茶十八斤，後亦折色徵銀，事具雜稅及起運禮部項中，餘則仍一條鞭法之舊，……」

邵陽縣。該縣植茶始自清代。清初康熙年間，府志、縣志均記邵陽無茶〔註118〕。嘉慶《邵陽縣志·物產》始有記載，稱「邑中所產不如別屬，兼之製造欠法，味有酸澀」〔註119〕。光緒年間的文獻所述不一，或稱「茶不甚多，產龍山、赤水者甘，九龍嶺者渝之，氣若雲霧」〔註120〕；或稱茶葉「各鄉多產，東鄉茶岡、嶺水、東江一帶尤眾。爲茶箱售於洋人者，則概由湘鄉永豐市、楊家灘二處購買另製」〔註121〕。可見，邵陽茶葉分爲兩類：一是土產土銷之茶，二是外銷茶，系購買別處之茶加工製造而成。

新化縣。該縣是湖南產茶大縣。縣志有「其販杉、販茶者出外貿易」之

〔註113〕民國《醴陵縣志·食貨志·農林》也稱：「入民國後，茶業衰歇，遂多摧而爲薪，其存者當春採製煙茶（即黑茶），亦不在少數。官莊、桃花、陽坑、花麥田一帶所產，銷售於瀏陽、普蹟，而以產自西鄉龍骨沖者香味特佳。全縣居民所需茶葉，大都取之當地，不待外求也。」

〔註114〕辜天祐編：《湖南鄉土地理教科書》第2冊，群益書社、群智書社、作民譯社1910年版，第4頁。

〔註115〕隆慶《寶慶府志》卷3《地理考下·物產·貨之屬》。

〔註116〕康熙《寶慶府志》卷13《風土志·物產·貨之屬》。乾隆《湖南通志》卷50《物產》。雍正《湖廣通志》卷19《物產·寶慶府》。

〔註117〕康熙《寶慶府志》卷13《風土志·物產·貨之屬》。

〔註118〕康熙《寶慶府志》卷13《風土志·物產·貨之屬》。康熙《邵陽縣志》卷6《食貨·木之屬》。

〔註119〕參見龔勝生《清代兩湖農業地理》，華中師範大學出版社1995年版，第186頁。

〔註120〕光緒《邵陽縣志》卷6《食貨·物產》。

〔註121〕光緒《邵陽縣鄉土志》卷4《地理·商務》。

記載。尤其是，新化 129 村，茶亭就有 79 所〔註 122〕，平均不到兩村就有一個茶亭。茶亭是舊時為行路之人免費提供茶水之歇息之所，概屬史家所謂「義行」之列。茶亭之密集，從一個側面映現了新化茶產之多。清初的戰亂曾使新化茶業遭受重創，「茶之產於新化也，變亂以來，遠商鮮至，茶園就荒，民亦少植，較之往時，十僅二三，而課額何自敷乎」〔註 123〕。隨著硝煙散盡，該縣茶業獲得新生，成為宮廷用茶的定點茶區，先是每年進貢芽茶 18 斤，後來改為折色徵銀〔註 124〕。

武岡州。如上所述，武岡州是湖南重點茶區。清代文獻均記該州產茶，特別強調「洞產甚佳」〔註 125〕。光緒《武岡州鄉土志·物產》記載：該州茶葉年產量約數萬斤，其中銷往海外市場的紅茶約 35000 石，水運漢口的花香茶 4300 斤〔註 126〕。

城步縣。同治《城步縣志》卷 4《風土》引乾隆舊志，稱「土出茶、葛而外，惟販杉木」。按語又稱「今城步不出茶」。

新寧縣。清代產茶，但產量較少，所謂「若鐵、若棉、若茶，洞產者佳，或僅能取給，或尚不足用」〔註 127〕。

5. 常德府

該府各縣均產茶，「府北三十里茶林山產茶頗佳，甚少。桃源、武陵近安化界產者亦佳，龍陽多雜以茅栗樹芽，沅江產者味稍薄。別一種葉六角有刺，初芽時亦可採為茶。」〔註 128〕又稱，常德府「近安化處產茶，以沈溪為上」〔註 129〕。

桃源縣。該縣出茶頗旺，是明清時期湖南的重要茶區。清代文獻載：「境內產魚、米、油、茶為最，黔蜀、閩廣、江浙、陝豫之商畢集，茶商通於安化，木販集於河洑、張家灣、萬家嘴。」具體產茶之區，位於該縣南鄉。所謂「茶，北鄉甚希，東西鄉並不產茶，惟南鄉近安化界產者頗佳，每夏茶商

〔註 122〕道光《新化縣志》卷 17《風俗》；卷 29《茶亭》。
〔註 123〕康熙《寶慶府志》卷 13《風土志·物產·貨之屬》。
〔註 124〕同治《新化縣志》卷 9《食貨志·土貢》。
〔註 125〕康熙《武岡州志》卷 4《田賦·物產·貨之屬》。嘉慶《武岡州志》卷 12《戶書下·物產·貨之屬》。同治《武岡州志》卷 22《貢賦志·物產·貨之屬》。
〔註 126〕參見龔勝生《清代兩湖農業地理》，華中師範大學出版社 1995 年版，第 186 頁。
〔註 127〕光緒《新寧縣志》卷 20《物產志·貨殖之屬》。
〔註 128〕嘉慶《常德府志》卷 18《物產考九·貨》。
〔註 129〕韋天祐編：《湖南鄉土地理教科書》第 3 冊，群益書社、群智書社、作民譯社 1910 年版，第 4 頁。

至邑，區爲三等：沉溪一帶爲上，楊溪一帶次之，水溪則下矣。各溪只隔一山，而味迥殊。茶商嘗杯中汁，即能辨其爲某溪茶，而土人不能自辨也。龍太常謂桃花源西所產茶，用蒸法如蚧。桃花源西正沉溪之地，則沉溪之茶，自明已名矣。」〔註130〕

武陵縣。該縣產茶較少，「邑南境近安化者間種之」〔註131〕。

龍陽縣。光緒《重修龍陽縣志》卷10《食貨二‧物產‧貨屬》僅記「茶，一名茗，一名葀。《茶疏》：摘茶穀雨前後，其時適中。」

沅江縣。該縣植茶較晚，據嘉慶《沅江縣志》卷18《風俗志》載：「昔者山鄉種田之外，栽樹植竹。今則開墾爲土，苧麻、紅薯、茶葉極盛。」

6. 辰州府

該府所產之茶，以沅陵縣、漵浦縣最爲著稱〔註132〕。乾隆《辰州府志》卷16《物產考下‧木之屬》載：「茶，……辰郡藝者亦多，亦間有佳製。」光緒《辰州府鄉土志》所記較詳，稱「本郡東路，自界亭驛以至寧鄉堡、桃源之陳溪，至安化界之沙坪，延袤數百里之山皆產茶。設有茶莊八九家，小莊多家，每年銷售漢口十餘萬石。但山戶不以此爲正業，故無人講求焙製之法，至機制尤視爲奇怪必無之事，故所出茶多花青鳥葉、煙臭硫片、發汗不透之弊。前歲經張香濤宮保詳勸湘鄂各商，改用機器，挽回已失利源，而積習難返，觀望不前，今已十年，猶然故步……」〔註133〕傳統茶業不思進取，不獨辰州，兩湖皆然。

沅陵縣。如上所述，該縣是產茶大縣。史載：「邑中出茶處多，先以碣灘產者爲最，後界亭茶盛行，極先摘者名白毛尖，今且以之充土貢矣。」〔註134〕

漵浦縣。清代，漵浦是湖南重要茶區之一。同治《沅陵縣志》載：「茶，產瑤山者極粗，味頗厚。頓家山又有芽茶。」〔註135〕並參民國文獻：「茶葉，

〔註130〕道光《桃源縣志》卷3《疆域考‧風俗》；卷3《疆域考‧物產‧木草》。光緒《桃源縣志》卷1《疆域志‧土產考‧木》。

〔註131〕同治《武陵縣志》卷18《食貨志第三‧物產‧貨類》。

〔註132〕乾隆《湖南通志》卷50《物產》。雍正《湖廣通志》卷19《物產‧辰州府》。韋天祐編：《湖南鄉土地理參考書》第3冊，群益圖書社1910年版，第30頁。

〔註133〕光緒《辰州府鄉土志》第11章《物產》。

〔註134〕同治《沅陵縣志》卷38《物產‧植屬》。

〔註135〕同治《漵浦縣志》卷8《風俗‧物產‧貨屬》。

五區較多，各區亦有之。」〔註 136〕

　　辰溪縣。該縣茶產不多。道光《辰溪縣志》僅記「茶，茗也，邑中間種園中」；「茶葉，邑中間有名家園茶」〔註 137〕。

　　瀘溪縣。清代文獻記載簡略，如乾隆《瀘溪縣志・物產》僅記：「園茶採於穀雨時，頗似閩產」。同治《瀘溪縣志・物產》亦稱：「採於穀雨前者製白毫茶，後者爲青、紅二茶」。

7. 永州府

　　該府屬各縣多產茶。康熙《永州府志》載：「茶，零陵婆婆店，道州道江源，味頗厚。」〔註 138〕道光《永州府志》廣輯文獻，所記略詳：「寧遠出岩茶，產九岩山，故名（《湖廣通志》）。零陵婆婆店、道州道江源出茶，味頗厚（舊志）。永州近六洞，家飲洞茶，濃苦，非佳品。東安產茶特細，甌東曾復齋爲令，公事清簡，率家人採茶焙製，用浙法，香味佳，絕不減日鑄、雨前也（《湘僑聞見偶記》）。永明大鳳茶，葉粗大，氣味芳烈，與滇之普洱絕似，雨前摘者名綠雲茶，尤佳（《近遊雜綴》）。」又稱「若零陵之紙、東安之茶、墨，雖粗而通行頗廣」〔註 139〕。

　　東安縣。茶業是該縣重要產業。康熙《永州府志》卷 2《輿地・風土》載，東安縣「茶、鹽之利最易植富」。

　　祁陽縣。清代文獻語焉不詳，僅記「茶有五種，櫃、蒆、茗、荈、茶也，皆採芽焙用」〔註 140〕。參考民國《祁陽縣志》卷 10《貨物志》，內稱「產茶之鄉，如黃家渡、大忠橋、源福岩、青岡上下皆是，而以花筵江爲良，然不能多獲」。

　　寧遠縣。康熙《永州府志》卷 9《物產》載，寧遠產「岩茶」。雍正《湖廣通志》卷 19《物產・永州府》則稱，寧遠產「嶺茶」。另，嘉慶《寧遠縣志》載，寧遠縣之九疑山產茶，「味美，但不可多得」〔註 141〕。

　　道州。清代文獻載：「茶葉，出西北靈王廟山內最多，逢穀雨日帶露摘之，

〔註 136〕民國《漵浦縣志》卷 9《食貨志二・物產・出口物》。
〔註 137〕道光《辰溪縣志》卷 37《物產志・木屬》；卷 37《物產志・貨屬》。
〔註 138〕康熙《永州府志》卷 4《食貨志・貨殖之屬》。
〔註 139〕道光《永州府志》卷 5《風俗志・生計》；卷 7 上《食貨志・物產》。
〔註 140〕乾隆《祁陽縣志》卷 4《物產・木之屬》。嘉慶《祁陽縣志》卷 14《物產・木之屬》。
〔註 141〕嘉慶《寧遠縣志》卷 2《風土志・物產・貨殖之屬》。

甚柔細，以後漸粗，陳久者良。南路近江邑猺山內有界牌茶，即六洞茶，其味濃苦，其色正紅，暑月服之，可解渴煩，然真者殊鮮。」〔註142〕

零陵縣。該縣是湖南產茶大縣。清初即有茶葉之記載〔註143〕。光緒《零陵縣志》稱：「茶有青茶、紅茶之分，二三月間，賈客至境採取，亦生民之利也。」〔註144〕

永明縣。光緒《永明縣志》僅記「茶葉」〔註145〕，產銷情形不詳。

8. 衡州府

該府所屬各縣多產茶〔註146〕，以衡山較多。

衡山縣。乾隆《衡州府志》卷19《物產‧食貨之類》載：「茶，衡山為多。」對此，道光《衡山縣志》卷29《茶法志》有不同說法，稱「茶非地宜，故無山；歷來未經採辦，故無稅。居人日用所需多從他處運至，如長郡安化、寶慶新化皆產名茶，商舟便攜來邑城市，散賣鄉村，乃朝夕茗飲所由給也。至若籬邊屋角，間有栽培，社後雨前差堪、採摘、焙乾、藏檀。俟豆棚清話，用烹活水於竹爐；當雪案高吟，正媚香雲於石鼎。何須七碗，生盧同兩腋之風；只認一旗，識陸羽全經之味。蓋物以罕見珍，使隋珠人握則不貴，家有千里驥則視若牛馬。然所以他處或競豔岳茶，以為龍團、雀舌，殆不如也。殊不知所產之數，曾不及新、安之萬一，雖田賦志起運項下有茶價銀五十餘兩，究非稅課，無關茶法，故不志。」同書卷52《物產志‧貨之屬》又記：「茶，岳產頗佳，但不多耳。」

常寧縣。同治《常寧縣志》卷14《物產‧木類》載：「茶，早者為茶，晚者為茗，有粗細之別，崔氏園擅名。」

酃縣。同治《酃縣志》卷7《戶口‧物產‧貨之屬》記有「茶葉」。

耒陽縣。清代文獻所記物產有「茶」〔註147〕，是湖南產茶大縣。史載：「茶，本作荼，自中唐始變為茶。邑產頗盛。惟穀雨前採，謂之穀雨前茶；

〔註142〕光緒《道州志》卷10《風土志‧土產‧食貨》。
〔註143〕康熙《零陵縣志》卷6《物產‧貨之屬》。
〔註144〕光緒《零陵縣志》卷5《學校‧風俗》。
〔註145〕光緒《永明縣志》卷16《食貨志一‧物產‧貨之屬》。
〔註146〕辜天祐編：《湖南鄉土地理教科書》第5冊，群益書社、群智書社、作民譯社1910年版，第2頁。
〔註147〕康熙《耒陽縣志》卷3《食貨‧物產‧貨類》。道光《耒陽縣志》卷21《物產‧貨類》。

竹山內採，謂之竹山茶，極細嫩，煮食香味俱佳。」〔註148〕又稱：「又一種曰
苦茶，樹小似梔子，多生葉，可煮作羹飲，早採者爲茶，晚採者爲茗，一名
荈。」〔註149〕該縣茶葉銷往永興縣，所謂「載貨二十四種，如茶出永興，黃
蠟、白蠟出祁陽……」〔註150〕

9. 彬州

該州所屬各縣均產茶。嘉慶《彬州總志》卷 40《物產‧貨之屬》載：「〔
茶〕郴屬均產，以五蓋山爲佳。」

宜章縣。清季文獻均載「茶，紫草（一作茜草），俱出宜章」〔註 151〕。
嘉慶《宜章縣志》稱，該縣茶葉「惟莽山所出，茶味能解暑毒渴熱，餘無精
品。」〔註 152〕

興寧縣。該縣產量較多，光緒《興寧縣志》載：「茶，舊惟東鄉七里所出，
茶味能解暑毒，今四鄉均產，佳品頗多」〔註 153〕。

桂東縣。嘉慶、同治縣志僅記有「茶」〔註 154〕，詳情不知。

桂陽縣。乾隆《桂陽縣志》卷 4《風土志‧物產‧竹木之屬》僅記「茶」。

永興縣。晚清茶業不如從前，所謂「茶。舊十三都多產，今稀」；「邑崇
山峻嶺，前人多種茶、桐」〔註 155〕。

10. 永順府

該府所屬永順縣、龍山縣、桑植縣、古丈坪廳產茶，「洞茶，四邑皆產」
〔註 156〕。

永順縣。唐代，該縣即有芽茶入貢。乾隆時，該縣出產「葛茶」〔註 157〕。
民國文獻稱：「溪州靈溪郡貢茶芽（《通典》）。案，唐代溪州既以茶芽入貢，

〔註148〕光緒《耒陽縣志》卷 7《物產》。
〔註149〕光緒《耒陽縣鄉土志》下編《物產‧植物之大宗》。
〔註150〕道光《耒陽縣志》卷21《物產‧貨類》。
〔註151〕乾隆《湖南通志》卷50《物產》。雍正《湖廣通志》卷19《物產‧直隸郴州》。
〔註152〕嘉慶《宜章縣志》卷 7《風土志‧土產‧貨之屬》。
〔註153〕光緒《興寧縣志》卷 5《風土志‧物產‧貨之屬》。
〔註154〕嘉慶《桂東縣志》卷 8《物產志‧貨之屬》。同治《桂東縣志》卷 8《物產志‧貨之屬》。
〔註155〕光緒《永興縣志》卷 52《物產志‧貨之屬》。光緒《永興鄉土志》卷上《實業志》。
〔註156〕同治《永順府志》卷 10《物產》。
〔註157〕乾隆《永順縣志》卷 1《地輿志‧物產‧雜貨類》。

其為地方出產可知。近亦有之，均製清茶，供本地食品，無製紅茶以輸出外洋者。若野茶，則有觀音、寄生、白花等名，皆不足取。」〔註158〕

龍山縣。嘉慶《龍山縣志》卷9《物產下・木之屬》載：「茶。……龍邑藝者亦多，亦間有佳製。」光緒《龍山縣志》卷12《物產・食貨》記有「雨前茶」。

桑植縣。該縣是永順府產茶大縣。史載：「洞茶，四邑皆產，而桑植為多，味較厚，土人不諳製造，柴煙烘焙，香氣損矣」〔註159〕；「洞茶，四邑皆產，縣屬獨多，味頗厚，穀雨前摘取，細者亦名槍旗」〔註160〕。

古丈坪廳。光緒《古丈坪廳志》載：「內功全保之頭四甲等處，最多桐、茶。」又稱「茶商，民間時有蒔茶者，零星販賣則有之，無商人運此者。」〔註161〕另參民國文獻，稱「地質宜茶，清香適口，鄰縣鉅賈大賈及往來官場中者，多以此為饋贈。上等每斤價值八元，因感交通不便，乏人提倡，不能推銷遠道也。」〔註162〕

11. 靖州

清代產茶，但量極少。康熙《靖州志》卷2《物產・貨之屬》僅記「茶葉」。光緒《靖州直隸州志》卷4《貢賦・茶法》則祖言：「靖屬非產茶之區，民間日用多由洪市販運供給，然亦無甚佳品。鄉民間有種植者，葉老方取，以供一啜，非有火前、雨前之擇，猶不足於用，此茶之所以必仰給於他境也。」此種由外輸入茶葉之情形，參見光緒《靖州鄉土志》卷4《商務志》：「茶葉。本境所產約數十斤，不敷用，其自他境運入者：由會同陸運入本境，每歲約銷三十石；又綏寧苗人茶餅陸運入境，約銷一百石；由木商轉運至漢口各處者，約二百石。」〔註163〕另有文獻稱，靖州城西南五里之二涼亭產茶，堪稱

〔註158〕民國《永順縣志》卷11《食貨一・物產・貨類》。
〔註159〕同治《永順府志》卷10《物產》。
〔註160〕同治《桑植縣志》卷2《風土志・土產・雜產》。
〔註161〕光緒《古丈坪廳志》卷11《物產・林產詳志》；卷11《物產・商業志略》。
〔註162〕曾繼梧等：《湖南各縣調查筆記》之《物產類》。
〔註163〕按，這種本地植茶不足，需要從外地輸入的情形，在其他州縣也存在。如，同治《綏寧縣志》卷26《茶法》載：「綏地本非茶鄉，民之勤樹藝者，間於園內隙地及山腳肥饒之處培種茶樹，然所出無幾，多者僅供一家之用，少者尚須別貿他處，餘則全資買濟，故歷來未有採辦，亦未嘗設官經理云。」又如，同治《攸縣志》卷29《茶法》載：「楚南產茶之區盡屬西境，長郡之安化、寶慶之新化為尤著。攸歷係由安化運賣，……。近則茶商之來自新化者，視安邑較夥。」位於湘東的攸縣產茶不多，其飲用之茶多來自安化、新化。同書卷52《物產・果屬》亦載：「居民闢園栽茶樹，小如梔子，叢生繁茂。

佳茗。「茶。……樹小，葉如梔子葉，開白花，結實，春生嫩葉，炒揉焙乾，作羹飲。城西南五里二涼亭茶葉最清美，惜樹少。」〔註164〕有趣的是，靖州雖非產茶要地，但卻頗多詠茶之詩。如「耕鋤石膏論生計，仰食惟天樂有涯。斫木青山爭利市，摘茶白露鬧鄰家（州有杉、茶之利，山客入山買木，謂之買青山。摘茶必俟白露節後）」；「薑牙密饯滿盤陳，風味油茶亦可人。絕憶頭綱新焙出，二涼亭子雨前春（以凍米雜鹽豉煮之，謂之油茶。二涼亭茶新焙，年例園、客分餉官署）」；「茶樹花開白似銀，核桃秋老碾成塵。一笑大家生事足，太平山住太平民」〔註165〕。

湖南其他府縣，清代或無茶產，或產無多。例如沅州府之茶，「郡中皆圃中樹，摘者謂之園茶」〔註166〕。這種僅供自食的園茶，亦見之於晃州廳、永綏廳，「圃中種者，謂之園茶」〔註167〕；「細茶，民間無多，栽種僅供自食」〔註168〕。又如，臨武縣之茶，「產西山，味頗苦，性涼，食之解毒」〔註169〕。黔陽縣之茶「穀雨前取芽，更勝他處，但種植不多。一種膏茶，邑人多賴為生業」〔註170〕。保靖縣之茶，「保邑少藝此者，惟里耶一帶亦間有佳製，謂之里耶茶」〔註171〕。再如，乾隆《乾州志》、同治《嘉禾縣志》、雍正《黔陽縣志》之「物產志」僅記「茶」字，別無他語。

兩湖某些州縣另有茶樹種植，以製作茶油，不在本文考察之列。

二、重點茶區：以安化、羊樓洞為例

綜而觀之，清代兩湖產茶之區，以湖南安化、湖北羊樓洞最為著名。下面分別論列之。

時人論及湖南物產之最，稱「洞庭之橘，益陽之竹，安化之茶，祁陽之葛，寶慶之漆，麻、漵之桐油、白蠟，皆利之藪也」〔註172〕。其中就有安化

清明採者上，穀雨前者次之，後皆老茗耳。蒸焙修造，每不如法。鬻之於市，以此為園茶，其品劣下，別以新化、安化入茶行者為上。」
〔註164〕光緒《靖州鄉土志》卷4《物產志・植物・木之屬》。
〔註165〕光緒《靖州鄉土志》卷4《附錄・靖州三十詠》；卷4《附錄・靖州竹枝詞》。
〔註166〕乾隆《沅州府志》卷24《物產・雜植之屬》。
〔註167〕道光《晃州廳志》卷37《物產・雜植之屬》。
〔註168〕宣統《永綏廳志》卷15《食貨門三・物產・木類》。
〔註169〕同治《臨武縣志》卷44《物產志・木之屬》。
〔註170〕同治《黔陽縣志》卷18《戶書五・物產・木之屬》。
〔註171〕同治《保靖縣志》卷3《食貨志・物產・木之屬》。
〔註172〕乾隆《乾州志》卷2《物產志・貨類》。

之茶，似可成爲湖南極品茶的代稱。所謂安化茶芽，「爲湖南上品，甲於他邑」
〔註173〕；「湘中產茶不一，其地安化售於湘潭即名湘潭，極爲行遠，邑土產推
此爲第一。蓋緣芙蓉山有仙茶，故名益著」〔註174〕。又有論者贊曰：「湖南產
物之美，安化之茶，衡州之煙，其行最遠。」〔註175〕嘉慶縣志亦稱：「安邑固
多山澤之利，如茶、棉、杉、竹之類，民所資生不小矣」；「各都產茶最多，
遠招引客其間」〔註176〕。

清雍正二年（1724年），湖南巡撫朱綱奏稱：「至於茶葉一項，各邑雖有
種植，惟安化茶多，次則益陽、武岡、新化等州縣之民亦賴此以爲生計。」
〔註177〕安化、新化皆爲湖南著名茶區，宋代開發梅山地區，上梅山稱爲安
化，下梅山稱爲新化。自宋代伊始，安化即有茶事〔註178〕，元明之際植茶
日多，清代茶業方興，集中於資江流經之山崗，所謂「安化產茶，舊以芙蓉
山（山在伊水右岸）所出爲佳，然最盛者莫如資江兩岸，上下百餘里間萬山
重疊，茶樹林立」〔註179〕。史載：

> 梅山煙嵐萬疊，崖穀間生植無幾，惟茶甲於諸州縣，四、五、
> 六月青黃不接，全賴市茶運米於寶慶、益陽間。在啟疆之初，茶猶
> 辦而求諸野，如舊志所云：山崖水畔不種自生，故採時不無角逐。
> 宋築五寨，設兵戍守，防奸宄也。元明以來，民漸藝植，各有畛域。
> 國初，茶日興，販夫販婦逐其利者十常八九，遠商亦日至，曰引莊，
> 曰曲沃莊，曰滾包莊。滾莊茶尚黃曲，沃茶尚黑，引莊如之，皆西
> 北商也。〔註180〕

〔註173〕嘉慶《安化縣志》卷4《山川·物產》。
〔註174〕同治《安化縣志》卷10《輿地·物產·貨之屬》。
〔註175〕嘉慶《巴陵縣志》卷14《風俗·物產·貨之屬》。
〔註176〕嘉慶《安化縣志》卷4《山川·物產》；卷11《風俗》。
〔註177〕雍正二年九月初五日護理湖南巡撫印務布政使朱綱奏，《世宗憲皇帝硃批諭
　　　　旨》卷33《硃批朱綱奏摺》。並參雍正《湖廣通志》卷19《物產·長沙府》。
〔註178〕同治《安化縣志》卷末《雜說》載：「宋茶法嚴，邑伊溪、中山、資江、東坪
　　　　產茶，視他處稍佳。謠曰：寧吃安化草，不吃新化好，指茶也。山崖水畔不
　　　　種而生，人趨其利，奸人乘間唱和嘯聚，至抗巡尉，習爲不軌。紹興二十四
　　　　年黎虎將、淳熙二年賴文治皆因而爲亂，猖獗殺掠，爲民患。大帥王侍郎奏：
　　　　於資江龍塘建砦，命將統之，歲一易戍，民賴以安。宋諸砦柵皆險要地，砦
　　　　有團保守禦，以備盜賊。」
〔註179〕辜天祐編：《湖南鄉土地理參考書》第1冊，群益圖書社1910年版，第37頁。
〔註180〕同治《安化縣志》卷33《事略·時事紀》。

可見，安化茶在清代已聲名遠播，西北茶商紛紛在此設莊收購，概有引莊、曲沃莊、滾包莊之分。據清代文獻，安化茶既是宮廷徵用的貢品，也是流通甚廣的大宗商品。清康熙三十三年（1694 年），「定採買芽茶巡撫，委員匯解」安化貢茶〔註 181〕。史載：安化茶「多產於北路及西北路之外，東南二路則不產焉。額有貢茶，往例進京奉齋，名色皆當年里遞出辦，道里殷遙，雖所費浩繁，猶以遲誤為慮。自康熙三十三年奉上司差官匯解，小民既已省慮，而方物亦得以及時入貢，民甚便之。又，向來有巡撫南貢，總督北貢。嘉慶六年督憲吳免，以後縣憲不辦不解」〔註 182〕。南貢北貢，徒滋擾民，不辦不解，舒緩民力。又有文獻載：「茶。產安化者佳，剋貢而外，西北各省多用此茶，而甘省及西域、外藩需之尤切。設立官商，做成茶封，抽取官茶，以充市易，賞齎諸蒙古之用，每年商賈雲集。君山茶則為次。」〔註 183〕這表明，安化茶也是晚清五口通商之前，銷往西北地方的重要邊茶。此外，安化茶的品質超過君山茶，其地位令人刮目相看。

　　由於安化茶業儼然規模經濟，品質上乘，產值頗大，以故湖南地方官員紛紛擬定章程，以期有效管理。清乾隆二十一年（1756 年）湖南巡撫陳弘謀奏稱：「陝、甘兩省茶商領引採辦官茶，每年不下數千百萬斤」，皆於安化縣採辦，以供官民之用〔註 184〕。安化三鄉遍種茶樹，亦仗茶商赴買，民間生計多資於此。「向因等頭銀色、先賣後賣，多所爭執」，遂擬定茶商章程。規定「將茶商所有等秤，由官較定頒發，向後買茶，除茶價按所產豐歉隨時消長，官不拘定外，其買茶既用紋銀九折扣算，等秤則照司法九三扣折算，正合市平。茶戶稱茶，亦用官秤足給。穀雨以前之細茶，先盡引商收買；穀雨以後之茶，方許賣給客販。如天時尚寒，雨前茶少，則雨後細茶亦先盡引商買足，方許賣給客販。牙行不得多取牙用，高抬價值」〔註 185〕。此章程對等秤、茶價、紋銀均有限定，對引商·客販、牙行各有區分，必須首先滿足領引商人的購買需求，才能允許無引商人販運。晚清時期，紅茶勃興，安化成為外貿

〔註 181〕同治《安化縣志》卷 33《事略·時事紀》。
〔註 182〕嘉慶《安化縣志》卷 4《山川·物產》。
〔註 183〕乾隆《湖南通志》卷 50《物產》。
〔註 184〕此種情形一直延續到晚清。光緒《欽定大清會典事例》卷 242《戶部·雜賦·茶課》載：11 乾隆五十二年（1787）議准，陝西省榆林府每年領茶引一千道，官商赴湖廣買茶。在所屬之榆林、懷遠各縣，並蒙古鄂爾多斯等六旗行銷。
〔註 185〕同治《安化縣志》卷 33《事略·時事紀》。

出口的重要基地。清同治七年（1868 年），安化知縣陶燮咸釐定紅茶章程，即《爲釐定章程勒石遵守事》，內容如下——

照得安邑茶行規條向經官定，立法本良，無如日久玩生，弊竇叢出，商人、產戶受累無窮。本縣蒞任以來，訪知底蘊，詳加諮訪，釐別定章，俾商民買賣公平，永無流弊。適據各紳民等懇請，示定前來所有章程，逐條開列於後。

一、行秤照劉公秤每斤以十六兩四錢爲度，由縣較准，印烙頒發，不准私設大秤，更換印碼。茶葉過秤，由產戶看明斤兩，勿許高懸短報，壓秤折扣，秤完退皮，仍用原秤，不得另換小秤。

一、產戶賣茶，任客先抓茶葉泡水，合莊無論買賣成否，均將所剩樣茶給還。原簍三面落盤，成後過秤，不准額外多索。

一、行客買茶，必須現錢交易，不得賒欠。或銀或錢，先須憑行說明，錢買對錢，銀買對銀。若係對銀，即照銀色時價核算，比足交清，有假包換，不准高抬價值，短少平戥。如係兌錢，遵用九七通典辦，不得攙私短數。如有毛錢，數少者聽產戶隨便提數，以五千爲度，當面數明，其餘照圍補，務須分裁號圖、執照，互合爲記，免致混爭。

一、茶葉須照咸豐四年舊章，無論有無灰末，每百斤除淨，以七十六斤歸數，不准再加折扣。

一、產戶挑茶到行，如價值不合，聽其另行投行售賣，行戶不得阻卡留難。惟茶葉務須揀淨，不准磨尖打末，頭細底租〔粗〕，以反攙草、潮濕情弊，致病行商。

一、茶行開揀，須將男女分別，不許混雜嬉戲。男工不准倚強誆揀，女工揀茶多少照數給錢，不許以少報多，致滋弊竇。如有奸商痞棍，倚勢恃財，乘機調謔，欺壓平民，立即加等重究。

一、各埠腳夫起運，錢貨不准爭挑霸運，損失客貨。

一、黑茶歷有舊章，務須遵辦，不得以莊變黑少，致壞成規。

以上八條，各該行商、產戶人等務須永遠遵守，勿得玩視。倘敢故違，一經訪聞或被告發，定即拿案，從嚴究辦，決不姑寬。其各稟遵勿違，特示。

關於此一章程，史家注稱：「嘉慶間，知縣劉冀程頒定章程，較准法碼，輕重畫一，規矩森嚴，邑久賴之。越咸豐間，髮逆倡狂，闔客裹足，茶中滯者數年。湖北通山夙產茶，商轉集此〔地〕。逆由長沙順流而竄，數年出沒江漢間，卒之，通山茶亦梗。緣此，估帆取道湘潭，抵安化境，倡製紅茶收買，暢行西洋等處，稱曰廣莊，蓋東粵商也。方紅茶之初興也，打包封箱，客有冒稱武彝以求售者。孰知清香厚味，安化固十倍武彝，以致西洋等處，無安化字型大小不買。同治初，逆魅授首，水面肅清，西北商亦踵至。自是，懷金問價海內名茶，以安化為上品。奈市儈奸生，劉令法碼廢為故物，於是走控上臺，知縣陶燮咸釐定章程八條，詳於上。巡撫劉崐指飭勒之碑，永遠遵循，行戶、產戶相安無事矣。」〔註186〕可見，陳弘謀之後，嘉慶年間的安化知縣劉冀程也制定過章程，以規範茶葉貿易。太平天國運動期間，安化茶業受阻。不過，廣東茶商恰於此時轉道抵達安化，倡製紅茶出口〔註187〕，安化茶業遂柳暗花明，漸入佳境。由於安化紅茶的品質遠在武夷紅茶之上，以致國際市場爭相競買。稍後，西北諸多茶商重歸安化，一時間安化成為國際國內商品茶的最顯要產地之一。市場的繁榮也導致弊端叢生，既定章程成為具文，為此，知縣陶燮咸被迫重新制定章程，內容更為周詳，措施也更為確當。在此基礎上，僅過兩年，即清同治九年（1870年），知縣邱育泉又釐定《大橋、仙溪、龍溪、九渡水採買芽茶章程》，使安化茶業的管理體制更趨完善。其章程內容如下——

縣北大橋、仙溪、龍溪、九渡水四保，額派貢茶斤兩，茶稅銀兩兩二錢七分八釐，因各行藉採肆害，同治八年經縣示革，飭賀奇枝等集費置產，派定居首，承辦納縣。嗣後，境內永禁請貼充行，釐定章程列後。

一、四保貢茶，每歲穀雨節前由縣發價，戶首承領，趕緊辦納，勿得擱延，致干追責。

〔註186〕同治《安化縣志》卷33《事略·時事紀》。
〔註187〕民國《湖南安化茶業調查》稱，安化製作紅茶始自清咸豐八年（1858年），所謂「安化產茶之沿革由來已久。……萬曆年間，於橋口創製黑茶，是為安化製造黑茶之始。清初，茶業日興，陝甘兩省茶商領引來安採辦者甚多。迨咸豐八年，粵商估帆取道湘潭，抵安化境，倡製紅茶，轉輸歐美，稱為廣莊」。引見彭澤益編《中國近代手工業史資料》第1卷，中華書局1962年版，第481頁。

一、四保茶稅銀，每年戶首按錢糧扣明早完，勿得短少拖欠，有誤惟正之供。

一、定居首宜擇殷實老成，保舉充當，輪流抛撥，三年一換，勿得爭賴。若誤公為私者，立即革除。

一、公置田產，原為貢茶稅銀。值年戶首秋後收租，仲春糶穀，將資向產戶買收生葉，每斤定價銅錢一百六十文，秉公辦理。遇有餘剩，公同掌管，放外生息，永保貢稅。

一、產戶茶芽興敗無常，務須三年一派，以昭平允。至某戶該生葉若干，各宜按候摘交戶首，以便徵納，勿得違誤，致干追究。

一、戶首辦理公務應用浩費，登簿逐注，年清年款，以杜侵漁。如有吞嚼，除賠償外，尤宜嚴懲。

一、戶首納茶，由工科經手過秤繳署，每斤以十六兩為定，毋得用重多索。而客商用秤，尤宜稟遵，違者許指稟究。

一、產戶賣茶，交代宜清，底面宜合，勿許攙和偽冒，陰累客商，如違准罰。

一、客商入境，任便投寓。沿鄉買茶，務須看實。比面成交，須用九九青錢，足價出貨，經日不准退悔。樣茶勿得打收，如違許指稟究。

一、落戶須顧客本，勿得支扯及陰交夥計，坐占暗股，於中射利。尤不得向產戶需索及求賒掛帳，致生少價、阻貨等弊。如違查覺，罰革不貸。

附大橋、仙溪、龍溪、九渡水四保董事賀奇枝、向治江、吳燦廷、周平濂、周平盛、蔣功虎、賀道義、徐福之、姚成紀、賀奇迪、蔣時發、陳原上、王正青、熊綸夫、彭松林、蔣德泮、劉蘭亭、周再興、殷安嵐、陶星輝等，合置保賦公田列後：

一、買陶文華地，名大橋保童家坪上段水田四坵，係石橋埠壩水，又新塘、水灣塘水灌注。正銀二錢陸分玖釐。

一、買徐本厚地，名大橋保童家坪桂花沖口外水田四坵，係桂花沖壩水，又大坑、裏頭水灌注。正銀一錢。

一、買賀東橋地，名九渡水楊家段水田一坵，係楊家壩水灌注。正銀二錢二分四釐。

一、買姚少五地，名龍溪保洮水溪李家屋門首水田二坵，係崩山門、墾崖壩水灌注。正銀一分二釐。

一、買李暢和地，名龍溪保泉塘寺沖內李家灣屋上首水田九坵，係楠木沖二壩水灌注。正銀五分六釐。

一、買周家篤地，名大橋保磨風塘段上水田二坵，係磨風塘、筒車壩水及大壩水、塘水灌注。正銀二錢零二釐。

以上田保賦公田碑記。〔註188〕

該章程的獨特之處在於，它對安化縣具體產茶之域，即縣北大橋、仙溪、龍溪、九渡水四保的茶葉生產及貿易細節予以明文規定，舉凡貢商、茶稅、戶首、產戶、經手、客商、等秤、制錢等，無不一目了然，使奸黠之徒無從漁利。尤其是，該章程對公置田產有詳細規定，以確保貢茶稅銀。此等田產，由四保董事數十人共同購置，概稱為「保賦公田」，立碑明示，以杜紛爭。

晚清時期，安化製作紅茶超過傳統黑茶，成為出口大宗商品。據悉：「安化原為黑茶市場，至清咸豐初年，始有紅茶之製造。當時，年產紅茶約十萬箱（每箱約五十五市斤至六十五市斤，細者重，粗者輕，裝以二五洋箱。二五者，以每擔可裝二・五箱之謂也），花卷三萬餘卷（每卷七一・二五市斤）。紅茶銷俄國者約占百分之七十，英美僅占百分之三十，花卷則悉銷於晉省。嗣廣幫中興，由香港銷英美之紅茶約增至百分之四十，餘百分之六十仍由恰剋圖銷於俄國，花卷則減少至一萬餘卷。」〔註189〕可見，安化紅茶主要銷往俄國，其次則為英美。安化紅茶的買賣情形，據文獻記載：「每百斤不論有無灰末，扣茶四斤，作為拋灰攙末，計淨九十六斤。經茶工焙、篩、車、揀，只能成米茶七十六斤，即以九十六斤作為八折扣算，得七六八，又只以七六扣算。紅茶正稱將八尾抹去，作為樣茶。其八尾合正秤十二兩八錢。至今買茶，猶另取樣，或三四五斤不等，甚或高懸短喊，任意進退，漫無規則。茶價內，商人應給行用錢，照例三十文。今於產戶茶價內，每串扣錢五十文，以給行戶。行戶又瞞商人，於茶價內每串多取背手錢五十文，共一百零七文，

〔註188〕同治《安化縣志》卷33《事略・時事紀》。

〔註189〕雷男等：《湖南安化茶業調查》，第7頁。引見彭澤益編《中國近代手工業史資料》第1卷，中華書局1962年版，第481頁。

只得九七錢八百九十三文。又以地方嚮用九七製錢，再以九七折算，止得足錢八六六兌帳。最後事機敗露，此五十文之背手錢，商人不准行戶收取，亦不歸於產戶，轉歸商人照常收去，仍作八六兌十足錢。奸商惡行，變易成規，侵漁鄉民，深堪痛恨！」〔註190〕儘管章程頗爲詳備，然而欺蒙拐騙，勢所必然，萬難禁絕。到頭來，奸商中飽，小民困窘〔註191〕，誠可歎也！

與湖南安化茶業不相上下的兩湖重點茶區，唯有湖北羊樓洞。在很大程度上，羊樓洞茶區的形成與發展是歷代邊茶貿易持續增長的結果。元明時期受邊茶貿易影響，湖北茶區的重心向鄂南轉移。當時，蒲圻、咸寧、崇陽、通山、通城等地所產老青茶均運至羊樓洞，加工製作成帽盒茶，然後銷往蒙古、新疆及俄國西伯利亞一帶。製作帽盒茶的緣由，是爲了降低成本、減少長距離販運的損耗。其製法爲：先將茶葉篩選乾淨，然後水蒸加熱，經踩製，使之成圓柱狀。此種帽盒茶就是青磚茶之前身。每盒重7斤11兩至8斤不等，每3盒爲1串。山西茶商壟斷了帽盒茶的製辦，人稱盒茶幫。該幫商人每年穀雨前來到羊樓洞，秋收後才返還家鄉。清康熙年間，邊茶貿易受到官方鼓勵，進一步刺激了羊樓洞茶業的發展。清乾隆年間，旅蒙商巨頭——大盛魁開設「三玉川」、和「巨盛川」兩大茶莊，將茶葉作爲自己經營的頭號大宗商品，並深入兩湖地區進行大規模採製。這兩大茶莊均在羊樓洞設點，專製邊銷帽盒茶，年產量近80萬斤。以三玉川爲例，其總部設在山西祁縣，每年派人到兩湖地區辦茶，在漢口設有處理運茶、收款等事宜的常駐機構。由於三玉川的產品供不應求，以故羊樓洞青磚茶均用「川」字作爲商業標誌。在蒙古及西北地方的牧民中，無需開口，只要伸開手掌，按一下中指，然後滑向無名指、小指，便知道是「川」字招牌的羊樓洞磚茶。清道咸年間，廣東茶商也躋身羊樓洞，採製紅茶出口。漢口開埠前，羊樓洞製辦紅茶的茶號多達50餘家，年產量10萬箱（每箱25公斤），約5萬擔。另有10餘家專營邊銷茶的製茶工廠。清咸豐末年，經過技術改良，羊樓洞開始製作眞正意義上的青磚茶。青磚茶主要銷往蒙古。米磚茶的製作稍晚，迨至俄商在漢口設立磚

〔註190〕湖南調查局：《湖南商事習慣報告書》附錄一《安化黑茶條規》。引見彭澤益編《中國近代手工業史資料》第1卷，中華書局1962年版，第481～482頁。
〔註191〕據悉：「〔安化〕產茶之家，半屬窮民，每歲鋤茶樹需工，摘茶需工，踹茶需工，揀茶需工，黑茶尤需柴炭烘焙，每每入不敷出。小民之生計有限，層層剝削，其何以堪？」引見彭澤益編《中國近代手工業史資料》第1卷，中華書局1962年版，第482頁。

茶之後。米磚茶主要銷往俄國。

19 世紀七八十年代，小小的羊樓洞因出口業務繁忙，急需勞動人手，居民竟多達 3 萬人。茶商設莊的範圍也不限羊樓洞一隅，而是以此爲基點，東至通山 100 餘里，南至通城 90 里，西自臨湘 80 里，北至咸寧 100 餘里。因業務性質不同，茶莊概有包茶莊和磚茶莊之別。包茶莊將收購之老青茶，經發酵、篩切等工藝，製成半成品，用布袋包裝，售與磚茶製造者。經營包茶莊的商人多爲當地人，本小力薄，以故多向漢口茶棧或錢莊貸款，其包茶也由茶棧之手售與磚茶廠。磚茶莊則完全不同，設莊者全都是財大氣粗的山西茶商，茶葉收購到製作全部自行完成。羊樓洞磚茶在漢口市場彙集後，最後運抵張家口、包頭轉銷。經張家口轉銷者，稱東口貨；經包頭轉銷者，稱西口貨。東西口的貨物規格不同：東口貨以二七磚（即每箱 27 塊）、三八磚爲主，每箱重量大體相同，約 92 斤；西口貨以三九磚、二四磚爲主，每箱重約 133 斤。京漢鐵路通車後，羊樓洞磚茶改由獨輪車運至趙李橋，再由火車運抵張家口、包頭，然後通過汽車或駱駝運往蒙古等地。當時，銷往俄國的磚茶主要在俄蒙邊境城市恰克圖交易，由山西商人一手把持〔註192〕。

應該說，清末民初，湖北地區的茶葉生產當以蒲圻縣之羊樓洞（一作峒）最爲著名。史稱：「羊樓洞爲我國著名茶市之一，茶葉產附近臨〔湘〕、崇〔陽〕等縣，而以洞產爲最優。……洞市茶業，近言之爲鄉民生活之資藉，遠言之爲對外貿易之要品，其關係不可謂不重大。」〔註193〕《艮思堂詩集》所錄竹枝詞對羊樓洞茶葉的商品生產有生動的描述：

　　三月春風長嫩芽，村莊少婦解當家。

　　殘燈未掩黃梁熟，枕畔呼郎起採茶。

　　茶鄉生計即山農，壓作方磚白紙封。

　　別有紅箋書小字，西商監製自芙蓉。

〔註192〕中國土產畜產進出口公司湖北省茶麻分公司編：《湖北茶葉貿易志》（內部發行），1985，第 18、28~32 頁。另參趙李橋茶廠、華中師範大學歷史系廠史編寫組《洞茶今昔》，湖北人民出版社 1980 年版，第 3~9 頁。黃麗生《由軍事征掠到城市貿易：內蒙古歸綏地區的社會經濟變遷（14 世紀中至 20 世紀初）》，臺灣師範大學歷史研究所專刊第 25 輯，1995 年版，第 435~436、438、457 頁。
〔註193〕民國《蒲圻縣鄉土志》，蒲圻縣教育局 1923 年版，第 91~92 頁。

（原注：每歲，西客於羊樓司、羊樓洞買茶。其磚茶用白紙緘封，外黏紅紙，有「本號監製」、「仙山名茶」等語。芙蓉山，在西鄉。）

六水三山卻少田，生涯強半在西川。

錦宮城裏花如許，知誤春閨幾少年。〔註194〕

史家稱：「蒲圻鄉市向分六鎮，石坑、汀泗、新店、車埠、泉口、黃龍是也，而羊樓峒無與焉。今則峒市商業，駸駸焉駕各鎮上。」羊樓洞「附近多產名茶，故茶市以此為集中。其利賴吾蒲者，即以學捐論，旺歲歲入常萬餘金。近則受俄亂影響，茶市不振。想秩序漸復，當有復興之望也」〔註195〕。據日本人正川正一的調查，其全盛期從事茶葉生產和銷售的勞動者及商賈多達 51 萬人。釐稅銀 98 萬餘兩，學捐錢 1 萬餘串。青茶年產量 19 餘萬斤，紅茶 520 餘萬斤，粉紅茶 110 餘萬斤。黑茶生貨，外商每年購置 2600 餘萬斤，運抵漢口鎮，再運往海外市場。磚茶，西商（山陝商人）每年購置 1700 餘萬斤。以故，羊樓洞堪稱中國著名茶業市鎮〔註196〕。縣志載：

龍泉山產茶味美，見方輿要覽。今四山俱種，山民藉以為業。往年，茶皆山西商客買於蒲邑之羊樓洞，延及邑西沙坪。其製：採粗葉入鍋，用火炒，置布袋揉成，收者貯用竹簍。稍粗者，入甑蒸軟，用稍細之葉灑面，壓成茶磚，貯以竹箱，出西北口外賣之，名黑茶。道光季年，粵商買茶。其製：採細葉暴日中揉之，不用火炒，雨天用炭烘乾。收者碎成末，貯以楓柳木作箱內，包錫皮，往外洋賣之，名紅茶。箱皆用印錫，以嘉名茶。出山則香，俗呼離鄉草。凡出茶者為園戶，寓商者為茶行。邑茶引，舊四十八兩。同治初，加六兩零三分二釐五絲，茶非有加於舊也。自海客入山，城鄉茶市牙儈日增，同郡鄰省相近州縣各處販客雲集，舟車肩挑，水陸如織。木工、錫工、竹工、漆工、篩茶之男工、揀茶之女工，日夜歌笑市中，聲如雷，汗成雨。食指既多，加以販客搬運，茶來米去，以致市中百物一切昂貴，而居民坐困。至於乞丐無賴、奸民盜賊溷跡其

〔註194〕道光《蒲圻縣志》卷 4《鄉里・風俗》。
〔註195〕民國《蒲圻縣鄉土志》，蒲圻縣教育局 1923 年版，第 79～80 頁。
〔註196〕民國《蒲圻縣鄉土志》，蒲圻縣教育局 1923 年版，第 92 頁。

中，爲害益不可勝言矣。〔註197〕

可見，生產者（園戶）與銷售者（茶行）有明確分工，市場管理者（牙儈）大量湧現，茶葉專業市鎮形成，這是專業化生產在達到相當規模後的必然結果。在商品生產及流通的各環節，各種專業人員有著極爲細緻的分工，有木工、錫工、竹工、漆工、篩茶工等，男女混雜，人數眾多，形成了一支專業化的茶業大軍。如木工所製紅茶箱板，「以楓木分板爲之，工廠則鄢發章、萬春和爲最著」。磚茶機器，「其柱架及下壓機皆以極大栗木爲之。模器多用楓木（如匣斗之類），每副四百件，料費約需千五六百金」。以竹工爲例，茶葉的大規模出產刺激了茶區的竹器編製業。如茶箱，「羊樓洞、羊樓司之磚茶，皆以箱盛之。除洋商運漢製造外，山西商則完全在本鎮包裝，歲需茶箱甚巨。其收篾自製者固多，來自柘坪及大小港者亦復不少」。籤盤，「紅茶行起樣發揀，需用甚夥，製造皆本洞篾行及峽山人」。再如篩，「紅茶莊用最廣，有一、二、三、四篩，及粗雨、中雨、小雨、芽雨、復芽雨、鐵沙、生末、塵末等名目，製造者亦以峽山人爲多」。另如鑄造業之鉛罐，「紅茶箱內層以薄鉛皮裹之，名曰鉛罐。罐重四斤。丙辰，鉛價大漲，減爲三斤七兩。洞市彭松柏、鄧永發實專其業」〔註198〕。茶業的發達，同時促成了牙行的興盛，「以行爲業者謂之牙人。牙人必領牙貼，領貼營業須指定地段、貨物。蒲圻物產殷富，商販雲集，需用經紀人頗多，而牙行以興」。蒲圻除了麻行、花行、紙行、米行、魚行、山貨水果行、豬行、牛馬行外，格外引人注目者當推茶行、車行、船行這三行。史載：「羊樓洞、羊樓司並有茶行。茶箱陸運用車，故洞有車行。水運始張家嘴，至新店超載，故該二處有船行。」羊樓洞茶區的特別之處，在於客商冒充牙行，以行欺詐，故其狡黠之惡名昭然於史籍。所謂「牙行利在分取用錢，盡人所知。其朋充頂替，則行商通弊，而弊之甚者莫如茶業。晉、粵諸商每歲入山辦茶，雖各有行戶，然皆自行品論價格、經理收支，從無經紀人之設置，而行戶徒擁虛名。自被此名，而茶商之大秤、短平，及苛待男女勞動者與一切悖於良善風俗之行爲，皆藉茶牙名義以行之矣」〔註199〕。

〔註197〕同治《崇陽縣志》卷 4《食貨志·物產·貨類》。
〔註198〕民國《蒲圻縣鄉土志》，蒲圻縣教育局 1923 年版，第 75～78 頁。按，茶業帶動篾業之史實，亦見之於湖南。據民國《醴陵縣志·食貨志·工商》，醴陵篾業遍布城鄉，縣城篾業「以篾簍爲主要品，往昔醴陵輸出夏布、紅茶、藥材、瓷器甚多，均須用篾簍裝載」。
〔註199〕民國《蒲圻縣鄉土志》，蒲圻縣教育局 1923 年版，第 87～88 頁。

　　茶葉的專業化生產使大量勞動力脫離糧食種植業而食用商品糧，所謂「南畝不禾者去其半矣，貨殖之家，他植之畝，竟浮畝數矣」〔註200〕。鄰近通城縣之糧食多銷往羊樓洞，「通城米銷洞市者多，茶次之」〔註201〕。羊樓洞茶區也食用湖南米，「湘鄂向本湖廣省，蒲圻與臨湘尤近，湘人商於新店、羊樓洞者甚眾，茶銷洞市，穀米及石炭多由水路銷新店」〔註202〕。這一現象導致茶區對糧食需求的增加，促進了糧食的商品流通，加強了區域經濟的互補性，並刺激市場糧價上漲，影響及於其他商品。茶葉生產專業市鎮的商品輸出，對市場消費的拉動力可謂不小，刺激了外來商品的輸入，形成商品對流的循環圈。

　　羊樓洞之茶莊規模，可從民國文獻窺其大概。據稱：「洞市茶莊，多高廳大廈，如揀廠、篩廠至能容千人及數百人不等，光線充滿，最便作事，且煙囪林立，恍睹武漢氣象焉。」〔註203〕

　　羊樓洞茶區之運輸工具，以木舟為主，小輪船次之。「蒲圻河道雖遠，然水淺地狹，惟民船之小者可以運載貨物，往來武漢、荊沙各處，而輪船不能行駛也。其通輪者，惟新店、汀泗、神山三道。」如新店河，「十里馬蹄湖，十五里黃蓋湖，三十里島口出江，水道較深。本地艑子多為運載麻捆之用，其輸送茶箱者，類皆外來之小駁鴉艄及滿江紅等船，然載重行緩，且時虞不測。洋商如阜昌、新泰、順豐各家，皆製有飛鴻、飛電等小輪，以為拖運之用」〔註204〕。

　　由於磚茶的獨特性，幾成為羊樓洞茶業的象徵，地位尤顯特別，「洞市茶磚，為吾蒲商業特色，其製造之方法、運銷之場所、產額之多寡、稅則之重輕、本息之厚薄，內容極為繁複，鮮有能道其詳者」。時人雷大同在《專報》刊發專論，對羊樓洞磚茶之資本、地點、名稱、手續、器具、重量、產稅額、運道、銷場、利息等表述甚詳，所記多為清末民初之史蹟，概如下示：

　　　　資本。俄商，銀六百萬兩以上。英商，銀四百萬兩以上。華商，銀三百萬兩以上。

　　　　地點。正貨羊樓洞，次貨出羊樓司、柏墩，下貨出轟市，即在以上四地製造。洋商製磚地在漢口。附說：本國惟上開四地出產茶磚，磚面皆印有「洞莊」二字，故蒙、俄人只知有羊樓洞，不知其

〔註200〕同治《崇陽縣志》卷4《食貨志・物產・貨類》。
〔註201〕民國《蒲圻縣鄉土志》，蒲圻縣教育局1923年版，第122頁。
〔註202〕民國《蒲圻縣鄉土志》，蒲圻縣教育局1923年版，第124頁。
〔註203〕民國《蒲圻縣鄉土志》，蒲圻縣教育局1923年版，第53頁。
〔註204〕民國《蒲圻縣鄉土志》，蒲圻縣教育局1923年版，第94頁。

他之三市也。

名稱。三六磚，四五，二七，三九，二四，六四。

手續。一購集茶葉，二發酵，三篩，四揀，五裁斷，六風扇，七秤，八蒸，九裝入模器，施壓力以固其體質，一時半，十及十一包裹及裝箱。

器具。秤，筐，盤，模器，爐三，蒸汽鍋六，水箱五，木質下壓器，或蒸汽下壓機。

重量。三六磚，每箱重九十二斤四兩，片重二斤九兩。四五，每箱重百一十五斤五兩，片重三斤九兩。二七，每箱重九十四斤半，片重三斤半。三九，每箱重百三十六斤半，片重三斤半。二四，每箱重百三十二斤，片重五斤半。六四，每箱重六十四斤，片重一斤。

產稅額。茶磚，歲約二十五萬箱以上。洋商運漢製造者，歲約一萬三千噸。每百斤正稅庫平銀一錢五分，產稅八分四釐，附加二成。

運道。自洞八里至粵漢鐵路之趙李橋站，運武昌，渡江，由京漢、京張、京綏〔綏〕鐵道聯運，可直達豐鎮，摩托車或輓運自豐鎮至庫倫，由庫運銷俄屬西伯利亞一帶，電報、郵政皆通。

銷場。張家口，齊齊哈爾，錦州，豐鎮，歸化，綏遠，庫倫，恰克圖，西伯利亞。

利息。至低約四分，至高約一倍以上。附說：茶磚在庫倫市面可當錢幣交易貨物，如在口外換馬匹及皮毛，其利尤厚。

關於磚茶製造之工具，雷氏稱：「製粉紅茶磚，宜用汽機施頑強壓力。若磚茶，則考察銷場習慣，不合用最強壓力，使茶葉黏結不開，故仍以木機製作爲適當。且木機全副約值銀六千兩，較汽機爲易辦」。並稱「洋商資本係查照歐戰前海關冊約計，華商資本自五六萬至二三十萬金不等。比年票莊歇閉，金融恐慌，益以羌貼低落，損失不貲，尤難爲繼。宜照公司條例設大茶業公司，另辦茶業銀行，茶利或不至盡爲外人所奪」〔註205〕。此番議論堪稱振興羊樓洞茶業的真知灼見，公司之設置、機器之使用、技術之改進、資金之周轉，均關係茶業發展大計。實際上，清末羊樓洞就設有茶業試驗場，由湖北勸業

〔註205〕民國《蒲圻縣鄉土志》，蒲圻縣教育局1923年版，第90～91頁。

道委派專員辦理。其事爲：「先立有茶業學堂，招致附近園戶子弟研究培植、製造各新法，並租地數畝，植茶無算，實行改良種製。置場長一人，會計、技士各一，工徒四名，歲支經費二千四百餘串。」〔註206〕無奈時局維艱，改良不易。加之其後俄國革命爆發，風雲變幻，羊樓洞茶業遂趨於衰微。

由上觀之，安化的茶業史比羊樓洞悠久，宋元之際，安化即有植茶之記載。然而，兩大茶區的共同之處在於，晚清對外貿易的格局直接促進了它們的發展，使其茶業臻於頂峰。

三、茶葉種植、採摘與焙製方法

關於茶葉種植的具體步驟，歷代茶經茶譜多有記述。茲選取清人著述兩篇，以概觀植茶之法。一爲襄陽縣知縣宗景藩《種茶說十條》，一爲杞廬主人《時務通考》之《論種茶製茶之法》〔註207〕。

先錄《種茶說十條》——

一、種茶。至白露時，摘取茶子曬乾。墾地一方，將土鋤細，取茶子一二升，均鋪地上，如布薯種、芋頭種之式。鋪好，蓋土約二三寸厚，土上再蓋草鬚一層。能買茶餅或豆餅或菜餅，研細拌入土內，得肥更妙。如旱乾，宜用水澆之。

一、茶發芽後，須搭蓋陰棚，夏則避太陽蒸曬，冬則避霜雪凍凌。

一、茶發芽後，經二春即可移栽。以大者兩莖爲一兜，小者三莖爲一兜。每兜須相離二三尺，以便長發。移栽後一二年，茶樹高二尺許，枝葉蕃茂，即可採摘茶葉。

一、另有一種法，亦於白露時墾土鋤細。摘取茶子曬乾，隨撿十數粒，另取桐子一二粒，埋做一窠。一畝之中，勻排百十窠，待其發芽。二春之後，將桐樹掘去，取其樹葉大遮護茶葉。茶既成樹，可以不用。此等種法，可省移栽。

一、茶樹於高山、平地皆可種植。但不宜太高，山高則霧重，以茶畏霧也。又各土均宜，惟不宜黃土。土中帶沙者更佳。

〔註206〕民國《蒲圻縣鄉土志》，蒲圻縣教育局1923年版，第110頁。
〔註207〕陳祖槼、朱自振編：《中國茶葉歷史資料選輯》，北京，農業出版社1981年版，第416～418、441～443頁。

　　一、茶樹尚未茂盛之時，旁下空土猶可栽薯種豆。又每年五六月間，須將旁土挖鬆，芟去其草，使土肥而茶茂。但宜早不宜遲。故有五金、六銀、七銅、八鐵之説。

　　一、茶葉茂盛之後，每年五六月間須割一道，則茶肯發旁枝而葉茂。割者即為老茶。

　　一、做青茶。雨前摘取嫩葉，用鍋略炒熟後，用簸箕盛做一堆，用手力揉，去其苦水。再炒，再揉，然後用炭火培乾。火不宜大，恐令焦黑。青茶即平常泡吃之茶。

　　一、做紅茶。雨前摘取茶葉，用曬墊鋪曬。曬軟合成一堆，用腳揉踩，去其苦水。踩後又曬，至手撚不黏，再加布袋盛貯築緊，需三時之久。待其發燒變色，則謂之上汗。汗後仍曬，以乾為度。

　　一、凡細茶，當茶芽初出極嫩時採摘。清明前採者名明前，穀雨前採者名雨前，即茶譜所謂旗槍、雀舌等類，此茶之最細最嫩者。採成後用手揉軟，以鐵鍋微火輕輕攪炒。待半乾時取出，再用炭火焙乾。揀去粗梗，用紙包固。以石灰貯缸內，將茶包安置其中。缸口蓋密，則茶葉香味不散，可以久藏。此外，三月為頭茶，可做青茶。四月底五月初為二茶，六月初為荷花，七月為秋露，均做紅茶。再，茶子可以打油。

名為種茶十條，其中七條詳細講述植茶之法，另有三條則講述製作青茶、紅茶、細茶之法。撰寫此文的宗旨，是為了讓鄉民瞭解種茶的方法，所以該文告用語樸實，通俗易懂。

　　再節錄《時務通考》之《論種茶製茶之法》——

　　　凡茶宜在白露節後先採茶種，遲則子老裂去，所拾無幾。所採之茶不宜曬，曬則子油散去。亦不宜藏，藏則其油必乾。宜即採即種為上。種之之法，掘坑不宜深，約二寸許為度，勿計散子多少。既散茶子，宜用寸餘許薄土遮蓋。不可用足踐踏，踏則其實必無萌蘗。其坑宜隔二尺許，不宜疏，亦不宜固密。密則不易發枝，疏則恐日曝，地即乾枯，不可不慎。本年八月採獲，即種入地，須待明年春季方生。初生之葉，不可遽採，待其生長茂盛。至第二年清明節後，每株僅可採其尾之嫩心、葉如燕尾者，餘葉勿摘。其已摘者，

葉內必發萌芽。樹茂者，至中秋後，亦可摘其嫩心一次。迨第三年
至春季時，必發嫩葉。斯時不論正幹橫枝，隨可摘取。觀其枝尾有
嫩葉如燕尾者，則可摘之，以造細茶。若連採三四葉，則粗矣。至
第四年春、夏、秋，若逢時雨，遇有嫩葉生起，隨時可採。種茶之
地，每年須用鋤鋤浮其土，鋤後用乾草密遮其地，使不生草萊，收
其樹茂盛。種茶之地，勿近樹林，恐其茶不香。其地又宜向西，有
日照耀者為上。種理茶樹之法，其茶樹生長有五六年，每樹既高尺
餘，清明後則必用鐮刈其半枝，須用草遮其餘枝。每日用水淋之。
四十日後，方除去其草。此時，全樹必俱發嫩葉，不惟所採之茶甚
多，所造之茶猶好。但割獲之老枝，亦尚有用。斬其嫩莖，入鍋以
火製熟，取出曬乾，可為香骨。造香之法，即將所採之葉置於鍋內，
略灑清水，蓋覆一二分鐘之久，用微火炊軟。取盛簍內搓之，待其
葉柔軟，復入鍋內，則用火炕之。始用裂火，後則緩之。須以手在
鍋內，旋摩其葉。至略乾，用微火煆之。迨至乾極，始可拾起，待
涼而後藏於器。若造加色茶與發行茶，其造法不同。所採之葉多，
則曬於禾場，隨曬隨用，以足躁之。曬至乾處後，發入茶行。茶司
加以藥料顏色，造作各種色茶。若造紅茶，則摻入紫粉少許。但製
之法，有藉日曬者，有用鍋炒者，亦有用木版隔住烘之以火者，種
種造法不同。

該篇文字，以介紹種茶方法為主，也附帶說明採製之法。此一敘述手法，與
前引《種茶說十條》相似，所謂「向例茶戶只知種植、採摘，焙製則屬之茶
商。然以性質論，則焙製與種植、採摘同屬茶身之事項，不可分也」〔註208〕。
將兩篇種茶文獻相互對照，論述要點互有參差，表述不盡相同，但都可以作
為植茶者的參考。再以方志以為佐證。如蒲圻茶區，「茶之種植期多在春初，
越四載始可採取，但需年芟墾一二次，否則雜草其宅而茶多不茂。其芟墾之
最得力者，惟五、六兩月。劉午僑《茶山竹枝詞》曾有『五月挖金六月銀』
之句」〔註209〕。再如，光緒《古丈坪廳志》卷11《物產‧林產詳志》載：「茶
樹結子，須急栽之方生，不可蓄久，令子落土中，兩年不加鋤鏟，則隙地遍

〔註208〕湖北諮議局：《興茶葉以開利源案》，宣統元年十月十三日呈。參見吳劍傑主
　　　　編《湖北諮議局文獻資料彙編》，武漢，武漢大學出版社1991年版，第190
　　　　頁。
〔註209〕民國《蒲圻縣鄉土志》，蒲圻縣教育局1923年版，第64～65頁。

生秧子，栽之亦可活。」

　　中國是茶的故鄉，尤以綠茶的歷史最爲久遠。大體上，明代之前的中國茶均可稱爲綠茶，以蒸青方法（即蒸焙）製作。進入明代，蒸青製茶普遍改爲炒青製茶，即在鐵鍋中翻炒茶葉，這對芽茶和葉茶的普及創造了前提。經過實踐，炒青工藝成爲包括殺青、攤涼、揉撚、焙乾的完整製作過程。明代除綠茶外，茶葉種類出現多樣化，黑茶、薰花茶、烏龍茶、紅茶等開始出現。烏龍茶，又叫青茶，始自明代福建武夷山茶區生產的一種半發酵茶。清代湖北也有出產，「穀雨節前，摘取毛尖，製成白毫、烏龍，是謂青茶」〔註210〕。據《明史》，黑茶在明初四川即已出現，後來因茶馬貿易之需，到萬曆年間擴展到湖南。如前所述，迨至清代，黑茶成爲湖南安化縣的特產。湖北蒲圻也產黑茶，「紅茶摘後，將隔年老葉用刀割下，炒半熟而揉之，謂之底子，即綠茶之粗者。其精細者分三種：撒面、二面、元巔也。炒揉一如底子，更有蒸（用甑）、捆（用小口袋）各手續，撒、二面並二次，元巔一次」〔註211〕。晚清時期，紅茶出口，黑茶內銷。史載：湖南茶業「今所製，分紅、黑兩種。紅茶葉細而嫩，西洋人喜食之。黑茶葉老而粗，素銷中國西北各省，今俄人亦有購用者。每年春夏，晉、廣、湘商人入山，茶約七八十號，其資本各有一二萬乃至三四十萬不等」〔註212〕。光緒《巴陵鄉土志》所記物產既有「紅茶」，（並注明「由湖北行銷外洋」），又有「黑茶」。

　　紅茶作爲茶葉的新品種，始自明代。清代兩湖地區廣爲種植，「道光二十三年與外洋通商後，廣人每挾重金來製紅茶，土人頗享其利。日曬者色微紅，故名紅茶。昔之稱蘭芽、鍋青，用火焙者，統呼黑茶矣」〔註213〕。我國產茶之區甚多，所產多爲綠茶，紅產產量不多。晚清時期，兩湖紅茶占全國紅茶產量90%，其中又以湖南最多〔註214〕。

　　紅茶細如米粒，俗稱「一把米」或「米紅」。有關紅茶的種植，茲有清光緒年間湖北襄陽府穀城縣所頒「勸民興種茶樹示稿」一篇〔註215〕，言之甚詳，

〔註210〕民國《蒲圻縣鄉土志》，蒲圻縣教育局1923年版，第65頁。
〔註211〕民國《蒲圻縣鄉土志》，蒲圻縣教育局1923年版，第65頁。
〔註212〕辜天佐編：《湖南鄉土地理參考書》第1冊，群益圖書社1910年版，第37頁。
〔註213〕同治《巴陵縣志》卷11《風土·土產》。
〔註214〕程靜安：《舊武漢茶業的回憶》，《武漢工商經濟史料》1983年第1輯。
〔註215〕張之洞：《筍襄鄖宜施各屬查明地方土性、試種茶樹是否相宜（附單）》（光緒十七年十二月十三日），《張之洞全集》卷109《公牘二十四·諮箚二十四》。

計有 10 條，概如下示：

　　一、擇向陽之地，無論層山疊阜、高嶺斜坡，先行開闢，便下肥糞，領到種子，即如法種植。

　　一、茶子種植之期，自九、十、冬、臘、正月均可，惟不可再遲。其發生，總在立夏節前後。

　　一、種茶須分行，每行相離約三尺。

　　一、行內挖穴，亦須相離兩尺，免致成樹時彼此相礙。

　　一、每一穴種茶子五六顆，此樹本係叢生，不可單種。

　　一、種後只須間或下糞，如行中兼種他物，下有肥糞，便可滋長，無庸另糞。

　　一、成樹及一二尺高便可採葉。

　　一、茶樹長成，每年交穀雨節採頭次極細葉，即毛尖茶，是貴重之品。穀雨節後數日採二次略粗葉，亦是好茶。至立夏節採三次葉，其味較遜，然亦可用。

　　一、採得茶葉不可日曬，曬即有怪味。只須以鍋燒開水，將葉入水蕩過，隨即取出，再用微火烤乾、攤冷，入壇裝緊，謹防風吹，吹即上黴，雖好茶亦不足貴矣。

　　一、九、十兩月採收茶子，或隨採隨種，或稍遲亦可，總以正月為止。

除了上述 10 條，示稿還講到土質，「其種植之地，惟盡沙處不相宜。此外，盡土及半沙土皆有樹必獲」，並認為種植茶樹無妨於稻麥及桑樹、棉花等物，實為養民之道、興利之法。

　　清光緒年間，湖北牙釐總局候補道曹南英採訪各茶商，將製辦紅茶之法開具清摺，呈給湖廣總督署。曹氏條議大體上可以視為紅茶製作之規程，特錄之如下：

　　謹查湖北湖南兩省產茶之區，茶樹滋長茂盛，無須再為教種，非比無茶之地，尤須教其種植。惟製茶之法甚多，必須善為製辦，始能自立於不敗之地，而可望茶務轉機。謹將採訪各茶商製辦之法，開具清摺，備陳憲鑒。

一、採茶宜時早也。紅茶以葉小而嫩爲佳，必須穀雨前數日採折下山，則茶嫩而上有白毛，乃爲佳品，洋商最愛此貨。若遲至穀雨以後，則葉老而色黃，茶粗而味淡，所以洋商不肯出價。推之子茶、秋茶，亦莫不然。今年頭茶之價高者，皆穀雨以前之茶。此宜早採之明徵也。

一、製茶宜趁天晴也。製茶若逢太陽，則茶身緊小而顏色光澤，洋商最愛。若遇陰雨，必用火炕，則一味煙氣，洋商最忌。不如趁天晴之日早爲採製，一遇陰雨則改製黑茶，而黑茶又宜煙氣，實爲兩便。今年頭茶之價低折本者，皆有煙氣之茶。此宜趁天晴之明徵也。

一、開莊宜禁陳茶也。洋商售茶先看泡水，新茶泡出乃是黃嫩之色，陳茶泡出乃是黑片。洋商最忌陳茶，退盤割價多係此等黑片。自漢口開市以來，從未有僥倖混淆者。此宜禁陳茶之明徵也。

一、揀茶宜精細也。粗枝老葉最宜揀盡，若稍有不盡，則黃片夾雜其中而顏色不純，即係嫩茶亦因而減色。此揀茶宜精細之明徵也。

一、製茶宜視火候也。火太過則氣味毫無，火不足則香味又少。且火太過，一經泡出，盡是燒邊黑片，洋商最忌。惟此，掌焙炕之人最爲緊要。宜擇其老成而諳練茶性、勤慎而少貪睡酒者，爲之掌守焙炕，其製茶鮮有不氣香而色澤。洋商退盤割價，多係黑邊不香之茶。此宜視火候之明徵也。

一、茶箱宜較準也。洋商過磅以輕者爲憑，洋商退皮以重者爲據。若輕重未能較準，每因之而大爲少磅，從未有多出磅者。此宜自爲較準之明徵也。

一、出箱宜謹防水濕也。倘偶有不愼，箱面稍有水跡，則臨磅之時，洋樓將此水跡之箱盡行提出。即再爲裱飾，則爲日久而價漸低，亦已大半折耗，其吃虧已屬不小。此宜謹防水濕之明徵也。

一、出售宜勿做樣也。洋商之看茶最爲的確，每大辦與小樣不對，無一不因之退盤而割價。是不如從大堆中取一小樣，定價後再從大伴中抽一大樣，庶無不對樣之弊。從未有做樣之茶而可僥倖以混得原價者。此宜勿做樣茶之明徵也。

可見曹氏所議已不僅限生產，也涉及銷售，全面而精詳，難怪湖廣總督張之

洞將之抄發兩湖產茶各州縣，曉諭商民，實力講求。方志所載，亦可參照。史載：「〔穀〕雨後採取嫩葉，曝以陽光，俟葉邊微帶紅色，或於土盆或木櫃上搓揉之，俾成線索，然後散佈篾墊上，曬令半乾，收貯深桶，以衣被緊閉之，使色變純黑而氣味芬新，是名紅茶。」〔註216〕另有民國文獻詳述羊樓洞茶區紅茶之製作，錄之於下，以備參考——

　　洞市紅茶，穀雨節前始開秤收買。新買之茶，名爲毛茶，用炭火焙過，然後開篩。篩分十路四廠，手續最複雜。茲就其大略言之。

　　毛茶廠。頓毛茶用粗雨篩，篩面謂之頂頭，篩底分上、中、下三種。上身一、二茶用三、四篩，取扇車發揀，歸青茶廠做篩、扇抄、復火、上堆。中身三、四茶用粗雨、中雨，取、發、抄，歸青茶廠復火、上堆。下身則小雨、牙雨、鐵沙、生末、篩面之茶也，統歸青茶廠車扇、上堆。

　　青茶廠。以上三茶均歸本廠，其手續尚簡，最繁者惟元身茶。元身一、二茶用牙雨篩頓，頓頭用小雨篩抓入，撈篩碼用二、三篩，取頂頭，頂頭均用足踩。四篩茶仍用牙雨頓，用粗雨、中雨取一、二茶，扇抄、復火、上堆。其小雨、牙雨、鐵沙、生末、篩面之茶，但復車、上堆，不復火。

　　抓尾廠。毛茶頂頭置深筐，用足踩過，即毛茶抓尾。用中雨篩抓。抓尾茶用中雨取一頭，扇抄、上堆。其小雨、牙雨、鐵沙、生末、篩面之茶，均復車、上堆。珠子茶即中雨、篩面者，揀淨、過推，再用中雨、小雨、粗雨分篩，即珠子一、二、三、四茶，扇抄、上堆。

　　花香廠。青茶車出子口，亦分上身、下身。上身茶用篩九把，照原路做去，惟一、二、三茶扇抄、復火、上堆，餘均車扇、上堆。下身搭篩，篩面之茶用布袋搭，搭出用小雨分篩，篩底、簸淨、上堆，其黃片則再篩、再搭。

　　穀雨茶。一、二茶揀出頂頭，復火，用足踩碎，車扇、發揀、上堆。

　　茶至此製造畢矣，則有和堆、裝箱、完釐、車運、舟運、至漢

〔註216〕民國《蒲圻縣鄉土志》，蒲圻縣教育局 1923 年版，第 65 頁。

售賣等事〔註217〕。

磚茶的類別與製作完全不同於紅茶。據 1890 年漢口海關年度商務報告，漢口俄商磚茶廠生產的磚茶分爲兩種：第一種磚茶用茶末製成，專銷俄國；第二種磚茶用茶葉、茶梗和茶末製成，專銷蒙古。關於第一種磚茶的製作流程，該報告有如下表述：此種磚茶「用普通的茶末做成，並放在布袋裏，用蒸氣蒸一下後再壓軋在一起。壓軋是用手工，也就是把一定數量的茶末放在布袋裏，蒸濕後倒在木模裏，然後由一個工人揮動大槌子捶打，直到茶末黏結和發硬時爲止。這種普通茶末的價格，是每磅 1 先令 1／3 便士和 1 先令 1／2 便士。製造費用、出口關稅和包裝費用等大概使出口價格高出一倍，故從這裡裝船出口時，價格約達每磅 2 先令 3／4 便士。每一個細竹編成的簍子，可以裝 300～400 磅磚茶。每駱駝可以駄兩簍。磚茶的體積約爲普通茶葉的 1／6」〔註218〕。清光緒八年至十七年（1882～1891 年）漢口海關十年商務報告的說法稍有不同，稱「先放在布袋裏蒸，然後倒在和製造泥磚大致相同的木模裏，只是比較結實而沒有那麼深，把這個模子放在一個強力的搾板之下，壓到所需的密度爲止。磚茶取出後，用普通白紙包裝……」〔註219〕另有文獻稱，磚茶分紅、綠兩種，「用紅茶之粉末以造者爲紅磚茶，用綠茶之粗葉並用莖者爲綠磚茶」〔註 220〕。紅磚茶又稱之爲米磚，綠磚茶叫做青磚。

美國茶葉史專家威廉・烏克斯（William H. Ukers）在其《茶葉全書》（All about Yea）一書中的描述，可豐富人們對磚茶及其製作工藝的認識。他指出：「約在一八五〇年，俄商開始在漢口購茶，於是漢口成爲中國最佳之紅茶中心市場。俄人最初在此購買者爲工夫茶，但不久即改購中國久已與蒙古貿易之磚茶。」這表明，磚茶係中國人而非俄國人所發明，歷史悠久。威廉・烏克斯稱，1861 年漢口開埠後僅兩年，俄國商人便在此設立了磚茶廠，在製作工藝上作了重大改進，「彼等改良中國壓製磚茶舊法，其後改用蒸氣壓力機，後於一八七八年使用水壓機」。起初，磚茶原料爲零碎茶末。隨著磚茶貿易

〔註217〕民國《蒲圻縣鄉土志》，蒲圻縣教育局 1923 年版，第 88～89 頁。

〔註218〕Commercial Reports，漢口，1890，pp.6～7，參見姚賢鎬編《中國近代對外貿易史資料》第 2 冊，北京，中華書局 1962 年版，第 1321 頁。

〔註219〕Decennial Reports，漢口，1882～1891，pp.172～173，參見姚賢鎬編《中國近代對外貿易史資料》第 2 冊，北京，中華書局 1962 年版，第 1322 頁。

〔註220〕民國《漢口小志》之《商業志》。

的擴展，俄商遂將「品質良好之茶葉，用機器磨成粉末以製磚茶。結果，在俄國家庭所用之磚茶品質日佳，而銷售之數量亦遠勝工夫茶或未經壓實之茶葉」。後來，俄國在漢口市場大量進口印度、錫蘭及爪哇茶末，以增加磚茶製造所需之原料。關於磚茶製作流程，威廉・烏克斯寫道：「在漢口及九江一帶之俄銷磚茶廠，製造磚茶之方法簡單而有效。有一笨重之模型，上有精細花紋，放於水壓機中。不論紅茶或綠茶，經過平常製造過程後，再加蒸熱而放入模型中。其程序為：先放一層上等茶，然後放一厚層之粗劣茶葉，再加一薄層上等茶於面上。俟復以模型後，再用水壓重壓之。旋去壓力，取出模型，即得磚茶。經三星期之乾燥，即告完成。磚茶每塊重兩磅半至四磅，依其大小而異。為便於運輸，均包以紙，並裝入竹簍中。每簍八十塊，淨重二百磅。」〔註221〕

漢口俄商磚茶廠還生產一種品質上好的磚茶，稱為小京磚茶，「它是最好的茶末用蒸汽機壓製的，每塊約用 2.5 磅的乾茶末，不用蒸過便倒入汽缸上的一個鋼模內，每塊要經受二噸壓力。小京磚茶的製造和包裝必須非常細心，費用不可謂不大。茶末的價格每擔為 12 至 15 兩。小京磚茶從模子裏取出後，先用錫箔、然後用紙包裝，最後裝入襯有鉛皮的箱子裏，全部運往俄國」〔註222〕。小京磚茶被稱之為「旅行家、邊疆地區的居民和戰地的軍隊的最好的和最便於飲用的茶葉」〔註223〕。在華製造的小京磚茶除了供銷俄國，還出口德國和法國。

在俄國西伯利亞和蒙古，磚茶既是食品，又是通貨，極受歡迎。人們「把一塊或半塊磚茶放在像咖啡壺的銅製器皿裏，和羊油牛油同煮，然後趁熱把這種液態食品吃下去。在那寒冷的高原上，它必然是使人發暖的和營養豐富的」〔註224〕。

讓我們將目光再度聚焦羊樓洞。據日本學者的相關論著，羊樓洞茶區的茶葉製作概分茶芽、粗茶、精茶 3 個階段。茶芽生產「以本來為米作農家的

〔註221〕參見彭澤益編《中國近代手工業史資料》第 2 卷，北京，中華書局 1962 年版，第 110～111 頁。
〔註222〕Decennial Reports，漢口，1882～1891，pp.172～173，參見姚賢鎬編《中國近代對外貿易史資料》第 2 冊，北京，中華書局 1962 年版，第 1322 頁。
〔註223〕Commercial Reports，九江，1892，p.4，參見姚賢鎬編《中國近代對外貿易史資料》第 2 冊，北京，中華書局 1962 年版，第 1322 頁。
〔註224〕Commercial Reports，漢口，1890，pp.6～7，參見姚賢鎬編《中國近代對外貿易史資料》第 2 冊，北京，中華書局 1962 年版，第 1321 頁。

兼營形態的茶戶來擔當」，在此基礎上，茶戶也承擔粗茶製作。這些茶戶「係以農主工從的農家副業形態，爲補助家計，來從事家內勞動的姿態而出現」。由於茶葉製作以補充家計生活爲目的，以故茶戶的經營規模不免狹小。清代，中國茶葉生產「幾乎全是稱爲茶戶及販戶的農家的副業的（實爲兼業的）經營，並未實行大規模的茶園及組織的栽培法，因而一戶以極小的產出量各自獨立的直接賣與市場，並不能有收得充分利益之能力，而又無如生產者的共同販賣法一類的處理法，此間自不能不爲中間商人所乘，以至利潤之大部分爲商人所剝削，生產者收入被大爲減輕，而農家所生產之粗茶，由茶號及茶棧予以加工精製放進市場」。

粗茶製作又分爲萎凋、搓揉、發酵、焙烘諸工序——

萎凋　由茶山採摘之茶芽，搬入農家天井中，撒布於薄竹製之網席上。席長約十五尺，寬十尺，兩端橫綴以圓竹以資便利搬運。席一張可撒布生葉四百兩（等於一個航運籠之分量）。席上生葉，用日曬行萎凋作用，時間約需五十分，席上溫度，爲一一〇度乃至一二〇度，生產減水量約 30%。萎凋作用終了，立即進入搓揉行程。

搓揉　第一次在席上用手輕揉五分鐘，再行撒布席上吸受陽光。俟外部乾燥後，移於屋內搓揉臺，用足搓揉。此臺裝置爲橫六尺、縱十八尺，敷以木板，兩側各立木柱四根或六根，於高三尺處用細木棒設以欄杆，俾兩手把扶，用足向後搓揉。約二〇分鐘，俟液汁滲出後，用手攤開茶塊，需時約十分鐘，再行足搓揉。然後再以同一方法，同一時間，重複施行一次。

發酵　搓揉完畢，次即將茶撒布原竹席上，以俟水乾，在溫度一三〇度內，放置席上四〇至五〇分鐘。茶葉漸由茶褐色變爲暗褐色。再裝入茶掬箕或籠，覆以棉被，壓以小石，炎天時曝曬，是爲罨蒸。氣溫一二二度內外，需時兩句鐘四〇分，發酵即告終了。

焙烘　罨法完畢後，由日光處移於向陰處。再將完全乾燥之茶葉裝於盛量六百兩之布袋內，搬入精製工廠。布袋係向精製工廠預先領者，編有號碼。自此，粗茶即由農家交付特約工廠。

粗茶工程時，有用雇傭勞工者。男工一人，製茶能力三百兩者，日給價十八分乃至二十分。至裝塡六百兩容量布袋時，需男工二人

之工作能力。如上所述，可見其生產行程完全爲手工業的，除過手
與足的勞動外，並未使用完備的工具。因之，清末以前的製茶形態，
由此自不難想像。

　　僅從粗茶製作的繁複過程看，清末羊樓洞的茶葉生產工序已相當完備，
不過其技術仍爲手工勞作。有學者稱:「由農家以狹小規模所生產之原料茶（茶
芽──引者），經同一農家之手實施粗茶加工，經過這個階段，即離開農家而
移於純粹的企業經營」，後一階段稱之爲精茶製作。其工序如下──

　　　　精茶行程擔當者爲茶莊（茶店）。誠如其稱號所示，茶莊（茶
　　店）乃商人形態，並非產業家。或謂，在此種場合，商人兼有產業
　　家的機能。補助家計的副業規模之茶戶，因自身缺少以精茶與市場
　　直接聯繫的經營基礎，而無作爲產業家的自主的機能，故勢必以其
　　家內勞動，來充作茶莊的外業部的機能不可。因之，在羊樓洞，這
　　樣的茶莊＝＝精茶工廠，備有七十餘所的揀撰所，收入所，磚茶工廠，
　　宛然成「一大城廓」。最大之茶莊，有十七座分莊，且各自附有精茶
　　工廠。這些茶莊對特約生產農家所提供的粗茶，先行驗貨，再定收
　　買價格。然並無驗查場的設置，而只在簡單的驗查臺上驗查。其驗
　　查方法爲以二合大的茶碗投入茶葉二錢，碗口覆以鉛板，經十秒鐘
　　後，鑒定茶質。收買之粗茶，按其充分乾燥程度，分別貯入貯藏庫。

　　　　貯入貯藏庫以前的乾燥法，係用焙爐烘乾。烘爐深埋地上一尺
　　深處，爐上堆置高三寸、廣五寸之結實黏土堆。爐與爐之間保持二
　　尺五寸距離。乾燥程度適於可用篩分篩時爲止。每爐投入量爲一百
　　五十兩，火焙溫度爲九十度內外。時間最長一小時。經過如此手續，
　　始行貯入貯藏庫。開始精茶行程時，即自庫中提出茶葉。

　　　　精茶器具　精茶器具不過爲單純的工具。以竹製之篩具，篩撰
　　用之人力風車，及手箕（網製，揀撰用）爲主。然所用簡單工具，
　　頗爲細密化，如主要用具之篩，即有花篩、灰末篩等二十一種以上。
　　各茶莊皆備有所需用之各種篩器。

　　　　精製方法　初用花篩或須篩，兩者篩眼皆爲一寸平方。篩之大
　　者橫三尺，長五尺乃至七尺，深一尺。以一細木棍斜置篩下井字形
　　之木架上，篩之兩側各有一竹製把手，以便兩人篩茶時扶用。此種

手續，稱為「蔓切」。茶成為良質時，即用篩眼細密之篩，由一人篩之（篩約一尺五寸），每次篩量為一斤。篩畢實施乾燥後，再篩第二次，更用風車搧過一次。其間，用以除去茶莖之方法，則用「銀篩」、「生末」等篩眼細密之篩具，用手掬取。未能除去之莖及其他茶葉，則由女工揀撰。

分業則由性別決定。男工從事焙茶、分篩、風撰等項，女工從事揀撰。各茶莊作業職工達數百人，現出「工廠內充滿界女雜鬧」的光景。

由上觀之，清末羊樓洞精茶工廠，已達到「機械以前的工具與手工業勞動的大型製造業階段」。然而，直到民國初年，羊樓洞製茶業並未出現機械化的近代工廠。當時的考察記錄可以為證，即「職工在每次茶季，即自五月初旬，聚集此地，各製茶家雇用工人男女合計四五百人，製茶繁盛時季，達千餘人之多。女工自其住宅或客棧中來從事專門撰莖工作，男人在製造所內起居，從事火乾、分篩、搬運等工作，並有夜班。三等職工概屬農人，過半自江西地方前來，薪銀不論男女，日給百文乃至百六十文，男工供饍，女工則不供饍」。雖然規模有所擴大，但生產技術及組織「依然徘徊於工具與手勞動的機械以前的階段，向機械化轉換的痕跡毫無」〔註225〕。羊樓洞的情形似可視為清代兩湖茶業生產技術水準的縮影，傳統的手工業仍然是民族製茶業的主體形態。

不過，新生事物也在萌生。漢口首家中國商人創設的機器磚茶廠的生產設備及工藝頗值得注意。據日本人的調查資料，這家茶業公司創設於光緒二十二年（1896年），業主是廣東人黃雲浩，其規模如下：

二層樓工廠一棟、乾燥場一間、倉庫四間。公事房二間，汽鍋室一間，工廠二樓由作為製品乾燥場。原動力為三十馬力之汽鍋一座，裝置以為壓榨器，熬整、損物破碎器、分篩器、塵取器等一切運轉之用。有壓力十二萬兩之破碎器三架。拔磚器在壓榨器左側面九尺處，並有將拔就之茶磚立送二樓乾燥室之裝置。壓榨器一架裝置蒸器六個。水面下裝置有深一尺五寸，直徑二尺二寸之木箱，用

〔註225〕（日）平瀨己之吉：《近代支那經濟史》引述明治四十二年山田繁平《清國茶葉調查覆命書》；安原美佐雄：《支那的工業與原料》。參見賈植芳《近代中國經濟社會》，瀋陽，遼寧教育出版社 2003 年版，第 211～215 頁。

直徑三寸之鐵管六根與各釜相連絡，以便輸送蒸汽。損物破碎器一架，係鐵製。將損傷之磚茶三四片碎裂後，自損物破碎器上部投入，經回轉後，即行粉碎。分篩機四架，有二段式及三段式者，各機皆有每一階段用以選別之裝置。篩上剔出之茶葉，由側面所設之溝形鐵板，落入另置之容受袋內。最下部，則為由金屬製的板裝入受箱之裝置。製茶乾燥室利用二樓，共三百立方尺。周圍繞以十寸之鐵管，中央更有一管相通，以便室內氣溫上升，使磚塊之茶乾燥，溫度為攝氏四十度〔註226〕。

這就是早期工業化階段的生產車間和機器設備。雖然笨重、簡陋，卻開啟了中國人用機器製茶的新時代，意義可謂深遠。

〔註226〕（日）平瀨己之吉：《近代支那經濟史》引述明治四十二年山田繁平《清國茶葉調查覆命書》之記載。參見賈植芳《近代中國經濟社會》，瀋陽，遼寧教育出版社2003年版，第216頁。按，山田氏將「興商」誤記為「興亞」，創設年代誤記為「1900年代」。

第三章　茶葉的行銷

　　清代前期，兩湖茶葉銷往省內外諸多區域，特別是大量銷往西北邊陲，在邊茶貿易中扮演著不可替代的角色。迨至五口通商，尤其是漢口開埠後，在對外貿易的刺激下，兩湖茶業實現了結構性調整，紅茶及磚茶上升爲茶葉的主要品種，成爲國際市場的搶手貨。在此，筆者擬對以漢口爲中心的市場體系、茶商及茶業資本諸問題予以論述，試圖藉此把握清代兩湖茶葉的流通情形。

一、以漢口爲中心的市場體系

　　素有九省通衢之稱的漢口是近代中國第二批對外開放的通商口岸，茶葉成爲清代後期漢口市場進出口貿易的最大宗商品，漢口因此成爲兩湖茶葉貿易的中心市場。這裡所謂的「清代後期」，係指 1861 年漢口正式開埠，直至1911 年辛亥革命爆發，亦即清朝的最後 50 年〔註 1〕。漢口市場得天獨厚的經濟地理優勢，使該市場的茶葉來源十分充裕而暢達，並進而形成了產、供、銷一條龍的龐大網路，豐富了漢口市場的商品流通體系。清末湖廣總督張之洞對此深有感觸，云：「漢口鎮，古名夏口，爲九省通衢，夙稱煩劇。自通商口岸以來，華洋雜處，事益紛煩」〔註 2〕。漢口是近代中國三大茶葉市場之一。史稱：「厥後泰西諸國通商，茶務因之一變。其市場大者有三：曰漢口，曰上

〔註 1〕　清成豐八年（1858 年），《中英天津條約》簽訂。該條約規定，增開漢口等 9
　　　　處爲通商口岸。當時，清軍正在長江中下游與太平天國農民軍鏖戰，所以漢
　　　　口的正式開埠延遲到成豐十一年（1861 年）。是年 3 月，英國官方商務代表威
　　　　利司等人抵達漢口，與湖廣總督官文談論通商細節。清光緒二十五年（1899
　　　　年），在湖廣總督張之洞的奏請下，清廷在漢口正式設立夏口廳，隸屬漢陽府。
　　　　自此，陽夏分治，漢口成爲獨立行政區。
〔註 2〕　民國《湖北通志》卷 5《輿地志五・沿革二》。

海，曰福州」〔註3〕。

晚清之前，湖南茶葉多由廣東茶商運抵廣州，銷往國外。據悉：「至湖南茶對外貿易，……當清道光二十年（1840 年——引者）前後，英人之在粵南之對華貿易，已有相當進展，時輸出品以茶爲大宗。兩粵茶產不多，爰由粵商赴湘示範，使安化茶農改製紅茶（國內以前所產者多爲綠茶，不知製造紅茶）。因價高利厚，於是各縣競相仿製，產額日多，此爲紅茶製造之創始，亦即湖南茶對外貿易發展之嚆矢。」〔註4〕太平天國時期，兩湖茶葉的外銷（一往西北，一往廣州）受阻。據悉，「清初，茶業日興，陝甘兩省茶商領引來安〔化〕採辦者甚多。……及洪楊事息，西北商亦接踵而至。嗣後，各國需要增加，銷路日廣」〔註5〕。此種情形在漢口開埠後得以改變。

由於洋行屯集漢口，大量收購茶葉，以待出口，湖南茶遂匯聚漢口發售。史載：「咸豐八年（1858 年——引者）以後，楚境漸次肅清，〔湖南〕茶運稍暢。而九年、十年、十一年，洋商續在各口岸收買紅茶，湖南北所產之茶多由楚境水路就近裝赴各岸分銷。」〔註6〕湖南「各州縣產茶最廣，近年造作紅茶，遠赴漢口等處發賣，因此致富者不一而足。即在本鄉肩挑負販，亦復獲利甚豐」〔註7〕。湖南安化紅茶，清光緒十年（1884 年）前後在漢口市場的售價銀 42 兩／每 100 斤，或銀 43 兩／每 100 斤。此後，漸次遞減至銀 10 餘兩／每 100 斤。清光緒十六年（1890 年）回升至銀 37 兩／每 100 斤，清光緒十七年（1891 年）增至銀 58 兩／每 100 斤〔註8〕。

〔註3〕《清史稿》卷124《食貨志五·茶法》。

〔註4〕吳覺農：《湖南省茶業視察報告書》，《中國實業》第1卷第4期。參見彭澤益編《中國近代手工業史資料》第1卷，中華書局1962年版，第480～481頁。按，另有論者稱，湖南紅茶之製始自咸豐八年，「迨咸豐八年，粵商估帆取道湘潭，抵安化境，倡製紅茶，轉輸歐美，稱爲廣莊」。雷男等：《湖南安化茶業調查》「緒言」，參見彭澤益編《中國近代手工業史資料》第1卷，中華書局1962年版，第481頁。

〔註5〕雷男等：《湖南安化茶業調查》「緒言」，參見彭澤益編《中國近代手工業史資料》第1卷，中華書局1962年版，第481頁。

〔註6〕鈔檔，同治十三年二月十六日陝甘總督臣左宗棠奏。參見彭澤益編《中國近代手工業史資料》第1卷，中華書局1962年版，第482～483頁。

〔註7〕張之洞：《筍襄鄖宜施各屬查明地方土性、試種茶樹是否相宜（附單）》（光緒十七年十二月十三日），附錄《穀城縣勸民興種茶樹示稿》，《張之洞全集》卷109《公牘二十四·諮箚二十四》。

〔註8〕張之洞：《筍兩湖產茶各州縣講求製辦紅茶（附清摺）》（光緒十七年六月初三日），《張之洞全集》卷105《公牘二十·諮箚二十》。

不獨兩湖茶葉，即如安徽、江西、四川、甘肅、陝西亦咸集於此。日本人山田繁平《清國茶葉調查覆命書》稱：「長江一帶爲清國茶業之冠，尤以漢口即因爲茶之集散市場而成名。漢口集散之茶的生產地，羊樓洞、崇陽、咸寧、通山、宜昌（屬湖北省），安化、桃源、長壽、平江、高橋、聶市、雲溪、湘潭、瀏陽、醴陵（屬湖南省），寧州、武寧、吉安（屬江西省），婺源、祁門、建德（屬安徽省）諸地，尤以傍近漢口的原始市場羊樓洞，使終點市場的漢口復具有初級市場的二重身份。且與生產紅綠茶的江西、安徽兩省相對應，湖北、湖南兩省則專一生產紅茶，羊樓洞當然亦限於生產紅茶。」〔註 9〕從這段描述中，亦可窺見兩湖茶葉流通體系之概況。運往漢口市場的茶葉來自湖北、湖南、江西、安徽、四川、陝西、甘肅、河南、廣西、貴州等地。蛛網般的長江水系成爲茶葉運輸的最佳路徑，沿湘江、沅江、澧江而來的是湖南茶葉，沿漢水而來的是陝西茶葉、甘肅茶葉、河南茶葉，沿長江干流而來的是江西茶葉、安徽茶葉、四川茶葉，一派繁忙景象，「（漢口）街市每年值茶時，甚屬盛望。屆時，則各地茶商雲屯蝟集，茶棧客棧俱屬充滿，坐轎坐車絡繹道路，比之平日極爲熱鬧」。外國商人亦聞風而至，爭購茶葉，「居留地平日似甚間寂，然一值輪運茶時，則上海之英美茶商各行麇集，江面各國輪船絡繹不絕矣」〔註 10〕。一個輪船航運的新時代已經來臨。不可遺漏的是，鐵路的興建也對漢口市場茶葉流通產生了影響。「自一九〇五年京漢鐵路通車以後，河南各地之物資，因集中於漢口。當一九〇四年，漢口輸出不過七百十四萬兩；至一九一〇年，即增至千七百九十萬兩」〔註 11〕。包括茶葉在內的各類商品的貨運量增大，流通速度加快。但就晚清而言，輪船之於漢口市場茶葉貿易的影響大於鐵路，因爲鐵路建成之時，已接近清廷末日。

在各路茶葉中，兩湖茶葉是漢口市場的最大貨源，「湘鄂兩省每年外銷茶葉共值銀一千餘萬兩，其中湘茶占十分之六以上」〔註 12〕。據晚清《湖南財政說明書》記載——

〔註 9〕　參見賈植芳《近代中國經濟社會》，遼寧教育出版社 2003 年版，第 211 頁。

〔註 10〕　徐煥斗：《漢口小志・商業志》，六藝書局、商務印書館、藍金秀紙號 1915 年版，第 14 頁。

〔註 11〕　峙冰：《鐵道與貿易》，《上海總商會月報》1 卷 6 號，1921 年 12 月。參見李文治編《中國近代農業史資料》第 1 輯，三聯書店 1957 年版，第 415 頁。

〔註 12〕　湖南省志編纂委員會編：《湖南省志》第 1 卷《湖南近百年大事紀述》，湖南人民出版社 1979 年版，第 125 頁。

惟查各屬所產，名目繁多，難以枚舉。其銷場以漢口爲多，他處亦間有之。據光緒三十一年各屬報告情形，瀏陽縣所產各茶運往漢口、江西義寧州等處銷售者，計二萬三千二百餘箱；運往高橋銷售者，計毛茶十二萬八千六百斤。安化縣所產各茶運往漢口銷售者，計洋箱十二萬三千餘石，西箱八千七百餘石，花香二萬八千餘石，黑茶九千八百四十餘包。湘鄉縣婁底所產各茶運往湘潭銷售者，計紅茶五千五百二十一箱。永豐所產各茶運往漢口銷售者，計青茶五百一十八石。寧鄉縣所產各茶運往漢口銷售者，計紅茶十五萬七千零九十二斤，花香二百八十五石。湘陰縣所產各茶運往漢口銷售者，計紅茶一萬四千七百餘箱。平江縣所產各茶運往漢口銷售者，計紅茶六萬一千餘箱。醴陵縣所產各茶運往漢口銷售者，計紅茶五十萬零六千九百三十五斤半，尚有花香等項未計數。桃源縣所產各茶運往漢口銷售者，約一萬四千餘箱。龍陽、沅江兩縣所產各茶運往漢口銷售者，約數百餘箱。武岡、邵陽兩州縣所產各茶運往安化銷售者，約三四百石。新化縣所產各茶運往安化銷售者，約四千餘石。已可得其大凡矣。每箱以百斤爲率，然亦有不逮百斤者。其間，時有遲早，貨有精粗，因而價亦低昂不等。每百斤有賣至三十餘兩者，有賣至二十餘兩者，有賣至十餘兩者。〔註13〕

可見，湖南茶主要銷往漢口，也有部分茶葉銷往省內，以湘潭、安化爲集散地，少量茶葉銷往江西義寧等地。除興國州之茶運往九江外，湖北各茶區皆瞄準漢口市場，尤以羊樓洞爲最。羊樓洞是晚清湖北最大的茶區，在全國亦頗有影響。據清人葉瑞廷所著《蓴蒲隨筆》稱，「按今峒茶名馳中外，茶有紅、黑二名」。應該說，羊樓洞茶區的穩步發展，爲漢口市場茶葉貿易的繁盛提供了切實保障。

晚清漢口市場之茶，除少量綠茶外，多爲紅茶、磚茶，其中紅茶約占 4／10，磚茶約占 6／10。紅茶主要品種爲：湖南安化紅茶，湖北宜昌紅茶，安徽祁門紅茶，江西寧州紅茶。磚茶主要品種爲：湖北羊樓洞磚茶，漢口俄商機製磚茶。爲以往論者所忽視的是，進入晚清漢口市場的茶葉除了國內茶葉，還有外國茶葉，如日本綠茶、印度紅茶、印度以及錫蘭（今斯里蘭卡）茶末

〔註13〕晚清《湖南財政說明書》之《入款・茶課稅釐類第五・茶正釐並加抽》，宣統三年（1911年）湖南清理財政局編印。

等。據海關報告，俄國商人在漢口製造磚茶時大量摻入進口的印錫茶末，以達到味濃色美之效果，如下表所列：

表 3-1　1899～1908 年漢口出口磚茶及其所含外國茶末表　（單位：擔）

年　份	磚茶出口數	其中外國茶末	漢口磚茶出口淨數
1899	384,830	103	384,727
1903	584,774	22,427	562,347
1908	581,560	109,280	472,280

資料來源：此表係根據漢口歷年 Trade Reports、Decennial Reports 編成。參見皮明庥、馮天瑜等編《武漢近代（辛亥革命前）經濟史料》，武漢地方志編纂辦公室 1981 年版，第 60 頁。

　　漢口茶市每年自四五月間開市，至八九月間歇市。漢口三碼頭是茶葉進出的專用碼頭。新茶上市之際，各茶莊派出「水客」前往產地，以低廉價格向園戶收購毛茶。運回茶莊後，由茶師加工製造，再經茶棧售與洋商。通常，茶棧向茶商貸款，以茶商置辦之茶為擔保。隨後，茶棧商人又成為茶商與洋行之間的經紀人，賺取傭金。據悉，漢口市場規模較大的茶棧約有四五十家，有自己的同業公會。以地域分之，計有湖南、湖北、山西、廣東、江西、江南六幫，其中湖南幫勢力最大，次為山西幫、湖北幫、廣東幫，江西幫、江南幫又次之。每當茶葉開市時，湖南茶商為了搶生意，待其茶船進至岳州時，便將樣箱用小船先行運抵漢口。漢口茶棧也聞風而動，派人到金口、沌口接應樣箱。漢口茶葉出口，須經茶棧之手，否則洋行不予理會〔註 14〕。但是，茶棧及茶商均無茶葉出口之特權，必須交由洋行辦理。以故，兩湖茶葉對外貿易身不由己，操之於人。

　　開埠之前，漢口市場上流通的茶計有「六安、武彝（夷）、松蘿、珠蘭、雲霧、毛尖，遠來自福建、徽州、六安州，近出於通山、崇陽」〔註 15〕。當時，漢口茶葉大多銷往國內各地，外地商人也紛紛來此置業。徽商率先在漢

〔註14〕另有說法，「茶莊出售茶磚與洋行，多係直接貿易，無需經過茶棧之介紹」。金陵大學農學院農業經濟系調查報告：《湖北羊樓洞老青茶之生產製造及運銷》，民國二十三年（1934 年）。參見曾兆祥主編《湖北近代經濟貿易史料選輯（1840～1949）》第 1 輯，湖北省志貿易志編輯室 1984 年版（內部發行），第 11 頁。

〔註15〕章學誠：《湖北通志檢存稿・考六・食貨考第三》。

口開辦茶葉店，經營徽州綠茶，著名者如汪同昌茶葉店（漢正街泉隆巷）、王益茂茶葉店（新街口）等等。步其後塵，各路茶商都在漢口開莊設店，收購來自兩湖及相鄰各省的青茶，或直接銷售，或用做窨花原料。各路茶葉運抵漢口後，茶行先行收購，再銷往其他地區，或由茶行轉售各茶葉店。一般情況下，茶葉店多向茶行賒帳。每年正月初八到十五是紅盤期，茶葉店派人到茶行看樣定貨，茶行記帳。茶葉店還款以月半月底爲限，稱之爲「比期」，每期按賒帳總目交付若干。逢端午、中秋，爲季節大比期，臘月爲年關大比期。茶行經手到茶葉店催款，雙方議定還款多少，餘欠多少，由茶葉店寫好借券，認息一分到二分二釐不等，到次年三四月還清〔註16〕。漢口開埠後，漢口茶葉市場轉爲以對外貿易爲主，內銷業務相對遲滯。

應該說，漢口關爲通商口岸極大地刺激了兩湖茶區商品生產的發展。儘管唐代湖北出現「茶聖」陸羽及研究茶道的專著《茶經》，儘管明代「湖廣武昌府、寶慶府、長沙府、荊州府……等處，俱係產茶地方」〔註17〕，儘管湖廣茶成爲後世買「湖茶」易馬的基礎〔註18〕，但兩湖地區的茶葉成爲大宗商品，卻遲至晚清。確切地說，隨著漢口關爲通商口岸，兩湖茶葉生產及流通在對外貿易的刺激下，由緩慢發展轉爲近乎病態的飛速發展。因爲漢口是國內三大茶葉市場之一，茶葉的輸送量極大，種茶、販茶成爲有利可圖的謀生手段，從而形成茶葉生產與茶葉銷售相互激勵的良性循環機制。在漢口巨大的市場引力下，兩湖茶區的商品化程度因天時、地利而愈益加深。湖南醴陵縣，「光緒初，紅茶業興。邑人製茶販運漢皋者，獲利倍蓰。自是來龍門一帶，每屆春日，製茶揀茶列廠恒數十」〔註19〕。湖北宜昌府鶴峰州，光緒年間粵商至此「辦運紅茶，載至漢口兌易，洋人稱爲高品。州中瘠土，賴此爲生計

〔註16〕中國土產畜產進出口公司湖北省茶麻分公司編：《湖北茶葉貿易志》（內部發行），1985年，第36頁。
〔註17〕王恕：《王端毅公奏議》卷2《南京戶部・申明茶法奏狀》。
〔註18〕有學者據明成化七年（1471）五月陝西巡撫馬文升所陳收茶易馬事，指出湖廣盛產茶葉，以致明初差官踏勘，將湖廣茶納入政府茶葉統制的框架。湖廣茶生產的恢復，成爲後世買「湖茶」易馬的物質基礎。參見王毓銓主編《中國經濟通史・明代經濟卷》（下），經濟日報出版社2000年版，第1069～1070頁。有關湖南茶介入明代茶馬貿易之情形，參見《明史》卷80《志第五十六・食貨四・鹽法》。清初在西北地方仍實行茶馬互市，到清中葉茶馬互市漸趨廢棄，官府對茶葉產銷的控制已經不嚴。參見方行、經君健、魏金玉主編《中國經濟通史・清代經濟卷》（上），經濟日報出版社2000年版，第609頁。
〔註19〕民國《醴陵縣志・食貨志・工商》。

焉」〔註20〕。甚至某些往昔不種茶樹之地，也在利益驅動下拔舊物而植新茶，如湖南平江縣，「凡山谷間向種紅薯之地，悉以種茶」〔註21〕，銷往漢口，獲利豐厚。再如瀏陽縣，素以產麻而名噪天下。進入晚清之後，因外商大量採購茶葉，「茶船入漢口，收茶不計值，湘茶轉運近捷，茶者輒抵巨富。於是皆捨麻言茶利矣。瀏陽以素所植麻，拔而植茶」〔註22〕。上文所示，羊樓洞茶區近乎病態的發展，正是漢口茶市的直接影響所致。另據1871年漢口海關商務報告稱，「(漢口的)主要出口貨是茶，今年茶的出口比以往任何一年都多，但歐洲對這種茶的消費增加，能與供給的增加相適應。湖廣兩省茶的種植近來有了擴張，幾乎較十年前增加了 50%，只要生產者能夠得到他們現在所得到的價格，茶的種植也許會繼續擴張」〔註23〕。

　　漢口市場的一大特色，是它始終扮演著商品流通中轉站的角色。來自四面八方的商品匯聚漢口市場，然後又從這裡走向五湖四海。茶葉亦不例外。由於俄國商人是漢口市場上購銷茶葉的最大客戶，因此由漢口通往俄國的茶葉商路便成為晚清漢口市場商品流通體系中最引人注目的部分。通而觀之，漢口茶葉銷往俄國的商路包括水路和陸路，計有五條路線：

　　第一條，由漢口裝船運抵天津，再由陸路經恰克圖運至西伯利亞；

　　第二條，由漢口沿長江運至上海，再經海路運往海參崴；

　　第三條，由漢口溯漢水而上運抵樊城，在樊城起貨後轉裝大車運往張家口，然後運抵恰克圖；

　　第四條，由漢口裝船，途經地中海運抵敖得薩；

　　第五條，由漢口經漢水運至老河口，卸船之後運往河南賒旗鎮，再途經山西的潞安府、沁州、太原府直至大同之西南部，最後由歸化廳分銷於蒙古和俄國〔註24〕。

　　就第五條線路而言，為了方便北方地區的駱駝運載，茶葉在起運離開漢

〔註20〕同治《鶴峰州志》卷7《物產志・紅茶》。

〔註21〕同治《平江縣志》卷20《食貨志一・物產・貨之屬》。

〔註22〕譚嗣同：《瀏陽麻利述》，《農學報》第 12 期，光緒二十三年九月。參見姚賢鎬編《中國近代對外貿易史資料》第 3 冊，中華書局1962年版，第 1472 頁。

〔註23〕參見姚賢鎬編《中國近代對外貿易史資料》第 3 冊，中華書局1962年版，第 1472 頁。

〔註24〕參見姚賢鎬編《中國近代對外貿易史資料》第 2 冊，中華書局1962年版，第 1288～1290 頁。

口之前，不用內襯鉛皮的木箱，而是用墊有厚紙和樹葉的竹簍〔註25〕。這種傳統的包裝方式，使人想起清代詩人查慎行描寫漢口市場的詩句：「黃蒲包官鹽，青箬籠苦茗」〔註26〕，恍然如在眼前。除了上述五條商路，漢口茶葉通常先運抵上海，再運往歐美各國或國內其他商埠。

就漢口市場而言，茶葉從產區到消費者手中大致經過如下環節：茶區→洋莊、口莊、茶莊、茶棧、茶行、批發行、個體茶販→洋行、茶葉店→消費者。在這個流程圖中，最關鍵的是第二個環節中充當中介組織的若干機構。其中專門從事外銷業務的是洋莊和口莊。洋莊直接到茶區探查貨源，然後運至漢口，稍作加工後即售給各洋行，採辦區域主要限於長江中游三省（湖北、湖南、江西）以及安徽的祁門。口莊主要負責將茶葉從產區運至漢口市場，再銷往蒙古地區。茶莊、茶棧、茶行主要經營內銷業務，其中茶莊多設於茶區，是各茶區與漢口市場的重要津梁。茶棧與茶行性質相仿，但略有不同：茶棧以行銷紅茶為己任，多數是替洋行採辦茶葉的買辦機構，它們「媒介茶商或土莊棧客與洋行交易，而收取其傭金」〔註27〕。茶棧領有部帖，如「吾國茶棧中以忠信昌新記為最著，設立於民國以前」，此外尚有太隆永、協順祥等〔註28〕。茶行通常帶有行幫色彩，亦領有部帖，在資金與規模上超過茶棧，並且深入茶區與其他商販合股採辦茶葉，稱為「搭莊」。如注同元茶行在湖北咸寧搭莊，興泰茶行和保康茶行則分別在湖南的安化和桃園搭莊。另有一些茶商為了營利的目的脫離茶棧或茶行，專門開展茶葉內銷的批發業務，充當漢口茶商與外地茶商之間的媒介，其新設的機構稱為「撮摸行」〔註29〕。

充足的茶葉貨源，觸角遍及海內外的運銷茶葉的商路，加之分工如此精細的茶葉購銷組織，無疑強化了晚清漢口市場的商品流通管道，直接而有力地推動了漢口商業的發展。

繁多的品種，巨額的貨值，使茶葉成為漢口市場最大宗的商品，幾執該市場進出口貿易之牛耳。進出漢口市場的茶葉品質不同、花樣繁多、名稱各

〔註25〕 Trade Reports，1876 年，PartI，第 64 頁。參見姚賢鎬編《中國近代對外貿易史資料》第 2 冊，中華書局 1962 年版，第 1289 頁。
〔註26〕 查慎行：《敬業堂集・漢口》，引見陳詩編纂《湖北舊聞錄》卷 11《水程二・漢陽府》。按，范鍇《漢口叢談》卷 5 亦輯錄此詩。
〔註27〕 鮑幼申編：《湖北省經濟概況》，《漢口商業月刊》1934 年第 1 卷第 8 期。
〔註28〕 實業部國際貿易局編：《武漢之工商業》，1932 年 7 月。
〔註29〕 曾兆祥：《近代武漢的貿易行棧》，《中國財經大學學報》1986 年第 1 期。

異。粗略計算，有茶片、茶餅、老茶、紅茶、工夫茶、花香茶、帽子茶、花薰茶、二五箱茶、毛茶茶末、熙夾綠茶、雨前綠茶等等。以湖北所產茶葉爲例，計有大茶、云霧茶、龍泉茶、鳳髓茶、桃花茶、觀音茶、漢陽茶、松蘿茶、蘄門團黃、靈虯山茶、紫云茶、乾茶、騫林茶、仙人掌茶、鹿苑茶、鳳山茶、楠木茶、大拓枕茶、碧澗茶芽、黃連茶、峽茶、博茶、白茶、末茶、眞香茶、容美茶、云岩茶、仙峒茶等 27 類。如果細分，僅羊樓洞茶區出產的品種就有幾十種之多，包括青茶、紅茶、米茶、黑茶、熟茶、白毛尖、物華、松華、精華、月華、春華、天華、天馨、花香、奪魁、賽春、一品、穀牙、穀蕊、仙掌、如桅、永芳、寶蕙、二五、龍鬚、鳳尾、奇峰、烏龍、華寶、蕙蘭等〔註30〕，眞可謂詩意盎然，香氣襲人。在各類茶品中，磚茶的地位最爲顯赫，是海關商務報告中出現頻率最多的茶葉品種，可細分爲京磚茶、小京磚茶、紅磚茶、綠磚茶、藥磚茶和一般的大小磚茶。

令人眼花瞭亂的各類茶葉，使漢口市場上茶葉的進出口貨值十分巨大，清光緒七年至十六年（1881～1890 年）的年均流轉量爲 96 萬擔，光緒二十七年至宣統二年（1901～1910 年）爲 100 萬擔〔註31〕。與其他農產品相比，茶葉的流轉量絕對居於首位，列表 3-2 示之，以作領會。在出口方面，漢口市場茶葉的數額與價值數以萬計，常年不衰，如表 3-3 所示：

表3-2　1871～1910 年漢口主要農產品流轉數量表　　　（單位：擔）

時期＼品種	茶　葉	米　穀	絲	豆　類	花　生	棉　花
1871～1880	676,504	709	4,442	112	－	248,617
1881～1890	958,453	67,362	9,343	62,843	5,279	136,255
1891～1900	957,392	507,630	14,348	518,506	18,482	116,766
1901～1910	999,178	1,073,185	11,781	1,851,826	17,343	189,647

資料來源：此表係根據漢口歷年 Trade Reports、Decennial Reports 編成。參見《武漢近代（辛亥革命前）經濟史料》，第 66 頁。

〔註30〕民國《湖北通志》卷 22《輿地志二十二・物產一》。
〔註31〕章有義編：《中國近代農業史資料》第 2 輯，生活・讀書・新知三聯書店 1957年版，第 238 頁。

表 3-3　1893～1911 年漢口向國外出口茶葉表　　　（單位：擔、關兩）

年　份	數　量	價　值	年　份	數　量	價　值
1893	485,194	9,717,434	1903	424,620	6,988,399
1894	502,497	9,849,651	1904	449,722	8,923,816
1895	574,786	11,939,900	1905	378,357	7,654,005
1896	467,753	10,535,312	1906	342,518	—
1897	434,999	7,434,435	1907	401,038	—
1898	477,387	9,230,671	1908	423,532	—
1899	525,421	12,885,595	1909	349,066	—
1900	468,549	10,429,612	1910	381,845	—
1901	354,716	5,998,245	1911	435,911	—
1902	396,763	6,035,727			

資料來源：此表係根據水野幸吉：《漢口》以及歷年 Decennial Reports 編成。參見皮明麻、馮天瑜等編《武漢近代（辛亥革命前）經濟史料》，武漢地方志編纂辦公室 1981 年版，第 57 頁。

不難算出，清光緒十九年至三十一年（1893～1905 年）漢口市場茶葉的年出口額大體維持在 46 萬擔左右，其中光緒二十一年（1895 年）為最高年份，光緒三十二年至宣統三年（1906～1911 年）約為 39 萬擔左右。

漢口茶葉的海外市場，以俄國為最，次則英國，德、美、法等國又次之，東南亞、土耳其等國家和地區也有出口。這表明，漢口市場茶葉對外貿易的對象主要是俄國和英國。至於其他歐美國家如德國，一部分是由漢口直接運往，另一部分是由英國公司轉運。據江漢關商務報告，1894 年漢口市場茶葉直接運往國外的數量為 147,670 擔，其中逕運英國 22,127 擔，逕運俄國 125,422 擔，只剩下 121 擔銷往其他國家，英、俄兩國占去 99%的份額，這一年，「中外茶商認為是令人最感興奮滿意的一年。是十五年至二十年來未曾遇到如此好的季節，也是外國茶商從未獲得過如此巨利；本地茶商也同樣做了很好的生意」。清光緒二十一年（1895 年）漢口茶葉直接出口以及轉口運往國外的數額為 157,885 擔，其中運往英國為 5,080 擔，運往俄國為 152,805 擔，「是為茶葉業歷史上最好的年景」。清光緒二十二年至二十三年（1896～1897 年），漢口茶葉銷往英國 21,601 擔，俄國奧德薩、聖彼德堡及其遠東地區 251,941000

擔，別的國家僅爲 54 擔〔註 32〕。國內市場方面，漢口茶葉主要銷往香港、澳門、廣東等地，上海、天津、張家口、蒙古等地次之。

顯而易見，俄國是漢口茶葉市場的最大主顧。清同治七年至光緒二十一年（1868～1895 年）俄商在漢口採購茶葉共計 12,934,000 擔，約占全國茶葉出口額的四分之一〔註 33〕。在磚茶出口方面，漢口市場出口俄國的數額幾爲全國出口總量的三分之二，貿易記錄十分驕人，詳見下表。

表 3-4　1876～1892 年漢口磚茶輸俄數量表　　　（單位：擔）

年份 ＼ 數量	全國輸出	漢口輸出	漢口占總數百分比
1876	153,950	96,334	62.5
1877	147,809	90,366	60.3
1878	194,277	117,641	60.5
1891	328,860	255,703	77.7
1892	323,112	244,100	74.9

資料來源：此表係根據楊端六編：《六十五年來中國國際貿易統計》，以及孫毓棠編：《中國近代工業史資料》編成。參見皮明庥、馮天瑜等編《武漢近代（辛亥革命前）經濟史料》，武漢地方志編纂辦公室 1981 年版，第 60 頁。

漢口茶葉輸俄數量如此龐大，究其原因，蓋與俄國寒冷的地理環境，民眾巨大的消費需求，以及俄國在近代中國擁有特殊的政治經濟權益有關〔註 34〕。據海關人士透露，清光緒元年（1875 年）漢口市場簽發的護運茶葉的外運子口稅單共有 193 張，總值爲 799,235 海關兩。其中俄國竟占 179 張，價值爲 727,592 海關兩，發給英商的僅爲 12 張，價值爲 69,711 海關兩〔註 35〕。俄國商人看中了漢口這個交通條件好、輻射區域廣、吞吐能量大的貿易港

〔註 32〕曾兆祥主編·《湖北近代經濟貿易史料選輯（1840～1949）》第 1 輯，湖北省志貿易志編輯室 1984 年版（內部發行），第 256～257 頁。
〔註 33〕李權時、皮明庥主編：《武漢通覽》，武漢出版社 1988 年版，第 572 頁。
〔註 34〕在俄國與清廷簽訂的不平等條約中，與漢口茶葉出口關係最大者當推《中俄天津條約》（1858 年）和 1862 年開始議訂、後來經過兩次改訂（1869 年、1881 年）的《中俄陸路通商章程》。
〔註 35〕Trade Reports，1875 年，漢口，第 35 頁。參見皮明庥、馮天瑜等編《武漢近代（辛亥革命前）經濟史料》，武漢地方志編纂辦公室 1981 年版（內部發行），第 58 頁。

口，把它確定爲華茶輸俄的基地。磚茶之所以成爲漢口市場最具特色的大宗貿易商品，與俄國商人的介入密不可分，因爲各類磚茶是他們在漢口市場採辦數量最多的商品。方志學家徐煥斗稱：「磚茶者有紅綠之兩種，用紅茶之粉末以造者爲紅磚茶，用綠茶之粗葉並用莖者爲綠磚茶，多供俄人之需用者。蓋住北部寒帶之俄國人深好磚茶，亦猶中國人之於鴉片同視爲與衣食皆爲必要之品」〔註36〕。漢口開埠之後直至 20 世紀之初，在長達 40 年的時間裏漢口市場運往俄國的磚茶數量總體上呈遞增趨勢，清同治八年（1869年）爲 73,758 擔，光緒十七年（1891 年）爲 255,703 擔，光緒二十六年（1900年）躍至 390,200 擔〔註37〕。清光緒十八年至二十七年（1892～1901 年），漢口市場出口的磚茶和茶餅價值爲銀 26,415,574 兩〔註38〕。由於磚茶的大量出口和巨額的利潤刺激，漢口市場的中國茶商甚至將普通茶葉研成碎末，以供製作磚茶之需。不惟磚茶，紅茶出口亦以俄國爲最大的銷售對象。直到辛亥革命前夕，據稱「自漢口輸出之紅茶，以俄國銷量爲最大，英美次之」〔註39〕。

如同茶葉品種繁多一樣，漢口市場茶葉的貿易形式也呈多樣化。總體上分爲對外貿易，國內貿易；直接貿易，間接貿易（又叫轉口貿易，包括復進口、復出口）。細分則爲洋貨直接進口、土貨直接進口、洋貨間接進口、土貨間接進口；土貨直接出口、土貨間接出口、洋貨復出口，如清光緒二十八年（1902 年）錫蘭茶末 8,661 擔由漢口市場復出口運到西伯利亞和滿洲里〔註40〕。僅以清光緒三十四年（1908 年）、宣統元年（1909 年）紅茶直接出口爲例，即可知曉漢口商務之繁榮，詳見下表。

〔註36〕民國《漢口小志·商業志》。

〔註37〕參見皮明庥、馮天瑜等編《武漢近代（辛亥革命前）經濟史料》，武漢地方志編纂辦公室 1981 年版（內部發行），第 59 頁。

〔註38〕《通商華洋貿易總冊十年報告》，1892～1901 年分，上篇，漢口，第 304 頁。參見曾兆祥主編《湖北近代經濟貿易史料選輯（1840～1949）》第 1 輯，湖北省志貿易志編輯室 1984 年版（內部發行），第 16 頁。

〔註39〕邁進籃：《我國茶葉之產銷及其振興策》，《漢口商業月刊》1935 年第 2 卷第 12 期。

〔註40〕Trade Reports，1902 年，漢口。參見曾兆祥主編《湖北近代經濟貿易史料選輯（1840～1949）》第 1 輯，湖北省志貿易志編輯室 1984 年版（內部發行），第 260 頁。

表 3-5　1908～1909 年漢口紅茶對外貿易數值表　　　（單位：擔、關兩）

產　　地	湖　　北				江　　西			
數　　值	重　　量		價　　額		重　　量		價　　額	
年　　份	1908	1909	1908	1909	1908	1909	1908	1909
出 口 國　俄國	165,413	125,420	3,604,965	2,673,757	47,233	60,521	1,535,401	1,998,448
英國	19,797	11,994	416,574	243,732	8,006	3,603	264,794	125,699
美國	2,900	3,016	58,000	60,510	645	315	18,231	9,049
德國	701	220	14,039	4,894	220	212	7,096	6,689
丹麥	470	244	9,400	4,970	320	123	10,580	3,804
荷蘭	390	397	8,130	7,953	446	151	15,494	4,304
法國	60	113	1,200	2,296	112	14	3,586	488
其他國家	253	151	5,281	3,048	—	189		5,247

資料來源：邁進籃《我國茶葉之產銷及其振興策》，《漢口商業月刊》1935 年第 2 卷第 12 期。

從上表可知，漢口市場湖北產和江西產紅茶遠銷俄國、英國、美國等國。在湖北紅茶出口方面，俄國獨佔鰲頭，其貿易數額等於英美各國總和的七八倍。江西紅茶由漢口市場運往俄國的數量仍居榜首，為英美各國總和的 5 倍（1908 年）和 13 倍（1909 年）。遍及海內外的茶葉貿易關係網，襯托出漢口市場的重要地位，使它與國際貿易息息相關。

值得注意的是，漢口市場茶葉的出口貿易一度刺激了鉛的進口貿易，因為裝運茶葉出口的木箱需要用鉛皮作內襯。據江漢關貿易報告稱，清同治五年（1866 年）鉛被列為大宗進口商品，數量為 33,281 擔。1869 年，鉛的進口增至 40,694 擔。進入 70 年代，鉛的進口量保持在 2 萬多擔左右。「本年（光緒四年，即 1878 年——引者注）鉛的輸入量大增，出乎想像之外，其原因是前幾年茶葉貿易發展很快，但缺乏鉛皮作茶葉箱包裝之需」〔註41〕。

必須強調指出，茶葉是晚清漢口市場進出口貿易的最重要商品。方志學家徐煥斗在其所著《漢口小志》一書中列舉了漢口市場 16 種主要輸出品，包括皮革、油漆、豆、豆餅、生絲、麻布、鴉片、棉布、棉絲、苧、五倍子、

〔註41〕參見曾兆祥主編《湖北近代經濟貿易史料選輯（1840～1949）》第 5 輯，湖北省志貿易志編輯室 1987 年版（內部發行），第 232 頁。

白蠟、藥材、銅鐵、石炭等。他同時指出：「茶。其業最盛，利益最多。每年四五月之時，市價每日變動，日甚一日，有二三次相場之升降。中國人與外國人業投機者，凡在此間者，皆得巨利雲」〔註42〕。江漢關貿易報告反覆強調，在出口貿易方面「茶葉居首位」、「出口土貨以茶葉爲大宗」、「看來本市已成爲茶葉貿易中心」、「首先令人滿意的是茶葉和土產品大增」。並且直言不諱「由於茶葉和土產出口量增加，因此本年（光緒二年，即1876年——引者注）海關稅收亦大增長，總額爲180萬海關兩，較上年計增19.5萬海關兩」〔註43〕。這表明，茶葉的貿易地位實非其他商品如棉花、牛皮、桐油、豆類、米穀、煙草、食鹽、木材、藥材、紙張、生絲、棉布等可比，茶葉貿易關乎漢口市場進出口貿易的整體走勢，可謂牽一髮而動全身。茶行已從傳統八大行中脫穎而出，恒居榜首。毫無疑問，漢口作爲中心市場，其茶市的任何波動，均可視爲兩湖茶業興衰的晴雨表。

從全域觀之，在漢口這一中心市場之外，另有一批茶業市鎮（如下表所示），它們構成兩湖茶葉貿易的次一級的市場。

表3-6　清代兩湖茶業市鎮示例

市　鎮	所屬府縣	資料依據
東　坪	長沙府安化縣	（清）辜天祐編：《湖南鄉土地理參考書》
硒　洲	長沙府	（清）辜天祐編：《湖南鄉土地理參考書》
喬口鎮	長沙府長沙縣	（清）辜天祐編：《湖南鄉土地理參考書》
黃沙坪	長沙府	（清）辜天祐編：《湖南鄉土地理參考書》
長　壽	岳州府平江縣	同治《平江縣志》卷20《食貨志》
晉　坑	岳州府平江縣	同治《平江縣志》卷20《食貨志》
浯　口	岳州府平江縣	同治《平江縣志》卷20《食貨志》
淥口鎮	醴陵縣	民國《醴陵縣志·食貨志·工商》
羊樓洞	武昌府蒲圻縣	民國《蒲圻縣鄉土志》
新　店	武昌府蒲圻縣	民國《蒲圻縣鄉土志》

〔註42〕民國《漢口小志·商業志》。蔣氏所譯日本法學士織田一所著《中國商務志》（1905年）認爲，漢口市場「輸出品最重要者爲茶，幾占全輸出額四分之一」。參見曾兆祥主編《湖北近代經濟貿易史料選輯（1840～1949）》第5輯，湖北省志貿易志編輯室1987年版（內部發行），第31頁。

〔註43〕參見曾兆祥主編《湖北近代經濟貿易史料選輯（1840～1949）》第5輯，湖北省志貿易志編輯室1987年版（內部發行），第231～236頁。

這些茶業市鎮的出現是不同尋常的。由於漢口鎮是國內著名茶市，在其巨大的市場引力下〔註44〕，兩湖茶區的生產出現結構性調整，由單一的綠茶生產轉爲以製作紅茶及磚茶爲主，茶葉生產、銷售與國際市場迅速接軌，商品化程度日益加深。上揭湖南醴陵縣、湖北鶴峰州紅茶業之勃興，即可爲證。某些本無茶樹之地，也紛紛植茶。如上揭湖南平江縣，拔薯種茶；瀏陽縣，拔麻植茶。伴隨茶葉的商品化生產日益擴大，一批茶業市鎮應運而生。文獻稱「紅茶向爲我國出口大宗，歷年貿易額常在三十萬箱以上。茶產區域以湖南之安化、桃園、長壽街、平江、藍田、高橋、永豐、聶市、醴陵、瀏陽、湘潭、雲溪，湖北之宜昌、羊樓司、崇陽、通山、大沙坪等處最爲著名，其銷路甚廣。該處一帶人民，多賴此爲生活。前因歐戰發生，外人皆停止辦茶，各埠恃產茶爲生涯者悉改植青茶，專銷內地，以致貿易額較前大爲減少，不及往昔百分之一。」〔註45〕

以湖南爲例，長沙府所屬「江南東坪、硒洲、喬口、黃沙坪，其市場之最大者也。春夏間，茶市既開，男婦雲集，畫夜行人不絕，其繁盛幾不減通商大埠雲」。茶葉貨源來自安化等地，「安化產茶，舊以芙蓉山（山在伊水右岸）所出爲佳，然最盛者莫如資江兩岸上下百餘里間，萬山重疊，茶樹林立。今所製，分紅、黑兩種。紅茶，葉細而嫩，西洋人喜食之。黑茶，葉老而粗，素銷中國西北各省，今俄人亦有購用者。每年春夏，晉、廣、湘商人入山，共約七八十號，其資本各有一二萬乃至三四十萬不等」〔註46〕。民國《湖南省茶業視察報告書》也稱：「湖南在茶產極盛之時，產額約達百餘萬擔之巨。其實數雖已不可考，據安化一縣所調查，在鼎盛時代，東坪、橋口、黃沙坪、酉州等處，有茶莊八十餘家，年出茶葉達七八十萬箱，以後逐漸減少至四五十萬箱，三四十萬箱。迄歐戰以前，僅及二三十萬箱。戰後，民國七八年間，極形衰落，茶山荒蕪，茶市蕭條，雖一部分改製黑茶推銷西北，爲數終屬有限。」〔註47〕再如，

〔註44〕　茲舉兩例，以窺其實。清同治十三年（1874）漢口海關商務報告，該年在漢口「從事茶葉加工」的商行有237個，而在上一個季度則有262個。參見姚賢鎬編《中國近代對外貿易史資料》第3冊，中華書局1962年版，第1472、1537頁。又如，清光緒十五年（1889）漢口茶業公所成立，「專辦二五箱紅茶銷行泰西各國」。參見民國《夏口縣志》卷5《建置志·各會館公所》。
〔註45〕　《經濟半月刊》第1卷第2期《匯聞》，第3頁。參見彭澤益編《中國近代手工業史資料》第2卷，中華書局1962年版，第707頁。
〔註46〕　韋天祐編：《湖南鄉土地理參考書》第1冊，群益圖書社1910年版，第37頁。
〔註47〕　吳覺農：《湖南省茶業視察報告書》，《中國實業》第1卷第4期。參見彭澤益編《中國近代手工業史資料》第2卷，中華書局1962年版，第707頁。

醴陵縣淥口鎮，「爲本縣之門戶，水運出入之孔道。凡屬縣產貨物、外來商品，鮮有不從此經過者。自前清咸同、光緒年間，輸出貨物穀米實爲大宗，次則瓷器、紅茶、豬隻，……民國初年，穀米、瓷器、豬隻出口最多。……惟紅茶一項，因日本、印度茶葉競爭，出口銳減。」〔註48〕平江縣之長壽、晉坑、浯口，「況茶市方殷，貧家婦女相率入市揀茶，上自長壽，下至西鄉之晉坑、浯口，茶莊數十所，揀茶者不下二萬人，塞巷填衢，寅集酉散，喧囂擁擠，良賤莫分，大爲風教之累」〔註49〕。道光《桃源縣志》卷3《疆域考・坊村》所記「黃市」，在縣北120里香山村，「爲桐、茶、油、枯市販之所」。光緒《慈利縣志》卷2《地理第一之二・山水》載：「陶家嘴，小阜也，迤東曰溪口市，乾嘉以來最號雄廛。賈販集者，江西爲大幫。往往起赤手致萬金，土著之氓久稍豔之，出貲與角，顧代興遞盛，大抵亦無常贏。初，出市之貨曰桐曰茶，一歲貿買常直千萬，近始絀減。」

　　再以湖北爲例，新店是羊樓洞茶葉運抵漢口市場的中轉站，「向本以便水運，爲茶箱運漢所必由，故舟車雲集」〔註50〕。詳言之，茶商雇人將羊樓洞磚茶及紅茶用獨輪車運至新店，再由新店裝船運往漢口。又如，老河口是清代兩湖茶外銷的重要中轉市鎮。同光年間，漢口部分茶葉經漢水運抵老河口，再用騾馬大車轉運山西長城口外之歸化廳，銷往俄國〔註51〕。一個大的茶葉產區，往往湧現多個茶業市鎮。如羊樓洞茶區，收買毛茶、加工製造的茶莊多「設於產地之集鎮」，包括羊樓洞、羊樓司、聶家市、桃林、新店、大沙坪、柏墩〔註52〕。

　　總之，漢口開埠前，兩湖地區並不存在一個茶葉貿易的中心市場；漢口開埠後，兩湖地區方才形成以漢口爲中心市場，同時擁有眾多茶業市鎮的龐大市場體系。漢口作爲茶葉貿易的中心市場，其標誌有三：一是漢口具有吸納兩湖及周邊各省茶葉的能力，茶葉貨源相當豐富；二是漢口是中外茶商云

〔註48〕民國《醴陵縣志・食貨志・工商》。

〔註49〕同治《平江縣志》卷20《食貨志一・物產・貨之屬》。

〔註50〕民國《蒲圻縣鄉土志》，蒲圻縣教育局1923年版，第79頁。

〔註51〕湖北省老河口市地方志編纂委員會編纂：《老河口市志》，新華出版社1992年版，第303頁。

〔註52〕金陵大學農學院農業經濟系調查報告：《湖北羊樓洞老青茶之生產製造及運銷》，民國二十三年（1934年）。參見曾兆祥主編《湖北近代經濟貿易史料選輯（1840～1949）》第1輯，湖北省志貿易志編輯室1984年版（內部發行），第4頁。

集之地，機構繁多，資本充裕，且有機器加工工業；三是漢口作爲近代通商口岸，是華茶對外貿易的大舞臺，茶葉成爲晚清漢口市場的最大宗商品。凡此種種，皆說明漢口市場的中心地位毋庸置疑。

二、茶商與茶業資本

兩湖茶葉貿易刺激了商人集團的發展和商業資本的膨脹，使市場競爭呈現出多元態勢。限於篇幅，在此僅以漢口茶商爲例，對清代兩湖茶商與茶業資本進行透視。

活躍於晚清漢口市場的商人可謂形形色色，從事著從紙到米、從扇到麻、從漢口到上海、從國內到國外的商貿活動。在利益驅動和生存壓力下，眾多商人涉足茶葉業，引發了茶商之間的競爭，包括中外商人之間的競爭，外商之間的競爭，華商之間的競爭，漢口本地商人與外地商人之間的競爭，大商家與小商販之間的競爭等等，錯綜複雜，異常激烈。

近代中國賦予漢口市場的是一種中西文化相互碰撞融合的商業性格，中國商人與外國商人之間既有協作又有競爭。在不平等條約和領事裁判權的庇護下，進駐漢口的外國商人擁有某種特殊地位。他們在漢口設立了眾多的商務機構——洋行。據一家稱爲哥登兄弟洋行（Messrs Gordon Brothers）的報告，僅同治十三年（1874 年）在漢口爲外商從事茶葉加工的茶行就有 237 家，上一季度多達 262 家〔註 53〕。這個數字或許有些誇大，但是有一點可以肯定，那就是眾多洋行參與了茶葉出口貿易。誠如論者所指出的那樣，「武漢爲九省通衢，茶葉貿易，異常發達。漢口自闢爲通商口岸後，帝國主義者紛紛來漢經營茶葉出口。1863 年，帝俄的新泰、順豐、阜昌、百昌等洋行，先後在漢口開業和設立磚茶廠。……繼俄商來漢經營茶葉出口的，有英商怡和、天祥、太平、寶源等」〔註 54〕。此外，英商祥泰、天裕、嘉樂、協和、隆泰、錦泰、公信、柯化威、禮記、寶順、杜德等洋行亦以輸出紅茶爲主要業務。除了俄國、英國，德國禪臣洋行、元亨洋行，法國公興洋行、立興洋行等均捲入茶葉貿易之中。洋行與中國商人在茶葉利潤上的爭奪是不可避免的，一位商界

〔註 53〕Commercial Reports，1874 年，漢口，第 2 頁。參見姚賢鎬編《中國近代對外貿易史資料》第 3 冊，中華書局 1962 年版，第 1537 頁。

〔註 54〕蔡崿英：《漢口英商麥加利銀行梗概》（未刊稿）。參見皮明庥、馮天瑜等編《武漢近代（辛亥革命前）經濟史料》，武漢地方志編纂辦公室 1981 年版（內部發行），第 35 頁。

人士公開聲稱「漢口是中國人和外國人之間進行商業戰爭的場所」〔註55〕。

大體說來，洋行在很大程度上必須依靠中國商人採辦茶葉，它們面臨著語言、文化、地理等方面的重重障礙。除了漢口開埠初期有少數俄商直接到產區購進茶葉，很快地包括俄商在內，所有的洋行都坐鎮漢口，向中國商人定貨或委派買辦深入茶區採購。這意味著，中國商人充當了茶葉產區與洋行之間的居間商人。對中國商人來說，由於不能及時獲取國際經貿消息，面臨語言障礙和關稅難題，缺乏先進的大型運輸工具——輪船，所以他們在漢口對外貿易方面又必須依賴洋行。鑒於這種特殊情況，洋行經常在價格方面刁難中國商人，動輒以品質、包裝等為由拒收或以低廉價格購進。例如，「緣光緒十八年二三月間，暘雨失調，紅茶受病，成色偶有參差，英商抑勒茶價，藉端挑剔。漢口茶幫亦不齊心，紛紛減價求售，致虧本銀一百數十萬兩，洋人大獲其利」〔註56〕。

清光緒八年（1882年），一位外國記者（St. James's Gazette）真實記錄了漢口茶葉市場中國茶商與外國洋行之間的貿易細節：

> 中國貨主把茶葉運至漢口，他們委託廣州經紀人出售茶葉，經紀人便把樣品送到各家洋行，此時茶葉還在船上。外國洋行爭購新茶的競爭總是很劇烈的，交易談妥以後，廣州經紀人便告知他的老闆們，這些人對外國人的品格甚至姓名都不清楚。成交以後，茶葉便立即運往購茶人的倉庫，進行驗收、過秤等等。大概按市價多給了一二兩銀子的狡猾的購茶人，這時便乘機為難，說茶葉與樣品不符，因此必須扣除一兩銀子。茶販反對，但無法可施；因為，如果他把茶葉運走，他的茶葉也不會有別人購買。先前急於爭購茶葉的外商現在卻像工會會員一樣堅定，他們對別人不要的茶葉決不過問，這是對他們每個人都有幫助的一種制度。這位中國商人不得不依從扣價，然後是過秤，通過巧妙的手法，可以取得5%、8%、10%乃至更高的秤扣。漢口海關承認3%的秤耗，其他扣頭還不在其內。因此，一個購茶商可能通過這樣或那樣的方式得到 10～15%的扣頭。漢口沒有代表中國茶販的行會，茶販急欲售茶回家，而他所雇

〔註55〕〔美〕周錫瑞著，楊慎之譯：《改良與革命——辛亥革命在兩湖》，中華書局1982年版，第83頁。

〔註56〕湖南省志編纂委員會編：《湖南省志》第 1 卷《湖南近百年大事紀述》，湖南人民出版社1979年版，第126頁。

用的廣州經紀人則更偏向外國人，而不向著他。由於這個制度（這
是近年來實行和完備起來的），一個漢口購茶商在去年可以這樣說，
他運往英國的茶葉，帳面上雖然虧損了 6%，但仍留下了 12%的利
得。這是千眞萬確的。此間盡人皆知，實行這種可恥的制度的人是
誰，這些人是經營對華貿易的一種新途徑的結果。在這種情況下，
所有或者幾乎是所有主張人格和清白、反對欺詐買賣的洋行，都被
排斥於華茶貿易之外。除了這些欺騙行爲以外，在所有包裝和裝船
費用方面還有很大的回扣，這些回扣都爲漢口購茶外商所攫取。在
席包、力資等方面的回扣爲 20%～40%，但是這些回扣可以認爲是
商會規定的收費標準的合法措施。〔註57〕

一百年前的茶葉銷售場面使人恍然如在其中，中國茶販的無奈、廣州經紀人
的狡黠、外國洋行的欺詐刁蠻刻畫得惟妙惟肖。研讀這篇報導，可以獲悉如
下歷史信息：

其一，外國洋行之間在漢口市場收購茶葉時存在著激烈競爭，但在對待
中國茶商方面，他們的立場是一致的，態度是堅決的。

其二，中國茶商（主要是個體販運商）必須通過居間商人才能溝通與外
國洋行之間的售貨管道。報導中的廣州經紀人正是通曉外語、熟諳商情、頭
腦精明的居間商人，多半是洋行買辦，以故他們偏向外商。

其三，外國洋行擁有周轉資金、關稅特權、海外市場、輪船工具等多項
優勢，加之漢口市場貨源充足，可供採購的茶葉品種絕不限於漢口一處甚至
中國本土，印度茶、錫蘭茶、日本茶均已躋身國際市場，所以漢口市場上的
外商故意殺價減磅，在驗收、過秤、包裝、力資、運費等方面的扣價約爲 50%，
幾近茶葉售價之半。毫無疑問，外商是晚清漢口茶葉貿易的最大受益者。

其四，中國茶商在與外商競爭時處於劣勢，尤其是資金不足，加之沒有
自己獨立合法的近代商會〔註58〕，居間商又偏袒外商，所以無法擁有市場競

〔註57〕 London and China Express，Vol.24，No.995，1882 年 9 月 1 日，第 939 頁，參
見姚賢鎬編《中國近代對外貿易史資料》第 2 冊，中華書局 1962 年版，第 973
～974 頁。

〔註58〕 在資金方面，中國茶商可謂捉襟見肘，居間商人亦不例外。據 1884 年漢口海
關商務報告稱：「向茶農收茶轉賣外商的中間商經常靠借來的錢經營。今年出
貸的錢不多，並且利息高，期限短。結果，當茶市情況順利時，借款已經到
期，茶商處於易受外商壓迫的不利地位，因爲他們不得不賣茶償債。」參見
姚賢鎬編《中國近代對外貿易史資料》第 2 冊，中華書局 1962 年版，第 974

爭的主動權，在售茶利潤上只能聽任外商宰割。清末湖廣總督張之洞曾爲此致函漢口外國領事，對洋商拖延提貨時間，以貨色參差爲詞割價壓磅，華商因而受屈虧折表示嚴正關注。但是，這種干涉是無力的，因爲張之洞也知道，在茶葉直接對外出口方面「除洋商之外，別無銷路」〔註 59〕。

充當漢口茶葉對外貿易中的中介商人只是中國商人所扮演的一種角色，儘管這是最重要的角色。除此之外，眾多中國商人還經手茶葉的國內貿易，甚至包括大部分茶葉從陸路運往俄國的貿易。清代漢口市場有所謂「八大行」，茶行即其一，計有數百家。據清光緒二十五年（1899 年）出版的《湖北商務報》披露，「漢口每年茶商字型大小，其多則有牌七、八百塊，每牌辦茶四、五幫。第一幫謂之頭字，次爲二字，又次爲三字。……以頭字爲最多。兩湖之頭字，謂之二五花箱，少者二、三百箱，多者約千餘箱，每箱淨茶 48 斤」。若按地域劃分，經營茶葉的商幫則有湖南幫、江西福建幫、徽州幫等，勢力最大的當推山西幫和廣東幫。湖北幫雖然佔據地利，但在茶葉貿易中稍遜一籌。

清光緒二十六年（1900 年）出版的一份《湖北商務報》稱，「漢鎮茶葉，歷年多係山西、廣東兩幫採辦」。並報導說，漢口茶葉公所已經召開會議，授權山西幫六家、廣東幫四家整頓茶務。從有關資料看，晉商主要深入羊樓洞茶區設莊收茶，稍作加工後運往漢口市場脫手，而粵商則主要駐守漢口市場，與洋行做生意。在茶葉的加工程序方面，晉商與粵商各不相同。據宣統《湖北通志》稱，晉商取其粗葉入鍋翻炒，再裝入布袋搓揉而成，然後裝入竹簍之中。更粗一些的茶葉，則將其入甑蒸軟，取梢尖細葉，灑在上面，壓成磚茶，白紙包封，另加紅箋，上書「本號監製，仙山名茶」或「西商監製」字樣。粵商的方法則是，採擷細葉，在太陽下搓揉，不用火炒，遇上陰雨天氣就用炭火烘乾，將其製成茶末，用薄錫包裹，然後裝入楓木箱或柳木箱，此即紅茶，俗稱離鄉草。海關商務報告指出：「漢口的中國茶商，主要是廣東人，他們是生產者和外國買主之間的中介人，獲利最大」〔註 60〕。

頁。至於漢口近代商會，則成立於辛亥革命前夕之 1908 年，地址在漢口張美之巷（今民主路），爲時頗晚。嚴格而論，清代漢口八大行（含茶行）是傳統商業行幫，包括設於漢口熊家巷河街的茶業公所（徐煥斗《漢口小志‧寺觀志》，第 7 頁），均與近代商會不可同日而語。

〔註 59〕張之洞：《購辦紅茶運俄試銷摺》，光緒二十年七月二十六日，《張之洞全集》卷 35《奏議三十五》。

〔註 60〕Trade Reports，1885 年，漢口，p.14，參見姚賢鎬編《中國近代對外貿易史資料》第 3 冊，中華書局 1962 年版，第 1578 頁。

　　在商業資本方面，中外茶商不乏握有鉅資者。據悉，在漢口市場上，專門從事出口貿易、與外商交割茶葉的洋莊最盛時有 100 餘家，資金雄厚者達紋銀 1,000,000 兩以上〔註61〕。清光緒十一年（1885 年）漢口商務報告稱，在漢口經營茶葉出口業務的廣東商人利用散佈戰爭消息牟取暴利。「他們把即將發生的英俄戰爭消息傳入內地，並且無疑儘量渲染這次戰爭對茶葉貿易的影響。樸質的茶農因為害怕他們的茶葉不能脫手，只好廉價出售，廣東商人就因此獲得很大的利潤。聽說他們的利潤總計達到 3,000,000 兩」〔註62〕。主要經手國內貿易的茶行亦資本不菲，少則紋銀十萬，多則紋銀百萬〔註63〕。在激烈的市場競爭中，有些茶商虧賠甚巨，從中亦可窺見茶業資本之根底。據《申報》稱：「漢鎮各生意因匯項便易，往往貪多務得，以致銷場積滯，轉手維艱，遂形虧折。本年茶商之吃虧尤甚，自三月以來聞倒塌大小各鋪約有五十餘家，除一二萬金以下不計外，如龔太茂、光裕後、善昌恒、福昌生、德昌生、彭正和、汪永大、謙和、允升源、永裕號，其塌欠之數三四萬至數十萬不等。惟聞彭人和虧銀至有三百數十萬之多，洵可謂中國倒帳之最巨者矣。」〔註64〕漢口茶號因金融風波虧賠如此，令人惋歎。

　　俄商在漢口創設的三個規模宏大的磚茶廠，即順豐、阜昌、新泰，資本均在二三百萬左右〔註65〕。座落於漢口玉帶門的興商磚茶廠，是粵籍茶商唐朗山與友人合作設立，資本 50 萬，時間是清光緒三十三年（1907 年）〔註66〕。雖然遠不及俄商財大氣粗，但以個人一己之財力，能有如此開風氣之盛舉，亦殊為難得。唐朗山是漢口名噪一時的粵籍茶商唐壽勳的侄子，唐壽勳則是英商麥加利銀行漢口支行首席買辦，任職長達 20 多年，積聚了大筆資產。唐

〔註61〕《武漢市進出口商業解放前歷史資料》（未刊稿）。參見皮明庥、馮天瑜等編《武漢近代（辛亥革命前）經濟史料》，武漢地方志編纂辦公室 1981 年版（內部發行），第 42 頁。

〔註62〕Trade Reports，1885 年，漢口，p.14，參見姚賢鎬編《中國近代對外貿易史資料》第 3 冊，中華書局 1962 年版，第 1578 頁。

〔註63〕程靜安：《舊武漢茶業的回憶》，《武漢工商經濟史料》1983 年第 1 輯。

〔註64〕《申報》光緒三年（1877 年）六月初二日《漢鎮市面》。

〔註65〕李哲睿：《呈度支部農工商部整頓出洋華茶條議》，《東方雜誌》1910 年第 7 卷第 10 期《檔第二‧公牘》。

〔註66〕陳真編：《中國近代工業史資料》第 2 輯，生活‧讀書‧新知三聯書店 1958 年版，第 38 頁。另一說為資本 60 萬，時間是 1908 年，參見趙競南《中國茶葉之研究》第七章《生產機關》，《銀行月刊》1925 年第 5 卷第 12 期。

朗山在唐壽勳去世後繼承了其買辦職務和錢財，並在漢口開設了惠昌花香棧、厚生祥茶莊和興商磚茶廠，另持有麥加利股票 3,000 英鎊〔註 67〕，實爲晚清漢口粵商之首富。因其買辦身份和雄厚資產，唐朗山多次出任漢口商務總會董事。另有粵籍茶商出任商會要職，如韋紫封（廣東香山人），爲熙泰昌茶棧棧東，入選漢口商務總會第五屆議董。該茶棧另一棧東韋詠三（廣東香山人），出任漢口商務總會第八屆會董〔註 68〕。

晉商素以金融業稱雄於世，山西平遙即爲清代中國票號之中心，這種金融優勢爲他們經手茶葉業務無疑提供了得天獨厚的條件。據水野幸吉《漢口》一書中的描述，漢口的山西茶商幾乎壟斷了茶葉出口蒙古的貿易。他們創設了巨貞和、大泉玉等口莊，每年銷往蒙古市場的數額約八萬箱，價值百萬兩左右，另外每年還採辦五萬箱茶葉運往張家口。堪與粵商唐壽勳、唐朗山媲美的是，晉商劉輔堂、劉子敬在資產方面亦爲山西商人之翹楚。山西人劉輔堂是漢口俄商新泰洋行和阜昌洋行的買辦，擔任採購茶葉的莊首，積累了大量資金，並在羊樓洞開設廣昌和茶莊。清光緒三十一年（1905 年）劉輔堂去世，留下二百萬銀子的財產〔註 69〕。其子劉子敬繼承家父之產業，成爲「漢口首屈一指的資本家」〔註 70〕。商人資本的膨脹不僅是茶葉貿易進一步向前發展的基礎，而且大量的資金流動以及商務信用的廣泛應用，又加快了漢口市場金融體系的發育。

〔註 67〕 蔡蕚英：《漢口英商麥加利銀行梗概》（未刊稿）。參見皮明庥、馮天瑜等編《武漢近代（辛亥革命前）經濟史料》，武漢地方志編纂辦公室 1981 年版（內部發行），第 32 頁。

〔註 68〕 徽商在漢口茶葉市場之實力亦不可輕視。如安徽婺源人程麗南，是隆泰茶號經理，入選漢口商務總會第六屆議董。另一婺源茶商汪春榮，是同元茶行行東，入選漢口商務意會第八屆會董。參見民國《夏口縣志》卷 12《商務志》。

〔註 69〕 《關於劉輔堂與劉子敬的歷史資料》（未刊稿）。參見皮明庥、馮天瑜等編《武漢近代（辛亥革命前）經濟史料》，武漢地方志編纂辦公室 1981 年版（內部發行），第 256 頁。

〔註 70〕 《現代支那人名鑑》，第 385 頁。參見皮明庥、馮天瑜等編《武漢近代（辛亥革命前）經濟史料》，武漢地方志編纂辦公室 1981 年版（內部發行），第 257 頁。

第四章　茶業的疲敝與整頓

　　19 世紀 70 年代之前，華茶在國際市場可謂一枝獨秀，幾乎沒有競爭對手。主要原因在於，除了中國，其他國家種植茶樹極少，而且茶葉極少出口。以故，中國成爲國際市場茶葉貨源的唯一產地。這就不難理解，五口通商後絲茶成爲中國對外貿易的兩種最重要商品。19 世紀 70 年代末，印度茶在國際市場崛起，對華茶構成威脅。就兩湖地區而言，80 年代伊始，漢口茶市開始受到國際市場的衝擊，某種程度上導致兩湖茶業式微。爲此，湖廣總督張之洞採取了一系列振興茶務的措施。

一、洋茶的競爭與兩湖茶業的式微

　　客觀而論，兩湖茶業因對外貿易的刺激獲得飛速發展，與此同時，茶業本身的積弊也因競爭加劇而愈益凸顯。迨至晚清，尤其是光緒年間，國際茶葉市場風雲變幻，印度茶、錫蘭茶、爪哇茶、日本茶異軍突起，使兩湖茶葉的外銷受到極大影響。

　　具體來講，華茶在國際茶葉市場（主要是歐美市場）面臨的主要競爭對手是印度茶。據稱，印度種茶始於 1834 年，「其後政府決議以移植中國種爲便，……植物家又考究樹質佳否，土宜如何，一一論究中國焙煉之法，政府並譯其書布告於眾」〔註 1〕。40 年後，印度茶以其講求栽培、製作精良、機械化程度高而成爲華茶在歐美市場強有力的競爭對手。究其原因，在於印度茶園採取的是在英國資本控制下的資本主義大生產，其規模經濟產生的高效

〔註 1〕黃遵憲：《日本國志》卷 38《物產志一·茶》。

率，實非手工傳統、分散經營、資金匱乏、釐稅苛繁、信息不靈的中國個體茶農可比〔註2〕。這就意味著，中國茶的成本必然高於印度茶，在價格競爭上沒有多少優勢可言。19 世紀 80 年代，一擔茶葉從產區運至漢口市場的成本不菲，細目如下（單位：兩／擔）：

茶葉的實際成本	4.00 至 12.00
種茶人的捐稅	0.51 至 0.51
子口稅（或半稅）	1.31 至 1.31
慈善捐	0.10 至 0.10
裝箱、木箱、鉛罐等	1.00 至 1.00
茶園的工資和苦力開支等	2.00 至 2.00
烘焙與裝箱	2.00 至 2.00
利息（約 10%）	0.15 至 0.15
運至港口搬運費	0.70 至 0.70

據上，販茶人在賣與外國人之前每擔茶葉的全部成本為 11.77 至 19.77 兩，若再加上茶葉運至倫敦的成本，則為：

外國買主的傭金和棧租等	1.18 至 2.00
關稅	2.72 至 2.72
運費	2.46 至 2.46
倫敦碼頭與貨棧費用	1.23 至 1.23

這樣，每擔茶葉的成本則高達 19.36 至 28.18 兩。據悉，在印度，茶葉在加爾各答以每擔 14 兩售出即可贏利，這表明其成本至多為 10 兩，低於漢口市場的茶

〔註2〕1890 年漢口的一份商務報告曾分析印度茶、錫蘭茶所擁有的優於中國茶的 11 項有利條件，同時指出中國茶優於印錫茶的 1 項有利條件，即中國茶農「對於工作更加細心和辛勤。他們以經驗代替科學，而能生產比目前印度產品香味更好的茶葉」。參見姚賢鎬編《中國近代對外貿易史資料》第 2 冊，中華書局 1962 年版，第 1215～1217 頁。另據 1887 年 10 月 27 日《北華捷報》（North China Herald）稱：「中國的小農生產是不能與印度的大茶園競爭的，前者正為後者所排擠。控制著倫敦茶葉市場的，正是這些有充足資本的大茶園，它們具有改良的機器以及最好的焙製技術。在中國，如湖北山區擁有兩三畝地的小茶農是不能和他們競爭的。」參見李文治編《中國近代農業史資料》第 1 輯，生活・讀書・新知三聯書店 1957 年版，第 394 頁。

葉成本。在錫蘭，茶葉離岸價格爲每擔 8.50 兩到 9 兩〔註3〕。如果考慮到印度、錫蘭比中國在地理上更接近英國，而且印、錫茶均爲英國資本直接插手生產與流通領域之產物，必定享有關稅、輪船運費等方面的優惠待遇；如果對比一下漢口 19 世紀 70~80 年代的茶葉價格（見下表），那麼印錫茶在倫敦市場的售價就會低於包括漢口茶在內的中國茶，從而能夠搶佔更多的市場份額〔註4〕。

表 4-1　1876~1887 年漢口茶季開始時的茶葉價格　　（單位：兩／擔）

年　份	上等茶	普通茶	年　份	上等茶	普通茶
1876~77	44 至 47	13 至 18.50	1882~83	48 至 54	12 至 14
1877~78	44 至 48	12 至 14.50	1883~84	46 至 50	13 至 15
1878~79	48 至 54	15 至 17	1884~85	44 至 48	14 至 17
1879~80	42 至 49	12 至 14	1885~86	46 至 50	13 至 16
1880~81	48 至 52	14 至 16	1886~87	47 至 51	14 至 17
1881~82	45 至 52	12 至 13			

資料來源：N.C.H.，1886 年 11 月 17 日，pp.521~522，參見姚賢鎬編《中國近代對外貿易史資料》第 2 冊，中華書局 1962 年版，第 1265 頁。

19 世紀 70 年代，上海海關商務報告在列舉印度茶葉出口量迅速上升時預言：「如果我們想到，15 年前茶葉生產還是由中國壟斷的情況，這些數位就不僅表示印度茶已經成爲一個可怕的勁敵，而且幾乎使人擔心：如果在種植和包裝的方法上不求改進，中國將完全被逐出國際市場，這不過是一個時間問題而已」〔註5〕。相比之下，中國茶在生產、包裝、貯存、運輸、銷售各環節

〔註3〕 Commercial Reports，1877 年，漢口，pp.6~10，參見姚賢鎬編《中國近代對外貿易史資料》第 2 冊，中華書局 1962 年版，第 1213 頁。離岸價格，亦稱船上交貨價格。簡稱 F.O.B.（英文 free on board 之縮寫）。以貨物裝上運載工具爲條件的價格。採用離岸價格時，賣方負責將貨物裝上買方所派或指定的運載工具，並承擔將貨物裝上運載工具前的一切費用和風險。由啓運港到目的港的運費和保險費均由買方承擔。參見《辭海‧經濟分冊》，上海辭書出版社 1980 年版，第 418、419 頁。

〔註4〕 1862~1911 年中國外銷茶的平均價格（單位：海關兩／關擔）：紅茶，最低價14.80，最高價 30.53；綠茶，最低價 16.49，最高價 40.07。漢口茶葉的平均價格，1910 年最低價約爲 22.00，最高價約爲 107.00；1911 年最低價約爲 29.00，最高價約爲 117.00。參見許道夫編《中國近代農業生產及貿易統計資料》，上海人民出版社 1983 年版，第 246、248 頁。

〔註5〕 參見姚賢鎬編《中國近代對外貿易史資料》第 2 冊，中華書局 1962 年版，第 1186 頁。

均屬粗放式經營，只能自恃茶葉故鄉的這張傳統王牌，與起步晚但發展快的印度茶、錫蘭茶展開艱難的較量。印、錫茶葉成為晚清漢口市場的重要輸入品，足以說明外國茶已對中國茶的市場佔有率構成了威脅。

從 19 世紀 80 年代開始，漢口市場受到了來自國際茶葉市場的衝擊。不平等條約是近代中國商業貿易被動捲入國際市場的紐帶，漢口作為約開商埠在一定程度上亦可視為國際商埠。問題的關鍵在於，漢口等近代商埠的繁榮是建立在外國商人的採購行為之上的。一旦中國商品喪失競爭優勢，也就意味著喪失了國際市場，隨之而來的必然是國內各商埠的土貨出口一落千丈，茶葉就是典型例證。當印度等國茶葉逐步搶佔原本由華茶壟斷的地盤，那麼華茶在國際市場上就面臨著日益嚴峻的形勢，這自然影響到漢口茶葉的外銷數量，其結果就是中國茶商與茶農難逃厄運。茲引數例以證：清光緒十二年（1886 年）四月念九日《申報》刊登《茶客潛逃》新聞：一位受雇於某洋商之茶商採辦祁門茶，運至漢口銷售，收入所得僅為成本三分之一，無力償還茶棧債銀 30,000 餘兩，只得逃之夭夭。同年五月初三日《申報》刊有《茶商覓死》新聞：「漢口西人來信雲，有華人之作茶生意者三人，因進山辦茶，貲本頗昂，及售與西人，甚多虧耗，遂自尋短見，二人係服洋煙，一人則投江而死，其詳俟接續信再登。」翌年五月初二日《申報》刊有《茶號倒塌》新聞：「近年漢口各茶商每多摺閱，去歲業茶莊號已覺吃虧，然百家中猶有數家獲利，至今歲而益覺不堪聞問矣。上月茶甫上市，旬日間已迭倒三家，一系湘幫，兩系武幫，約共虧負五萬金左右，多係扯用莊款。甲乙丙三錢莊，素為巨擘，一聞倒塌，莫不徒喚奈何。刻下既倒者，如氣之已絕；未倒者，亦如病入膏肓。往年劃兌銀票，隨茶至漢，指日可以兌銀。今年不惟茶銀遙遙無期，幾至望穿秋水，抑且數相懸殊，一誤而按用之款盡誤，江河日下，誠可慨哉。」清光緒十四年（1888 年），兩湖茶莊由 300 餘家減為 181 家。清光緒十六年（1890 年）四月二十五日《申報》刊登《茶客投江》新聞：一位祁門茶商將紅茶運抵九江向洋商兜售，遭到拒絕，只得轉運漢口，希望能賣個好價錢。不期遭遇大雨，茶葉虧損甚巨，該茶商跳江自盡。

外貿管道不暢，導致茶葉市場價格下跌，販茶利潤微薄，種茶成本上揚，以故茶商紛紛縮手，連鎖牽累茶農生計。安徽建德縣，因粵商採辦紅茶銷往漢口而茶業興旺。自清光緒四年（1878 年）後，「茶價漸低，因而日形減色。

今歲（光緒九年，即 1883 年——引者注）價更不佳，虧本益甚，故茶商之往建者，較往年僅得一半，而市面荒涼幾無過問」〔註 6〕。又如湖南巴陵縣，素以漢口爲銷場，「道光二十三年與外洋通商後，廣人每挾重金來製紅茶，土人頗享其利。日曬色微紅，故名紅茶。……往時紅茶多得利，其貿本地之黑茶，或雜山中樹葉爲之，乃至無一葉茶。茶苦難得，值益高，始有自種者。今則紅茶利益微，業茶者亦衰耗矣」〔註 7〕。

清代湖北最大茶區羊樓洞亦命運不濟，陷入困厄之中。清光緒十一年（1885 年），湖廣總督卞寶第引述湖北牙釐總局的報告，奏稱：

> 鄂省武昌府屬崇陽、咸寧等縣均爲產茶之區，向在蒲圻縣屬之羊樓洞地方設立茶釐總局，並於各縣城鎮另設分局，委員辦理，每年收茶釐銀約近二十餘萬兩。該處所出紅茶專銷外洋及東西各口，從前每百斤售銀五六十兩，商販、園戶獲利尚厚。今頭茶僅售銀二十一二兩至十八九兩不等，二茶售銀十三四兩，子茶售銀八九兩甚或跌至六七兩。推原其故，蓋因洋商稔知山中售價，開盤之初抑價壓秤，多方挑剔，不使稍有贏餘，否則聯絡各幫，擯絕不買。華商成本不充，艱於周轉，不得不急求出售，是以連年虧折。〔註 8〕

羊樓洞乃漢口茶葉市場重要貨源地，源頭受損，其流亦枯。兩年後的清光緒十三年（1887 年）十一月二十三日，江漢關稅務司裴式楷在一份考察漢口茶務的檔中承認：「連歲茶價，往昔售三拾餘兩至肆拾兩壹擔者，今只售拾陸兩、拾柒兩至拾捌兩，其粗貨竟有售至肆兩、伍兩壹擔。在販運商人，血本全糜，多難再舉；間有餘力者亦思改圖別貿。惟山戶小民，終歲栽植辛勤，不獲一飯之飽。」〔註 9〕同年的一份漢口商務報告亦持悲觀態度，祖言在印度等國茶葉的競爭壓力下，「早已迫近的華茶貿易危機畢竟到來了。看來本年〔1887 年〕很像是危機。沒有爭買的情形。茶葉雖然迅速地傾入市場，但銷售得很慢。買主以市場主人的安閒態度對待著茶市。價格 跌再跌，直至最後才按低於常年價格 20%左右的價格，慢慢地做了少量的交易。今年市場上有大量茶葉

〔註 6〕　參見姚賢鎬編《中國近代對外貿易史資料》第 3 冊，中華書局 1962 年版，第 1475 頁。

〔註 7〕　光緒《巴陵縣志》卷 7《輿地志七・物產》。

〔註 8〕　卞寶第：《奏體察鄂省加增茶課窒礙難行摺》，《卞制軍奏議》卷 5。

〔註 9〕　參見姚賢鎬編《中國近代對外貿易史資料》第 3 冊，中華書局 1962 年版，第 1473 頁。

完全無法脫售。總之，今年茶市上，茶葉品質不高，價格很近，銷路不旺；外商買賣的一般情況良好，其中某些人，特別是經營上等茶的外商，利潤很大。中國商人損失極重，並且還要繼續遭到損失」〔註10〕。

當華茶在歐美市場節節退敗之際，所幸俄國市場仍爲華茶壟斷，這從一個側面反映了俄國商人與晚清漢口茶葉市場之間的利害關係。附帶提及的是，清光緒十七年（1891年）華茶輸出幾爲國際茶葉市場之半，但到清光緒二十六年（1900年），印茶的輸出額首次超過華茶。時至清末民初，印度成爲國際茶葉市場的第一齣口大國，錫蘭上升爲第二大國，中國下降爲第三位茶葉出口國〔註11〕。十月革命後，中國又喪失了往昔購銷兩旺的俄國市場，華茶從此未能再度崛起，成爲國際茶葉市場之霸主，漢口茶務亦隨之一蹶不振。縱而觀之，晚清漢口中國茶與外國茶之爭概有三大戰場：一是漢口本地市場，二是歐美市場，三是俄國市場。在漢口本地市場，雖有印度等國茶葉輸入，但茶葉的大宗貿易始終圍繞華茶進行。在歐美市場，印度茶以楔入英國市場爲突破口（因其爲英國殖民地，錫蘭亦是），逐步打破華茶一手遮天的格局，第一次世界大戰之後取中國而代之，時間跨度約爲50年，可謂緩慢之致。應該強調的是，晚清華茶在國際市場上所佔份額仍然巨大，如清宣統二年（1910年）印茶所佔比例爲34.05%，華茶稍遜一籌，仍占27.74%。職是之故，晚清漢口茶葉市場雖然受到印、錫等國茶葉不同程度的挑戰而時有劇烈波動，但整體貿易狀況仍屬繁盛。個中原因在於，俄國市場需求旺盛，常年刺激著磚茶的巨額出口。在19世紀70年代之前，華茶出口的最大銷場是英國。進入70年代末、80年代初，由於印度茶、錫蘭茶強有力的競爭，華茶輸往英國的數量驟減，俄國迅即替代英國成爲華茶最大主顧，而漢口正是俄商在中國採辦茶葉的最大市場。與全國其他口岸如上海、九江、廈門、廣州、福州不同，俄商是最早涉足近代漢口茶葉市場的外商，而且始終是最大買主，英商則排

〔註10〕 Trade Reports，1887年，漢口，p.79，參見姚賢鎬編《中國近代對外貿易史資料》第2冊，中華書局1962年版，第975頁。

〔註11〕 對此，徐煥斗《漢口小志·商業志》（1915年版）有詳盡論述。徐氏云：「（漢口）出口之茶以紅茶爲大宗，綠者次之。紅茶出於羊樓峒、咸寧、通山、通城、大冶、崇陽等處，盛行於西洋各國，而以英、俄銷售爲尤多。近則日本、臺灣、印度、錫蘭諸高山溫度適宜之處，皆遍種茶矣。且以化學研究其色澤、香味，以機器改良其碾、切、烘、篩，以鐵道輪船便利其轉運輸送，以公司之資本、銀行之周轉爲其購辦之前矛，以政府之獎勵、關稅之免除爲其銷售之後盾。昔之需要於吾國者，今且供給於吾國矣。」此番見解，誠爲不刊之論。

名第二，這是漢口市場茶葉對外貿易的重要特點。儘管 19 世紀 80 年代漢口茶葉市場受到來自國際茶葉市場（主要是英國市場）的衝擊，但俄商始終沒有退出漢口市場，而且替代了英國在中國茶葉對外貿易領域的位置，所以漢口茶葉市場的繁榮態式能夠一直保持到清末民初。此外，歐美市場仍看好華茶，清光緒十七年至宣統二年（1891～1910 年）即晚清最後 20 年時間裏，華茶出口占國際茶葉市場銷量的一半，至少也占三分之一〔註 12〕。因此，洋茶的競爭只是導致了某種程度上兩湖茶業的式微。

二、張之洞振興兩湖茶業的舉措

在晚清督撫中，張之洞以重視商務著稱，從兩廣移署湖廣，其講求西法、振興實業之夙願不改。

身爲湖廣總督，張之洞對兩湖商務非常關注，茶業尤爲其所重視，聲稱「本部堂蒞楚以來，專意培養兩湖商民生計，熟察每年茶市情形，但患茶葉之不佳，不患銷路之不暢」〔註 13〕。並對兩湖茶業生產與銷售的具體情形相當熟悉，稱「查湖南北產茶州縣約共二十三處」，包括「湖北興國、鶴峰、蒲圻、通山、通城、崇陽、咸寧、嘉魚等州縣，湖南長沙、善化、益陽、湘鄉、湘潭、瀏陽、醴陵、安化、巴陵、臨湘、平江、武陵、龍陽、桃源、沅陵等縣」〔註 14〕。又稱「查茶葉爲出口商貨之大宗，湖南北兩幫每年貿易價值約銀一千數百萬兩。外洋各國多仿照種植，只以土性不宜，香味遠遜中國，仍須向中國購買。湖南業此致富者實繁有徒，湖北如崇陽、通山等州縣近年俱以種茶獲利」〔註 15〕云云。在張之洞的公牘諮箚中，多次出現「查中國商務，茶爲大宗」之類的文字，表明他對茶葉貿易與自強新政的關係有深刻體認。尤其是，他對漢口作爲近代中國最大的茶葉外貿市場的特殊地位有清醒認識，指出「照得茶葉一項爲中國出口之大宗，漢口一鎮又爲各省茶市之樞

〔註 12〕此資料係陶德臣據吳覺農《中國茶業問題》（商務印書館 1937 年版）第 169～171 頁計算而成。參見陶德臣《近代中國茶葉對外貿易的發展階段與特點》，《中國農史》1996 年第 2 期。

〔註 13〕張之洞：《勸諭茶商講求採製各法示》，光緒十八年二月初六日，《張之洞全集》卷 168《公牘八十三・諭示二》。

〔註 14〕張之洞：《箚兩湖產茶各州縣講求製辦紅茶（附清摺）》，光緒十七年六月初三日，《張之洞全集》卷 105《公牘二十・諮箚二十》。

〔註 15〕張之洞：《箚襄鄖宜施各屬查明地方土性、試種茶樹是否相宜（附單）》，光緒十七年十二月十三日，《張之洞全集》卷 109《公牘二十四・諮箚二十四》。

紐」〔註16〕;「照得中國出口土貨,以茶葉爲大宗,而漢口商務之盈絀,尤專視茶葉爲盛衰」〔註17〕。而且與政府稅收大有干係,「竊照漢口茶務,最爲兩湖商務大宗,關係釐稅鉅款」〔註18〕。

漢口茶葉市場的受挫引起了張之洞的憂慮,「紅茶爲土貨大宗,關係兩湖商民生計,年來出產漸少,折閱愈多。本部堂蒞楚以來,博訪周諮,頗知致弊之由,亟欲及時整頓,以維商務」〔註19〕;「年來中國茶利逐漸衰落,各商累耗鉅資,殊堪憫惻」〔註20〕。他冷靜地分析了兩湖茶業詬病的內因和外因,認爲「至近年茶商虧本之由,洋商揩價之故,實因茶莊過多,每思僥倖蒙混,製造粗率,煙薰水濕,氣味不佳,兼以劣茶攙雜。由於資本不足,重息借貸,更有全無資本,俟茶賣出以償借債者。洋商漸知其弊,於是買茶率多挑剔,故抑其價。茶商債期既迫,只求速銷償債,而成本之輕重,不能復計。一經虧折,相率倒閉。其資本充足者,勢不能不隨眾賤售。茶務之壞,多由於此」〔註21〕。可見,既有洋商藉端挑剔、多方刁難的外在因素,所謂「湖北湖南兩省茶商,爲洋商多方抑勒,以致虧累頗多」〔註22〕;但也有中國茶農及茶商自身的弊端,「惟洋商壓磅割價,半由華商眾心不齊,互相爭競,甚或攙雜作僞,致爲洋人所乘,亦爲茶市之害」〔註23〕。在某種程度上,茶農及茶商不思進取、因循守舊的陋習是導致兩湖茶業疲敝的更爲深層的根由。張之洞多次尖銳指出:「大抵山戶之弊在於貪多偷懶,商販之

〔註16〕 張之洞:《箚委稅務司籌畫種茶製茶良法、在漢集股設廠教導》,光緒二十三年十月十一日,《張之洞全集》卷128《公牘四十三·諮箚四十三》。

〔註17〕 張之洞:《箚江漢關道勸諭華商購機製茶》,光緒二十五年四月十四日,《張之洞全集》卷137《公牘五十二·諮箚五十二》。

〔註18〕 張之洞:《購辦紅茶運俄試銷摺》,光緒二十年七月二十六日,《張之洞全集》卷35《奏議三十五》。

〔註19〕 張之洞:《批六幫茶商稟懇整頓茶務積弊》,光緒十六年十月二十一日,《張之洞全集》卷161《公牘七十六·批牘七》。

〔註20〕 張之洞:《箚委稅務司籌畫種茶製茶良法、在漢集股設廠教導》,光緒二十三年十月十一日,《張之洞全集》卷128《公牘四十三·諮箚四十三》。

〔註21〕 張之洞:《裁撤茶商捐助書院經費摺》,光緒十八年閏六月二十六日,《張之洞全集》卷32《奏議三十二》。

〔註22〕 張之洞:《購辦紅茶運俄試銷摺》,光緒二十年七月二十六日,《張文襄公全集》卷35《奏議三十五》。

〔註23〕 張之洞:《批江漢關道詳覆勸諭茶商購用機器製造合股爲難、惟求仍照向章設立公棧公磅》,光緒二十五年十二月初一日,《張之洞全集》卷166《公牘八十一·批牘一十二》。

弊在於僥倖牟利」〔註24〕，進而批評華商及主事官員，「查華商性情，但以襲故套、圖小利爲事，而憚於求精；官場積習，但以因循省事搪塞上司爲能，而懶於振作」〔註25〕。爲此，張之洞曉諭屬下官員及衆茶商「隨時認眞講求培植茶樹、製造茶葉之法，務使中國大利不致外溢，是爲至要」〔註26〕。他因地制宜，相繼採取了一系列的整頓舉措，可歸納爲如下數端：

其一，提倡機器製茶。

衆所周知，張之洞是近代中國早期工業化的奠基者之一，舉凡鋼鐵、紡織、軍工諸業莫不實力籌畫之，茶業也不例外。他對引進外國機器更新生產工藝頗爲熱心，「近聞湖廣總督張之洞在湖北集款八萬金，置機製茶已肇端倪」〔註27〕。他奏請清廷，聲稱「兩湖商力甚薄，華商用機器造貨，請緩加稅，並貨物免儲關棧，以勸商業而裕民生」〔註28〕。張之洞認爲，採用機器製茶是扭轉華茶式微的關鍵舉措。他指出：「查中國茶種之佳地球無匹，徒以株守舊說，不知變通，栽種既未合法，焙製又復失宜，遂爲洋商所厭棄。若不亟圖變計，何以攬利源而維商本？惟是栽種必明化學，焙製又須機器，非合各富商之力糾股設廠，延請洋人督率教導，未克奏功。」〔註29〕

清光緒二十三年（1897 年），他箚委江漢關稅務司英人穆和德「籌畫種茶、製茶之良法，在漢口或產茶地方設立廠所，延致洋人實力教導，俾中國茶市日有起色」。此人「於茶務目擊情形，深明利弊，極願爲中國茶利謀補救之術」。張之洞授之以實權，但也有限制條件，「其如何訪覓明白事理之富商商集股份，以及如何購機製茶以成佳茗，購地試種以期推廣，並延請洋人，酌雇印度工人以資教授各事宜，統歸該稅司一人主持。惟不得招附洋股，倘經查有

〔註24〕張之洞：《勸諭茶商講求採製各法示》，光緒十八年二月初六日，《張之洞全集》卷 168《公牘八十三・諭示二》。

〔註25〕張之洞：《箚江漢關道勸諭華商購機製茶》，光緒二十五年四月十四日，《張之洞全集》卷 137《公牘五十二・諮箚五十二》。

〔註26〕張之洞：《批江漢關道詳覆勸諭茶商購用機器製造合股爲難、惟求仍照向章設立公棧公磅》，光緒二十五年十二月初一日，《張之洞全集》卷 166《公牘八十一・批牘一十二》。

〔註27〕肖文昭：《茶絲條陳》，1898 年刊。參見汪敬虞《中國近代茶葉的對外貿易和茶業的現代化問題》，《近代史研究》1987 年第 6 期。

〔註28〕《德宗景皇帝實錄》卷 401，光緒二十三年二月己卯湖廣總督張之洞奏。

〔註29〕張之洞：《箚委稅務司籌畫種茶製茶良法、在漢集股設廠教導》，光緒二十三年十月十一日，《張之洞全集》卷 128《公牘四十三・諮箚四十三》。

冒附，惟該稅司是問。仍將辦理情形，隨時稟報本部堂察核。」〔註30〕事情並不如張之洞想像的那麼順暢，機器製茶的籲求遭到華商及茶釐局官員的冷遇。據悉，武昌府崇陽、蒲圻、通山、咸寧、興國等產茶州縣抵制機器製茶的理由是，機製茶「水味苦澀，香氣不清，祇宜英國，以外則不能暢銷」，而且「機器價貴，成本難籌」。對此，張之洞批駁道：「若中國仍用舊法，洋商必藉口人工不能停勻、製法不能乾潔，極力傳播煽惑，務使各國盡銷洋茶而後已，恐各國銷路日久皆將窒塞，豈獨一英！我若改用機器，是製法與彼同，而茶質較彼勝，又何能與我爭衡乎？查洋人飲茶，專取濃厚，既為消食，又防傷胃。先用鐵鍋熬成濃汁，將飲之時注於甌內，必加入洋糖兩塊，再攪入牛乳一勺，已別成一種風味，即使清芬雋永如浙之龍井、蘇之碧螺、閩之蘭蕊，配以中泠、惠山之泉，一用西法煎熬調和，恐亦不能辨其為何味矣。西人所謂清香，豈中國詩人墨客品茶諸書所謂清香耶？況機器烘製，其經火成熟與人工同，而迅速停勻、無煙氣、無黴氣、無馬糞氣，則遠勝之，何反至有損香味，尤不可信。若謂機器製茶，只銷於英，尤為無稽妄說。漢口煙筒林立者，即俄商以機器製茶之屋也。數年來，俄人亦漸買印度茶，所買者即皆機器之所製也。近年溫州機器製茶，味美價善，洋報盛稱，該官、商等獨未之聞耶？」鑒於華商多個體商販，本小利薄，在資金、技術及規模上難成氣侯，以故張之洞力主有身家殷實的華商合股設廠，集資經營，以杜絕華商之間的惡性競爭，維護茶市秩序。他指出「至漢口茶商連年虧折，大抵皆因零星小販太多，資本不足，重息假貸，減價爭售，致壞市面。若各大商能集股購機製茶，小販力薄，不能購機，勢必不能與之爭利，是小販不禁自絕。既無小販，則華商不為洋商挾制，市面必日有起色矣。」據江漢關稅務司穆和德稟呈，當時外國茶商多有在漢口設廠製茶的計劃，但「華商皆畏葸裹足，不肯集股」。張之洞「聞之，殊為華商惋惜」。他感歎：「此事所需資本，並不甚巨，多則十萬，少則六萬，再少則三萬亦可試辦。以漢口茶商之盛，豈竟無一二有識有志之人為中國攬回利權耶？」為了改變華商對機器製茶風險的過分擔憂，張之洞表示「再為傳集各商，極力勸諭籌辦」，強調「如須有官力維持保護之處，本部堂定必竭力扶持。倘商人集股不足，本部堂亦可酌籌官

〔註30〕 張之洞：《箚委稅務司籌畫種茶製茶良法、在漢集股設廠教導》，光緒二十三年十月十一日，《張之洞全集》卷128《公牘四十三·諮箚四十三》。

款若干相助,以期成此盛舉」〔註31〕。

其二,講求採製各法。

在張之洞看來,國際市場上華茶不敵洋茶的一個重要原因,在於外國茶商講求採製各法,稱「近年印度、歐美、東洋各處,種茶漸多,銷流漸廣,雖茶質遠遜中國,而外國人究心培植、加工、烘製,洋茶貨價日高一日,我茶出口年少一年,若不及早整頓,則必如他事終落人後,原有大利盡為外人奪去,豈不可痛可危!」〔註32〕張之洞大聲疾呼:「茶務不講求種植製造已非探源之策,其餘俱屬末節矣。」〔註33〕他要求兩湖產茶州縣「各就本處情形,詢訪辦茶商人、種茶園戶,籌議如何督勸稽察切實辦法,及講求製辦紅茶未盡事宜,迅速妥議,稟覆核辦」。

清光緒十七年(1891年),張之洞首肯湖北牙釐總局候補道曹南英關於製辦紅茶之法的條議,通飭「抄發湖南北產茶各州縣,體察情形,斟酌照辦。其有未盡事宜,及應如何督勸、如何稽察,能令商民切實遵行,即飭各該州縣各就本處情形迅速妥籌,稟明辦理。如各州縣有能實力講求,以致價高銷暢者,及有膜視民生、奉行不力、毫無成效者,必應分別勸懲。即飭北南布政司,明定章程,詳候核辦」〔註34〕。翌年,張之洞頒布《勸諭茶商講求採製各法示》〔註35〕,全面講述了兩湖茶業亟待整頓的細節,特錄之於下:

> 照得茶葉為中國商務大宗,中茶味性最佳,外洋英美各國所產皆不能及。洋商肯出善價,俄國商人給價尤優。湖南北及江西等幫每年在漢口交易,價銀至一千數百萬之多。然必須葉嫩味香、顏色光澤、製無煙氣、質無攙雜者,洋商方肯出高價購買。否則,退盤割價,徒貽虧累。本部堂蒞楚以來,專意培養兩湖商民生計,熟察

〔註31〕 張之洞:《飭江漢關道勸諭華商購機製茶》,光緒二十五年四月十四日,《張之洞全集》卷137《公牘五十二・諮箚五十二》。

〔註32〕 張之洞:《飭江漢關道勸諭華商購機製茶》,光緒二十五年四月十四日,《張之洞全集》卷137《公牘五十二・諮箚五十二》。

〔註33〕 張之洞:《批江漢關道詳覆勸諭茶商購用機器製造合股為難、惟求仍照向章設立公棧公磅》,光緒二十五年十二月初一日,《張之洞全集》卷166《公牘八十一・批牘一十二》。

〔註34〕 張之洞:《飭兩湖產茶各州縣講求製辦紅茶(附清摺)》,光緒十七年六月初三日,《張之洞全集》卷105《公牘二十・諮箚二十》。

〔註35〕 張之洞:《勸諭茶商講求採製各法示》,光緒十八年二月初六日,《張之洞全集》卷168《公牘八十三・諭示二》。

每年茶市情形，但患茶葉之不佳，不患銷路之不暢。至茶葉之佳，
尤以採摘趁早為第一要務。早則嫩，嫩則小，然葉愈小而價愈貴。
紅茶以葉小而嫩、上有白毛者為佳，洋商最肯購買。此種嫩茶，必
須穀雨以前採摘下山，方為上品。若遲至穀雨以後，則葉老而色黃，
茶粗而味淡，洋商即不肯出價。上年頭茶最為得價，最優者遠勝向
來頭茶。何也？此皆穀雨以前之茶也。總之，新茶上市成箱或在穀
雨以後，採茶必須穀雨以前。時不可失，此誠茶戶茶商首宜講求者
也。至製茶宜趁天晴，焙茶最忌煙氣，該茶戶茶商等自悉其中窾要。
惟製茶掌焙之人，須擇其諳練茶性、老成勤慎之人為之，不可吝惜
工價。揀茶尤宜精細，若稍有黃片夾雜，顏色不純，嫩茶亦因之減
色。他若開莊，宜禁陳茶出箱，宜防水濕出售，勿做樣茶。該茶商
等均宜隨時考察，實事求是。大抵山戶之弊在於貪多偷懶，商販之
弊在於僥倖牟利。不知洋商看茶最為的確，買茶極為認真，只在茶
葉之好，不在斤兩之多。試思漢口自開市以來，因茶不對樣、貨不
一色、退盤割價者，比比皆是，從無以陳茶、樣茶及燒邊黑井之茶
僥倖售其欺者。此皆本部堂督飭江漢關道，將歷年茶市行情詳查明
確，並向外國領事、洋商反覆考究而得者，故特明白剴切，為商民
等言之。果能採茶早、製茶精、揀茶細、售茶真實不欺，自然得價，
斷無退盤割價之事。至山戶人等，如有採摘不精、攙雜陳茶、水氣
及貨色不一、斤兩不符等弊者，各商販自當公立禁約，從重罰辦。
倘不受罰者，稟官究治。陳飭各該州縣認真稽察督勸外，合亟示
諭各茶戶茶商等知悉。爾等須知：茶嫩則價自高，不必貪多；貨真
則銷自暢，不必尤人。務須早採精製，必然獲利豐盈，有厚望焉。

從上述諭示看，張之洞從採茶、製茶、揀茶、售茶等方面詳細闡明了如何講
求採製之法，對兩湖茶戶茶商寄予厚望。當時，有所謂六幫茶商稟陳湖廣總
督府，懇請整頓茶務積弊。張之洞振興茶務的決心及舉措，也符合廣大茶商
的切身利益。

在茶葉種植方面，張之洞也頗為留心，曉諭山區之民試種茶樹。清光緒
十六年（1890 年），襄陽府穀城縣知縣瞿元燦「考校其土性，宜於植桑者固多，
而宜於種茶者亦復不少」，派人赴岳州購買茶子，教民試種茶樹，張之洞對此
極為重視，專此箚飭襄陽、鄖陽、宜昌、施南府及荊門州所屬當陽、遠安等

縣「地方多山之各屬」，令其「查明地方土性，如果宜茶，即應仿照，勸民種植，以興地利而阜民財」。張之洞認爲，這些地區「由於山多土瘠，專恃番薯、羊芋爲生，一遇歉收，立形艱困。地方官果能講求地利，察視土脈物性所宜，教民墾治種植，以補雜糧之不足，自可轉貧爲富，起敝爲隆」。並將穀城縣勸民興種茶樹的詳細辦法予以推介，通飭地方官實力勸諭興辦。鑒於湖南安化製辦紅茶成效顯著，此與地方官留心整頓大有關係，張之洞聲稱將對安化縣知縣給予獎勵。

其三，設立公棧公磅。

在漢口茶市，某些華商屢有欺詐行爲，「實與中外商情均爲未便」。對此，茶業同仁於清光緒十六年（1890 年）「眾謀僉同，創設公棧，既便查色樣攙雜之弊，並可免風濤停泊之虞」。張之洞認爲，此舉「洵屬扼要良圖、維持商務至計，應即准行。」並稱「惟建棧必需鉅款，經理尤貴得人，仰江漢關道迅即選舉六幫公止股實紳首數人，以董其事。」其職責在於「籌墊建棧之款，及按箱酌抽經費，分年歸還」。公棧主要處理落盤、過磅、轉箱、交價等事宜。張之洞特別提醒「大約抽費不宜過多，年限不妨稍久，務使茶價不至驟貴，致礙市面」。如果「倉房司事、茶棧經紀人等，果有播弄勒索情事，准其隨時稟官究懲，以儆刁儈」〔註 36〕。此前，爲了杜絕漢口茶市出售樣箱，茶業行幫已設立公磅。清光緒二十五年（1899 年），張之洞再次批覆江漢關道，強調設立公棧公磅，「定過磅、交價之期，使不能任意反覆」，重申「創設公棧，以免爭競；嚴禁作僞，以杜藉口，自亦屬維持茶務之要舉」〔註 37〕。公棧公磅的設立，對於整頓茶務、維護茶市秩序有積極作用。數年後，湖北諮議局所提振興茶業議案中，仍將設立茶業公棧作爲補救之良策〔註 38〕。

其四，理順華洋關係。

〔註 36〕 張之洞：《批江漢關道詳籌議茶商整頓茶務章程》，光緒十六年十二月十七日，《張之洞全集》卷 161《公牘七十六・批牘七》。

〔註 37〕 張之洞：《批江漢關道詳覆勸諭茶商購用機器製造合股爲難、惟求仍照向章設立公棧公磅》，光緒二十五年十二月初一日，《張之洞全集》卷 166《公牘八十一・批牘一十二》。

〔註 38〕 湖北諮議局：《興茶葉以開利源案》（宣統元年十月十三日呈），内稱「公司既難遽設，莫如暫設公棧，使鄂茶抵漢一律起存，依次遞賣，不准凌躐。即或貨本單薄、急求銷售者，亦可按估茶本，由公棧挪墊三分之一，照日計息，庶免牽賤行情之弊，由勸業道會商茶業公所妥訂辦法」。參見吳劍傑主編《湖北諮議局文獻資料彙編》，武漢大學出版社 1991 年版，第 190～191 頁。

　　如前所述，清代兩湖茶業的突飛猛進是在漢口開埠之後。這意味著，茶葉外貿形勢之於兩湖茶業至關重要，妥善處理華商與洋商之間的商貿關係與利益糾紛也顯得十分重要。誠如張之洞在批覆六幫茶商稟陳整頓茶務章程時所言，「惟事關華商與洋商交涉，其間果否一無窒礙，必須籌度周詳」〔註39〕。既不能偏袒華商的欺蒙之弊，也不能助長洋商的囂張之氣。在此，列舉三件案例以資說明。

　　清光緒十七年（1891年），漢口俄商雇用民船裝運制錢，前往江西義寧州買茶，被黃州牙釐局扣留。事發後，張之洞速與俄駐漢領事溝通，並指示屬下「該洋商此次所運制錢，係往義寧州買茶之用，尚非販運弁利，亦非運至九江通商口岸者可比，應准放行，以示體恤」。他要求「通省牙釐總局轉飭樊口、武穴各局卡，一體遵照放行」，同時批覆江漢關「嗣後如確係運往內地買茶之錢，隨時知照該關道核給護照，經過各局卡查驗蓋戳放行。惟護照查驗後，務令計限繳案核銷，免致該船戶人家假冒影射，以杜奸商而重圜法」〔註40〕。

　　清光緒十九年（1893年），漢口的俄國百昌茶行商人達尼祿夫委派人赴湖北羊樓洞茶區採辦茶樹，裝船啟程欲運漢口，卻被當地鄉民「作壩阻止、勒索重價」。甚至傳出鄉民將俄商採辦茶樹二百餘箱全行毀壞、將茶樹七百餘株拋於河中之事。俄駐漢領事致函江漢關道，請求「趕緊究辦」。為此，江漢關監督一月之內兩度飭飭通山縣開導鄉民，速將茶船放行，「竟無隻字稟覆」。事情上報湖廣總督署，張之洞極為重視，「案關洋務交涉，全賴消息靈通，上下應手，方能弭患無跡」。他指出，「查洋商詳領單照，赴內地採辦茶樹，販運出口，曾經總理衙門核准有案，各省通行已久。今俄商請照，赴通山羊樓洞採辦茶樹，通山縣鄉民何得抗照阻撓，妄行生事」。他批評地方官員「率意漠視，漫不經心，如何措辦久不稟覆，致滋外人藉口，大屬不合」，嚴令「務將此案刻日妥速辦結」〔註41〕。

　　純屬巧合，還是俄商達尼祿夫，於清光緒二十年（1894年）前赴羊樓洞

〔註39〕　張之洞：《批六幫茶商稟懇整頓茶務積弊》，光緒十六年十月二十一日，《張之洞全集》卷161《公牘七十六‧批牘七》。

〔註40〕　張之洞：《指江漢關稟嗣後洋商雇用民船裝制錢運往內地辦茶驗照放行》，光緒十七年正月十八日；《批江漢關詳阜昌商人運制錢買茶被黃州釐局扣留》，光緒十七年正月十八日，《張之洞全集》卷162《公牘七十七‧批牘八》。

〔註41〕　張之洞：《飭通山縣將俄商採辦茶樹被鄉民作壩揹阻情形稟覆》，光緒十九年八月初九日；《飭李謙查辦湖南臨湘縣民毀棄俄商茶樹案》，光緒十九年八月初九日，《張之洞全集》卷116《公牘三十一‧諮飭三十一》。

辦茶，行至新店，被當地鄉民擲石致傷，而且有人傳佈匿名揭貼，內有「中國茶務向來稱盛，近因洋人來此以致虧累」等語，被張之洞斥為「實屬誤會訛傳，愚謬已極」。張之洞指出：

> 查中外通商以來，惟有絲、茶兩端為於中國最有益之事。試思咸豐以前，湖南、湖北兩省茶斤僅止售與西商，或運赴上海，銷數甚屬有限。自同治年間漢口通商以後，售者愈旺，種者愈多，年增一年。近年每年銷數將及銀一千萬兩，較之早年加至六七倍，而光緒六年至十五年銷數尤多，何得謂本來稱盛、因洋商而虧累乎？所以光緒十五年以後銷數較少者，乃因英國近年多用印度茶。買中國茶獨俄國，買茶日多，故銷數尚不甚懸遠。近年業茶者雖亦間有不盡獲利之時，乃因茶色有高下，外洋茶價亦有漲落。究之歷年以來，凡資本充足、茶色挑選極佳、毫無攙和潮濕者，無不得高價、獲厚利。不肯自行講求種植烘製之法，而徒歸咎於人，有何益處？豈非大愚？假如真能禁絕洋人來買漢口之茶，試問每年所產值銀一千萬之茶銷與何人？但使茶船漸稀，則銷路漸滯，安得善價？此皆由無業遊匪只圖造言惑眾，擾亂地方，全不顧害及茶商、害及園戶，實堪痛恨。此事關係中國商務、兩湖民間生計均非淺鮮，合亟剴切明白曉諭。為此示，仰軍民人等知悉。爾等須知，洋商買茶於爾等一方生計有關，正宜和平交易，豈可懷疑滋擾？況匿名揭貼例禁綦嚴，爾等切勿誤聽奸匪訛言，無故生事，既蹈法網，亦誤生業。自示以後，務宜平心熟思，各安生理，見有買茶洋人，不得懷疑生事。倘敢造謠惑眾、滋生事端，定即嚴拿重懲〔註42〕。

此番議論，於兩湖茶業事理闡發得極為通透，茶葉外貿的確成為兩湖茶農茶商的根本利益所在。當時，兩湖茶葉的對外貿易主動權操於洋商之手，所謂「此項紅茶，除洋商之外，別無銷路」，因此「此事關係兩湖商民生計」。如果不理順華洋商貿關係，無故激化雙方的敵對情緒，終致於事無補，甚或害人害己。張之洞特別重視妥善處理與俄國茶商的關係，是因為他深知俄商之於兩湖茶務的影響非比尋常，「臣等查紅茶銷路，以俄商購辦為最多」〔註43〕。

〔註42〕 張之洞：《曉諭產茶各處示》，光緒二十年五月初七日，《張之洞全集》卷168《公牘八十三・諭示二》。

〔註43〕 張之洞：《購辦紅茶運俄試銷摺》，光緒二十年七月二十六日，《張之洞全集》卷35《奏議三十五》。

在近代中國經濟日益融入國際市場之際，以務實精神振興茶業，以和平交易拓展市場，方為明智之舉。張之洞的苦口婆心及深謀遠慮，置於今日中外經貿往來之時局，仍有振聾發聵之效。

其五，以商助學，以學促商。

創辦新式學堂是張之洞「湖北新政」的重要內容之一，無奈諸事並舉，經費難籌。張之洞在力所能及的範圍內，想盡各種辦法籌集資金，勸集茶捐即其一。創設兩湖書院是張之洞文教興革的重頭戲，所需經費甚巨。據悉，「所有工費，加以購置書籍、製造器具、栽種樹木，一切雜費合計當在十萬內外」。張之洞會同江漢關道，仿傚堡防捐，「每茶百斤酌減至一錢，以充書院常年經費」。在他看來，「此項商捐為惠而不費之舉」。對此，「茶業各商均以事關興賢育才，眾情樂從，絕無勉強」。張之洞深為嘉許，特於兩湖士子肄業課額外，增設商籍課額，以昭獎勵。這樣一來，就形成了以商助學、以學促商的良性互動關係。書院之設，「無非為地方培植人材起見」。勸集茶捐乃「集腋成裘，於茶務毫無所損，所出甚微，收效甚大，且楚弓楚得，受益者即仍在茶商」〔註44〕。開辦之初，兩湖商籍學生共有80餘人之多。後來，因湖南眾茶商訴求，張之洞復將書院商捐予以裁撤。

在張之洞整頓茶務的過程中，有一篇奏摺值得我們注意。清光緒二十年（1894年）湖南巡撫吳大澂會同張之洞上奏清廷，懇請在漢口設立湘茶督銷局，專營湘茶出口事務，以與外商抗衡，「萬一英商仍有勒掯之意，所議茶價不敷商本者，官為收買，分運香港、新加坡一帶各口岸，照本出銷」。遺憾的是，清廷藉口駁回了奏議〔註45〕。張之洞並未放棄努力，他把目光轉向俄國市場，「擬即由南北兩省分籌官款，酌量購茶，運俄試銷」。張之洞認為：「惟有自行運赴俄國銷售，庶外洋茶市情形可以得其真際，不致多一轉折，操縱由人。然茶商力量較薄，必須官為提倡，方能開此風氣。」〔註46〕同年，他會同湖北巡撫譚繼洵、湖南巡撫吳大澂籌措官款，飭令江漢關道惲祖翼將上

〔註44〕 張之洞：《箚曹南英查覆兩湖書院商捐》，光緒十七年四月初七日，《張之洞全集》卷103《公牘十八‧諮箚十八》。

〔註45〕 《德宗景皇帝實錄》卷338，光緒二十年四月甲寅諭軍機大臣等。內稱根據總理衙門、戶部會奏，「吳大澂所奏設局銷茶，既據該衙門籌商，實無把握，其所請借撥出使經費及息借洋款各節，均著毋庸置議，原摺著鈔給閱看，將此諭令知之」。

〔註46〕 張之洞：《購辦紅茶運俄試銷摺》，光緒二十年七月二十六日，《張之洞全集》卷35《奏議三十五》。

等紅茶 200 箱（湖南、湖北各 100 箱）搭附俄國商船運銷敖得薩，同時致電出使俄國大臣許景澄負責照料。又委託順豐洋行將 120 箱紅茶（湖南、湖北各 60 箱）運銷俄國，水運抵達莫斯科，陸運抵達恰克圖。兩次運俄試銷，動用款項爲洋例銀 7280 餘兩，折合庫平銀 6842 餘兩，均由兩湖茶釐項下借撥墊用。張之洞一度萌發「自造茶船，自立公司，於俄境自設行棧銷售，收回利權，庶於商務、釐稅不無裨益」的構想〔註 47〕。儘管數年後自行外銷紅茶的嘗試很快失效，其意義卻非同小可。

　　應該說，張之洞整頓兩湖茶務的舉措皆從實際出發，極有針對性，絕非虛文。儘管由於民情窳惰、因循守舊、洋商掣肘等原因，這些舉措並未取得如期效果，但張之洞的諸種努力起到了開風氣之先的作用，營造了良好的輿論氛圍。當時出版之《湖北商務報》發表大量有份量的評論文章和茶商們的建策，一時間整頓茶務、除弊振新的呼聲甚囂漢皋。

〔註 47〕張之洞：《購茶運俄試銷有效擬仍相機酌辦摺》，光緒二十三年正月十二日，《張之洞全集》卷 45《奏議四十五》。

結　語

通過對清代兩湖茶業的系統梳理，可以獲得如下結論：

第一，作爲中國傳統的茶產區，兩湖茶業自唐宋以降，經歷了曲折的發展歷程。唐代，兩湖茶在全國享有盛譽，諸多名品見諸文獻。尤其是，陸羽的《茶經》開啓中國茶葉著述之先河，成爲中國茶葉史的經典。這部茶書也使兩湖茶業平添無上風采。宋代，實行所謂六務十三場之制，兩湖地區佔據顯赫位置，成爲全國茶業的重鎮。元代，兩湖茶業略顯平淡，但亦有榷茶提舉司之設。明代茶馬貿易，兩湖茶於其中扮演重要角色。清代，兩湖茶業進入穩步增長階段。迨至五口通商，尤其是漢口開埠後，兩湖茶業達致頂峰。入民國後，兩湖茶業步入低谷。

第二，適宜的自然環境爲兩湖茶業的發展創造了良好條件，諸多州縣成爲重要茶區。其中，湖南安化、湖北羊樓洞堪稱兩湖茶業的樣板之區。前者的紅茶，後者的磚茶，均成爲清代兩湖茶業的大宗商品，影響所及，達於寰宇。

第三，清代，兩湖茶葉品種齊全，概有綠茶、紅茶、磚茶、黑茶、白茶諸名目，類別繁多。如果加上外來之茶，則更加可觀。其中，紅茶、磚茶在晚清異軍突起，成爲左右兩湖茶業的兩大支柱性產品。在茶葉種植、焙製方面，兩湖茶業也積累了相當的知識、經驗和技術，足爲後來者借鑒。

第四，在商品流通領域，清代前期的邊茶貿易和後期的對外貿易，均是推動兩湖茶業持續增長的重要因素。尤其是晚清時期，國際市場的巨大需求最大限度地刺激了兩湖茶業的生產和銷售，實現了產業的結構性調整，極大地改變了園戶及商人們的生存狀況。與國際市場的接軌，使兩湖茶業的利益

與風險係數均大於以往。

第五，漢口闢爲通商口岸，是兩湖茶業發展的轉捩點。漢口一躍而爲全國最大茶市，成爲晚清中國茶葉出口的最重要基地。職是之故，茶葉成爲漢口進出口貿易的最大宗商品。與此同時，兩湖地區形成了以漢口爲中心市場，擁有諸多茶業市鎮的龐大市場體系。作爲傳統的商品集散地，漢口的商業地位及特色更加凸顯。

第六，茶稅是傳統雜稅之一種，始自唐代。宋代實行茶引制，按引徵解商稅，中國茶稅徵收步入制度化軌道。元明清各朝沿用之，雖有變易，不改其宗。兩湖地區按引納課，由來有自。清代，湖南、湖北均頒引二百有餘，各茶區按章辦理。咸豐朝因軍需所迫，驟興釐金，兩湖是產茶大區，以故茶釐是重中之重。茶釐之徵，充實了地方藩司府庫，是晚清重要的開源舉措，但也因其繁複，於商務弊大於利，終爲人所詬病。

第七，因茶務之盛，兩湖茶商云集，既有省內外之分，也有國內外之別。漢口洋行數以百計，晉商、粵商、徽商互較短長。晚清時期的兩湖，竟有如此多採製茶葉的商幫，這在歷史上可謂空前。不僅如此，躋身兩湖的中外茶商也擁有相當的茶業資本，他們或開工廠，以機器製茶；或置身於流通領域，深入茶區，大量採購茶葉以外銷。同鹽商一樣，那些資金充裕的大茶商，是當時漢口商界最有聲勢的人物。

第八，清末，由於印度等國茶葉的崛起，華茶在國際市場受挫，連累兩湖茶業。加之傳統茶業的痼疾，益發雪上加霜。時任湖廣總督的張之洞以務實作風，針對時弊，改革茶業，提出了一系列切合實際的措施。由於茶民、茶商因襲故套，不思進取，沒有獲得如期成效。此番情形，令人省思。

參考文獻

一、歷史文獻

1. 中國第一歷史檔案館編：《清代檔案史料叢編》第 10 輯，中華書局 1984 年版。

2. 中國第一歷史檔案館編：《道光年間茶課史料》，《歷史檔案》1998 年第 2 期。

3. 中國第一歷史檔案館編：《道光年間茶課史料續編》，《歷史檔案》1998 年第 3 期。

4. 《清實錄》，中華書局 1986～1987 年版。

5. 《世宗憲皇帝硃批諭旨》，《四庫全書》本。

6. 乾隆《欽定大清會典》，《四庫全書》本。

7. 乾隆《欽定大清會典則例》，《四庫全書》本。

8. 光緒《欽定大清會典》，新文豐出版公司 1976 年版。

9. 光緒《欽定大清會典事例》，清光緒三十四年（1908）石印本。

10. 《文獻通考》，萬有文庫本，浙江古籍出版社 2000 年版。

11. 《清朝文獻通考》，萬有文庫本，浙江古籍出版社 2000 年版。

12. 《清朝續文獻通考》，萬有文庫本，浙江古籍出版社 2000 年版。

13. 《清朝通志》，萬有文庫本，浙江古籍出版社 2000 年版。

14. 《清朝通典》，萬有文庫本，浙江古籍出版社 2000 年版。

15. 《清史稿》，中華書局 1998 年版。

16. 嘉靖《大冶縣志》，明嘉靖十九年（1540）刻本。江蘇古籍出版社編選：《中國地方志集成》，江蘇古籍出版社 2002 年版。

17. 弘治《衡山縣志》，明弘治元年（1488）刻本。江蘇古籍出版社編選：《中國地方志集成》，江蘇古籍出版社 2002 年版。

18. 嘉靖《羅田縣志》，明嘉靖二十二年（1543）刻本。江蘇古籍出版社編選：《中國地方志集成》，江蘇古籍出版社 2002 年版。

19. 嘉靖《湘陰縣志》，明嘉靖四十四年（1565）增刻本。中國科學院圖書館選編：《稀見中國地方志彙刊》，中國書店 1992 年版。

20. 隆慶《寶慶府志》，明隆慶元年（1567）刻本。中國科學院圖書館選編：《稀見中國地方志彙刊》，中國書店 1992 年版。

21. 萬曆《慈利縣志》，明萬曆年間刻本。《天一閣藏明代方志選刊》，上海古籍書店 1964 年版。

22. 萬曆《襄陽府志》，明萬曆年間刻本。中國科學院圖書館選編：《稀見中國地方志彙刊》，中國書店 1992 年版。

23. 順治《江陵志餘》，清順治七年（1650）刻本。江蘇古籍出版社編選：《中國地方志集成》，江蘇古籍出版社 2002 年版。

24. 康熙《武岡州志》，清康熙二年（1663）刻本。江蘇古籍出版社編選：《中國地方志集成》，江蘇古籍出版社 2002 年版。

25. 康熙《蘄州志》，清康熙三年（1664）刻本。國家圖書館分館編：《清代孤本方志選》，線裝書局 2001 年版。

26. 康熙《廣濟縣志》，清康熙三年（1664）刻本。江蘇古籍出版社編選：《中國地方志集成》，江蘇古籍出版社 2002 年版。

27. 康熙《通山縣志》，清康熙四年（1665）刻本。國家圖書館分館編：《清代孤本方志選》，線裝書局 2001 年版。

28. 康熙《安陸府志》，清康熙八年（1669）刻本。江蘇古籍出版社編選：《中國地方志集成》，江蘇古籍出版社 2002 年版。

29. 康熙《永州府志》，清康熙九年（1670）刻本。《日本藏中國罕見地方志叢刊》，書目文獻出版社 1992 年版。

30. 康熙《鼎修常德府志》，清康熙九年（1670）刻本。

31. 康熙《湘鄉縣志》，清康熙十二年（1673）刻本。江蘇古籍出版社編選：《中國地方志集成》，江蘇古籍出版社 2002 年版。

32. 康熙《應山縣志》，清康熙十二年（1673）刻本。江蘇古籍出版社編選：《中國地方志集成》，江蘇古籍出版社 2002 年版。

33. 康熙《京山縣志》，清康熙十二年（1673）刻本。江蘇古籍出版社編選：《中國地方志集成》，江蘇古籍出版社 2002 年版。

34. 康熙《孝感縣志》，清康熙十二年（1673）刻本。國家圖書館分館編：《清代孤本方志選》，線裝書局 2001 年版。

35. 康熙《武昌縣志》，清康熙十三年（1674）刻本。國家圖書館分館編：《清代孤本方志選》，線裝書局 2001 年版。

36. 康熙《衡州府志》，清康熙二十一年（1682）刻本。北京圖書館古籍出版編輯組：《北京圖書館古籍珍本叢刊》，書目文獻出版社 1988 年版。

37. 康熙《邵陽縣志》，清康熙二十三年（1684）刻本。中國科學院圖書館選編：《稀見中國地方志彙刊》，中國書店 1992 年版。

38. 康熙《靖州志》，清康熙二十三年（1684）刻本。江蘇古籍出版社編選：《中國地方志集成》，江蘇古籍出版社 2002 年版。

39. 康熙《寶慶府志》，清康熙二十三年（1684）刻本。北京圖書館古籍出版編輯組：《北京圖書館古籍珍本叢刊》，書目文獻出版社 1988 年版。

40. 康熙《零陵縣志》，清康熙二十三年（1684）刻本。江蘇古籍出版社編選：《中國地方志集成》，江蘇古籍出版社 2002 年版。

41. 康熙《湖廣通志》，清康熙二十三年（1684）刻本。

42. 康熙《麻陽縣志》，清康熙二十四年（1685）刻本。《日本藏中國罕見地方志叢刊》，書目文獻出版社 1992 年版。

43. 康熙《荊州府志》，清康熙二十四年（1685）刻本。江蘇古籍出版社編選：《中國地方志集成》，江蘇古籍出版社 2002 年版。

44. 康熙《永定衛志》，清康熙二十四年（1685）刻本。中國科學院圖書館選編：《稀見中國地方志彙刊》，中國書店 1992 年版。

45. 康熙《長沙府志》，清康熙二十四年（1685）刻本。中國科學院圖書館選編：《稀見中國地方志彙刊》，中國書店 1992 年版。

46. 康熙《岳州府志》，清康熙二十四年（1685）刻本。中國科學院圖書館選編：《稀見中國地方志彙刊》，中國書店 1992 年版。

47. 康熙《臨湘縣志》，清康熙二十四年（1685）刻本。中國科學院圖書館選編：《稀見中國地方志彙刊》，中國書店 1992 年版。

48. 康熙《湖廣郿陽府志》，清康熙二十四年（1685）刻本。

49. 康熙《湖廣武昌府志》，清康熙二十六年（1687）刻本。江蘇古籍出版社編選：《中國地方志集成》，江蘇古籍出版社 2002 年版。

50. 康熙《安鄉縣志》，清康熙二十六年（1687）刻本。《日本藏中國罕見地方志叢刊》，書目文獻出版社 1992 年版。

51. 康熙《永川府志》，清康熙三十三年（1694）刻本。江蘇古籍出版社編選：《中國地方志集成》，江蘇古籍出版社 2002 年版。

52. 康熙《潛江縣志》，清康熙三十三年（1694）刻本。江蘇古籍出版社編選：《中國地方志集成》，江蘇古籍出版社 2002 年版。

53. 康熙《郴州總志》，清康熙三十四年（1695）刻本。

54. 康熙《長沙縣志》，清康熙四十二年（1703）刻本。

55. 康熙《永明縣志》，清康熙四十八年（1709）刻本。江蘇古籍出版社編選：

《中國地方志集成》，江蘇古籍出版社 2002 年版。

56. 康熙《耒陽縣志》，清康熙五十五年（1716）刻本。江蘇古籍出版社編選：《中國地方志集成》，江蘇古籍出版社 2002 年版。

57. 雍正《湖廣通志》，清雍正十一年（1733）刻本。

58. 雍正《黔陽縣志》，清雍正十一年（1733）增刻本。江蘇古籍出版社編選：《中國地方志集成》，江蘇古籍出版社 2002 年版。

59. 乾隆《岳州府志》，清乾隆元年（1736）刻本。江蘇古籍出版社編選：《中國地方志集成》，江蘇古籍出版社 2002 年版。

60. 乾隆《長沙府志》，清乾隆十二年（1747）刻本。江蘇古籍出版社編選：《中國地方志集成》，江蘇古籍出版社 2002 年版。

61. 乾隆《善化縣志》，清乾隆十二年（1747）刻本。

62. 乾隆《漢陽府志》，清乾隆十二年（1747）刻本。江蘇古籍出版社編選：《中國地方志集成》，江蘇古籍出版社 2002 年版。

63. 乾隆《長沙縣志續集》，清乾隆十二年（1747）刻本。

64. 乾隆《漢陽縣志》，清乾隆十三年（1748）刻本。

65. 乾隆《荊門州志》，清乾隆十九年（1754）宗陸堂刻本。江蘇古籍出版社編選：《中國地方志集成》，江蘇古籍出版社 2002 年版。

66. 乾隆《平江縣志》，清乾隆二十年（1755）增刻本。江蘇古籍出版社編選：《中國地方志集成》，江蘇古籍出版社 2002 年版。

67. 乾隆《湖南通志》，清乾隆二十二年（1757）刻本。

68. 乾隆《沅州府志》，清乾隆二十二年（1757）刻本。中國科學院圖書館選編：《稀見中國地方志彙刊》，中國書店 1992 年版。

69. 乾隆《荊州府志》，清乾隆二十二年（1757）刻本。

70. 乾隆《黃岡縣志》，清乾隆二十四年（1759）刻本。江蘇古籍出版社編選：《中國地方志集成》，江蘇古籍出版社 2002 年版。

71. 乾隆《襄陽府志》，清乾隆二十五年（1760）刻本。

72. 乾隆《衡陽縣志》，清乾隆二十六年（1761）刻本。江蘇古籍出版社編選：《中國地方志集成》，江蘇古籍出版社 2002 年版。

73. 乾隆《棗陽縣志》，清乾隆二十七年（1762）刻本。江蘇古籍出版社編選：《中國地方志集成》，江蘇古籍出版社 2002 年版。

74. 乾隆《永興縣志》，清乾隆二十七年（1762）刻本。江蘇古籍出版社編選：《中國地方志集成》，江蘇古籍出版社 2002 年版。

75. 乾隆《衡州府志》，清乾隆二十八年（1763）刻本。江蘇古籍出版社編選：《中國地方志集成》，江蘇古籍出版社 2002 年版。

76. 乾隆《武昌縣志》，清乾隆二十八年（1763）刻本。江蘇古籍出版社編選：

《中國地方志集成》，江蘇古籍出版社 2002 年版。

77. 乾隆《清泉縣志》，清乾隆二十八年（1763）刻本。江蘇古籍出版社編選：《中國地方志集成》，江蘇古籍出版社 2002 年版。

78. 乾隆《東湖縣志》，清乾隆二十八年（1763）刻本。江蘇古籍出版社編選：《中國地方志集成》，江蘇古籍出版社 2002 年版。

79. 乾隆《辰州府志》，清乾隆三十年（1765）刻本。江蘇古籍出版社編選：《中國地方志集成》，江蘇古籍出版社 2002 年版。

80. 乾隆《祁陽縣志》，清乾隆三十年（1765）刻本。江蘇古籍出版社編選：《中國地方志集成》，江蘇古籍出版社 2002 年版。

81. 乾隆《浯溪新志》，清乾隆三十五年（1770）刻本。江蘇古籍出版社編選：《中國地方志集成》，江蘇古籍出版社 2002 年版。

82. 乾隆《續增城步縣志》，清乾隆五十年（1785）刻本。《日本藏中國罕見地方志叢刊》，書目文獻出版社 1992 年版。

83. 乾隆《重修嘉魚縣志》，清乾隆五十五年（1790）刻本。

84. 乾隆《永順縣志》，清乾隆五十八年（1793）刻本。江蘇古籍出版社編選：《中國地方志集成》，江蘇古籍出版社 2002 年版。

85. 乾隆《江陵縣志》，清乾隆五十九年（1794）刻本。

86. 乾隆《鍾祥縣志》，清乾隆六十年（1795）刻本。江蘇古籍出版社編選：《中國地方志集成》，江蘇古籍出版社 2002 年版。

87. 乾隆《乾州志》，清乾隆年間刻本。中國科學院圖書館選編：《稀見中國地方志彙刊》，中國書店 1992 年版。

88. 乾隆《桂陽縣志》，清嘉慶七年（1802）吳乘時增刻本。江蘇古籍出版社編選：《中國地方志集成》，江蘇古籍出版社 2002 年版。

89. 乾隆《安鄉縣志》，清光緒六年（1880）盛廉補刻本。江蘇古籍出版社編選：《中國地方志集成》，江蘇古籍出版社 2002 年版。

90. 乾隆《天門縣志》，民國十一年（1922）石印本。江蘇古籍出版社編選：《中國地方志集成》，江蘇古籍出版社 2002 年版。

91. 嘉慶《巴陵縣志》，清嘉慶九年（1804）刻本。

92. 嘉慶《湖北通志》，清嘉慶九年（1804）刻本。

93. 嘉慶《荊門直隸州志》，清嘉慶十四年（1809）刻本。江蘇古籍出版社編選：《中國地方志集成》，江蘇古籍出版社 2002 年版。

94. 嘉慶《沅江縣志》，清嘉慶十五年（1810）刻本。江蘇古籍出版社編選：《中國地方志集成》，江蘇古籍出版社 2002 年版。

95. 嘉慶《安化縣志》，清嘉慶十六年（1811）刻本。

96. 嘉慶《新田縣志》，清嘉慶十七年（1812）刻本。江蘇古籍出版社編選：

《中國地方志集成》，江蘇古籍出版社 2002 年版。

97. 嘉慶《茶陵州志》，清嘉慶十八年（1813）刻本。中國科學院圖書館選編：《稀見中國地方志彙刊》，中國書店 1992 年版。

98. 嘉慶《常德府志》，清嘉慶十八年（1813）刻本。江蘇古籍出版社編選：《中國地方志集成》，江蘇古籍出版社 2002 年版。

99. 嘉慶《龍陽縣志》，清嘉慶十八年（1813）刻本。

100. 嘉慶《寧鄉縣志》，清嘉慶二十一年（1816）刻本。

101. 嘉慶《長沙縣志》，清嘉慶二十二年（1817）增刻本。

102. 嘉慶《武岡州志》，清嘉慶二十二年（1817）刻本。

103. 嘉慶《桂東縣志》，清嘉慶二十二年（1817）刻本。

104. 嘉慶《重修慈利縣志》，清嘉慶二十二年（1817）刻本。

105. 嘉慶《龍山縣志》，清嘉慶二十三年（1818）刻本。

106. 嘉慶《善化縣志》，清嘉慶二十三年（1818）刻本。

107. 嘉慶《石門縣志》，清嘉慶二十三年（1818）刻本。江蘇古籍出版社編選：《中國地方志集成》，江蘇古籍出版社 2002 年版。

108. 嘉慶《安仁縣志》，清嘉慶二十四年（1819）刻本。江蘇古籍出版社編選：《中國地方志集成》，江蘇古籍出版社 2002 年版。

109. 嘉慶《湖南通志》，清嘉慶二十五年（1820）刻本。

110. 嘉慶《邵陽縣志》，清嘉慶二十五年（1820）刻本。

111. 嘉慶《益陽縣志》，清嘉慶二十五年（1820）刻本。

112. 嘉慶《彬州總志》，清嘉慶二十五年（1820）刻本。江蘇古籍出版社編選：《中國地方志集成》，江蘇古籍出版社 2002 年版。

113. 嘉慶《宜章縣志》，清嘉慶間刻本。中國科學院圖書館選編：《稀見中國地方志彙刊》，中國書店 1992 年版。

114. 嘉慶《永定縣志》，清道光三年（1823）刻本。江蘇古籍出版社編選：《中國地方志集成》，江蘇古籍出版社 2002 年版。

115. 嘉慶《湖北通志未成稿》，民國十一年（1922）《章氏遺書》本。

116. 嘉慶《湖北通志檢存稿》，民國十一年（1922）《章氏遺書》本。

117. 嘉慶《通道縣志》，民國二十年（1931）石印本。江蘇古籍出版社編選：《中國地方志集成》，江蘇古籍出版社 2002 年版。

118. 道光《桃源縣志》，清道光元年（1821）刻本。

119. 道光《辰溪縣志》，清道光元年（1821）刻本。江蘇古籍出版社編選：《中國地方志集成》，江蘇古籍出版社 2002 年版。

120. 道光《鶴峰州志》，清道光二年（1822）刻本。江蘇古籍出版社編選：《中

國地方志集成》，江蘇古籍出版社 2002 年版。

121. 道光《衡山縣志》，清道光三年（1823）增刻本。

122. 道光《鳳凰廳志》，清道光四年（1824）刻本。江蘇古籍出版社編選：《中國地方志集成》，江蘇古籍出版社 2002 年版。

123. 道光《晃州廳志》，清道光五年（1825）刻本。

124. 道光《耒陽縣志》，清道光六年（1826）刻本。江蘇古籍出版社編選：《中國地方志集成》，江蘇古籍出版社 2002 年版。

125. 道光《永州府志》，清道光八年（1828）刻本。江蘇古籍出版社編選：《中國地方志集成》，江蘇古籍出版社 2002 年版。

126. 道光《新化縣志》，清道光十二年（1832）刻本。江蘇古籍出版社編選：《中國地方志集成》，江蘇古籍出版社 2002 年版。

127. 道光《蒲圻縣志》，清道光十六年（1836）刻本。

128. 道光《安陸縣志》，清道光二十三年（1843）刻本。江蘇古籍出版社編選：《中國地方志集成》，江蘇古籍出版社 2002 年版。

129. 道光《寶慶府志》，清道光二十九年（1849）刻本。江蘇古籍出版社編選：《中國地方志集成》，江蘇古籍出版社 2002 年版。

130. 同治《宣恩縣志》，清同治二年（1863）刻本。江蘇古籍出版社編選：《中國地方志集成》，江蘇古籍出版社 2002 年版。

131. 同治《武陵縣志》，清同治二年（1863）刻本。江蘇古籍出版社編選：《中國地方志集成》，江蘇古籍出版社 2002 年版。

132. 同治《嘉禾縣志》，清同治二年（1863）刻本。江蘇古籍出版社編選：《中國地方志集成》，江蘇古籍出版社 2002 年版。

133. 同治《續修東湖縣志》，清同治三年（1864）刻本。江蘇古籍出版社編選：《中國地方志集成》，江蘇古籍出版社 2002 年版。

134. 同治《恩施縣志》，清同治三年（1864）麟溪書院刻本。江蘇古籍出版社編選：《中國地方志集成》，江蘇古籍出版社 2002 年版。

135. 同治《咸豐縣志》，清同治四年（1865）刻本。江蘇古籍出版社編選：《中國地方志集成》，江蘇古籍出版社 2002 年版。

136. 同治《竹山縣志》，清同治四年（1865）刻本。江蘇古籍出版社編選：《中國地方志集成》，江蘇古籍出版社 2002 年版。

137. 同治《房縣志》，清同治四年（1865）刻本。江蘇古籍出版社編選：《中國地方志集成》，江蘇古籍出版社 2002 年版。

138. 同治《利川縣志稿》，清同治四年（1865）刻本。

139. 同治《石首縣志》，清同治五年（1866）刻本。江蘇古籍出版社編選：《中國地方志集成》，江蘇古籍出版社 2002 年版。

140. 同治《長陽縣志》，清同治五年（1866）刻本。江蘇古籍出版社編選：《中國地方志集成》，江蘇古籍出版社 2002 年版。

141. 同治《建始縣志》，清同治五年（1866）刻本。江蘇古籍出版社編選：《中國地方志集成》，江蘇古籍出版社 2002 年版。

142. 同治《枝江縣志》，清同治五年（1866）刻本。江蘇古籍出版社編選：《中國地方志集成》，江蘇古籍出版社 2002 年版。

143. 同治《保康縣志》，清同治五年（1866）刻本。江蘇古籍出版社編選：《中國地方志集成》，江蘇古籍出版社 2002 年版。

144. 同治《鄖西縣志》，清同治五年（1866）刻本。江蘇古籍出版社編選：《中國地方志集成》，江蘇古籍出版社 2002 年版。

145. 同治《鄖縣志》，清同治五年（1866）刻本。江蘇古籍出版社編選：《中國地方志集成》，江蘇古籍出版社 2002 年版。

146. 同治《來鳳縣志》，清同治五年（1866）刻本。江蘇古籍出版社編選：《中國地方志集成》，江蘇古籍出版社 2002 年版。

147. 同治《宜都縣志》，清同治五年（1866）刻本。江蘇古籍出版社編選：《中國地方志集成》，江蘇古籍出版社 2002 年版。

148. 同治《當陽縣志》，清同治五年（1866）刻本。江蘇古籍出版社編選：《中國地方志集成》，江蘇古籍出版社 2002 年版。

149. 同治《遠安縣志》，清同治五年（1866）刻本。江蘇古籍出版社編選：《中國地方志集成》，江蘇古籍出版社 2002 年版。

150. 同治《重修嘉魚縣志》，清同治五年（1865）刻本。

151. 同治《蒲圻縣志》，清同治五年（1865）刻本。

152. 同治《咸寧縣志》，清同治五年（1866）刻本。江蘇古籍出版社編選：《中國地方志集成》，江蘇古籍出版社 2002 年版。

153. 同治《崇陽縣志》，清同治五年（1866）活字本。江蘇古籍出版社編選：《中國地方志集成》，江蘇古籍出版社 2002 年版。

154. 同治《宜昌府志》，清同治五年（1866）刻本。江蘇古籍出版社編選：《中國地方志集成》，江蘇古籍出版社 2002 年版。

155. 同治《巴東縣志》，清同治五年（1866）刻本。江蘇古籍出版社編選：《中國地方志集成》，江蘇古籍出版社 2002 年版。

156. 同治《宜城縣志》，清同治五年（1866）刻本。江蘇古籍出版社編選：《中國地方志集成》，江蘇古籍出版社 2002 年版。

157. 同治《桂東縣志》，清同治五年（1866）刻本。江蘇古籍出版社編選：《中國地方志集成》，江蘇古籍出版社 2002 年版。

158. 同治《續修寧鄉縣志》，清同治六年（1867）刻本。

159. 同治《大冶縣志》，清同治六年（1867）刻本。江蘇古籍出版社編選：《中國地方志集成》，江蘇古籍出版社 2002 年版。

160. 同治《通城縣志》，清同治六年（1867）活字本。江蘇古籍出版社編選：《中國地方志集成》，江蘇古籍出版社 2002 年版。

161. 同治《綏寧縣志》，清同治六年（1867）刻本。江蘇古籍出版社編選：《中國地方志集成》，江蘇古籍出版社 2002 年版。

162. 同治《鍾祥縣志》，清同治六年（1867）刻本。江蘇古籍出版社編選：《中國地方志集成》，江蘇古籍出版社 2002 年版。

163. 同治《竹溪縣志》，清同治六年（1867）刻本。江蘇古籍出版社編選：《中國地方志集成》，江蘇古籍出版社 2002 年版。

164. 同治《穀城縣志》，清同治六年（1867）刻本。江蘇古籍出版社編選：《中國地方志集成》，江蘇古籍出版社 2002 年版。

165. 同治《桂陽縣志》，清同治六年（1867）刻本。江蘇古籍出版社編選：《中國地方志集成》，江蘇古籍出版社 2002 年版。

166. 同治《臨武縣志》，清同治六年（1867）增刻本。江蘇古籍出版社編選：《中國地方志集成》，江蘇古籍出版社 2002 年版。

167. 同治《續修鶴峰州志》，清同治六年（1867）刻本。江蘇古籍出版社編選：《中國地方志集成》，江蘇古籍出版社 2002 年版。

168. 同治《續輯漢陽縣志》，清同治七年（1868）刻本。

169. 同治《通山縣志》，清同治七年（1868）心田局活字本。

170. 同治《荊門直隸州志》，清同治七年（1868）明倫堂刻本。

171. 同治《桂陽直隸州志》，清同治七年（1868）刻本。江蘇古籍出版社編選：《中國地方志集成》，江蘇古籍出版社 2002 年版。

172. 同治《江夏縣志》，清同治八年（1869）刻本。

173. 同治《清泉縣志》，清同治八年（1869）刻本。江蘇古籍出版社編選：《中國地方志集成》，江蘇古籍出版社 2002 年版。

174. 同治《衡陽縣志》，清同治八年（1869）刻本。江蘇古籍出版社編選：《中國地方志集成》，江蘇古籍出版社 2002 年版。

175. 同治《隨州志》，清同治八年（1869）刻本。江蘇古籍出版社編選：《中國地方志集成》，江蘇古籍出版社 2002 年版。

176. 同治《續修永定縣志》，清同治八年（1869）刻本。江蘇古籍出版社編選：《中國地方志集成》，江蘇古籍出版社 2002 年版。

177. 同治《安仁縣志》，清同治八年（1869）刻本。江蘇古籍出版社編選：《中國地方志集成》，江蘇古籍出版社 2002 年版。

178. 同治《直隸澧州志》，清同治八年（1869）刻本。江蘇古籍出版社編選：

《中國地方志集成》，江蘇古籍出版社 2002 年版。

179. 同治《安福縣志》，清同治八年（1869）刻本。江蘇古籍出版社編選：《中國地方志集成》，江蘇古籍出版社 2002 年版。

180. 同治《松滋縣志》，清同治八年（1869）刻本。江蘇古籍出版社編選：《中國地方志集成》，江蘇古籍出版社 2002 年版。

181. 同治《醴陵縣志》，清同治九年（1870）刻本。

182. 同治《芷江縣志》，清同治九年（1870）刻本。江蘇古籍出版社編選：《中國地方志集成》，江蘇古籍出版社 2002 年版。

183. 同治《江華縣志》，清同治九年（1870）刻本。江蘇古籍出版社編選：《中國地方志集成》，江蘇古籍出版社 2002 年版。

184. 同治《鄖陽志》，清同治九年（1870）鄖山書院刻本。江蘇古籍出版社編選：《中國地方志集成》，江蘇古籍出版社 2002 年版。

185. 同治《常寧縣志》，清同治九年（1870）右文書局刻本。江蘇古籍出版社編選：《中國地方志集成》，江蘇古籍出版社 2002 年版。

186. 同治《長沙縣志》，清同治十年（1871）刻本。江蘇古籍出版社編選：《中國地方志集成》，江蘇古籍出版社 2002 年版。

187. 同治《應山縣志》，清同治十年（1871）刻本。江蘇古籍出版社編選：《中國地方志集成》，江蘇古籍出版社 2002 年版。

188. 同治《黃陂縣志》，清同治十年（1871）刻本。江蘇古籍出版社編選：《中國地方志集成》，江蘇古籍出版社 2002 年版。

189. 同治《安化縣志》，清同治十年（1871）刻本。江蘇古籍出版社編選：《中國地方志集成》，江蘇古籍出版社 2002 年版。

190. 同治《攸縣志》，清同治十年（1871）刻本。江蘇古籍出版社編選：《中國地方志集成》，江蘇古籍出版社 2002 年版。

191. 同治《保靖縣志》，清同治十年（1871）刻本。江蘇古籍出版社編選：《中國地方志集成》，江蘇古籍出版社 2002 年版。

192. 同治《增修施南府志》，清同治十年（1871）刻本。江蘇古籍出版社編選：《中國地方志集成》，江蘇古籍出版社 2002 年版。

193. 同治《監利縣志》，清同治十一年（1872）刻本。江蘇古籍出版社編選：《中國地方志集成》，江蘇古籍出版社 2002 年版。

194. 同治《巴陵縣志》，清同治十一年（1872）刻本。

195. 同治《廣濟縣志》，清同治十一年（1872）活字本。江蘇古籍出版社編選：《中國地方志集成》，江蘇古籍出版社 2002 年版。

196. 同治《臨湘縣志》，清同治十一年（1872）刻本。

197. 同治《桑植縣志》，清同治十一年（1872）刻本。江蘇古籍出版社編選：

《中國地方志集成》，江蘇古籍出版社 2002 年版。

198. 同治《安陸縣志補》，清同治十一年（1872）刻本。江蘇古籍出版社編選：《中國地方志集成》，江蘇古籍出版社 2002 年版。

199. 同治《新化縣志》，清同治十一年（1872）刻本。江蘇古籍出版社編選：《中國地方志集成》，江蘇古籍出版社 2002 年版。

200. 同治《漵浦縣志》，清同治十二年（1873）刻本。

201. 同治《沅州府志》，清同治十二年（1873）增刻本。江蘇古籍出版社編選：《中國地方志集成》，江蘇古籍出版社 2002 年版。

202. 同治《漢川縣志》，清同治十二年（1873）刻本。

203. 同治《瀏陽縣志》，清同治十二年（1873）刻本。江蘇古籍出版社編選：《中國地方志集成》，江蘇古籍出版社 2002 年版。

204. 同治《武岡州志》，清同治十二年（1873）刻本。江蘇古籍出版社編選：《中國地方志集成》，江蘇古籍出版社 2002 年版。

205. 同治《鄞縣志》，清同治十二年（1873）刻本。江蘇古籍出版社編選：《中國地方志集成》，江蘇古籍出版社 2002 年版。

206. 同治《沅陵縣志》，清同治十二年（1873）刻本。江蘇古籍出版社編選：《中國地方志集成》，江蘇古籍出版社 2002 年版。

207. 同治《永順府志》，清同治十二年（1873）增刻乾隆本。江蘇古籍出版社編選：《中國地方志集成》，江蘇古籍出版社 2002 年版。

208. 同治《公安縣志》，清同治十三年（1874）刻本。江蘇古籍出版社編選：《中國地方志集成》，江蘇古籍出版社 2002 年版。

209. 同治《平江縣志》，清同治十三年（1874）刻本。江蘇古籍出版社編選：《中國地方志集成》，江蘇古籍出版社 2002 年版。

210. 同治《黔陽縣志》，清同治十三年（1874）刻本。江蘇古籍出版社編選：《中國地方志集成》，江蘇古籍出版社 2002 年版。

211. 同治《襄陽縣志》，清同治十三年（1874）刻本。江蘇古籍出版社編選：《中國地方志集成》，江蘇古籍出版社 2002 年版。

212. 同治《湘鄉縣志》，清同治十三年（1874）刻本。江蘇古籍出版社編選：《中國地方志集成》，江蘇古籍出版社 2002 年版。

213. 同治《新修麻陽縣志》，清同治十三年（1874）刻本。江蘇古籍出版社編選：《中國地方志集成》，江蘇古籍出版社 2002 年版。

214. 同治《益陽縣志》，清同治十三年（1874）刻本。江蘇古籍出版社編選：《中國地方志集成》，江蘇古籍出版社 2002 年版。

215. 光緒《衡山縣志》，清光緒元年（1875）刻本。江蘇古籍出版社編選：《中國地方志集成》，江蘇古籍出版社 2002 年版。

216. 光緒《重修龍陽縣志》，清光緒元年（1875）刻本。

217. 光緒《興寧縣志》，清光緒元年（1875）刻本。江蘇古籍出版社編選：《中國地方志集成》，江蘇古籍出版社2002年版。

218. 光緒《長樂縣志》，清光緒元年（1875）增刻本。江蘇古籍出版社編選：《中國地方志集成》，江蘇古籍出版社2002年版。

219. 光緒《零陵縣志》，清光緒二年（1876）刻本。江蘇古籍出版社編選：《中國地方志集成》，江蘇古籍出版社2002年版。

220. 光緒《羅田縣志》，清光緒二年（1876）刻本。江蘇古籍出版社編選：《中國地方志集成》，江蘇古籍出版社2002年版。

221. 光緒《黃梅縣志》，清光緒二年（1876）刻本。江蘇古籍出版社編選：《中國地方志集成》，江蘇古籍出版社2002年版。

222. 光緒《會同縣志》，清光緒二年（1876）刻本。江蘇古籍出版社編選：《中國地方志集成》，江蘇古籍出版社2002年版。

223. 光緒《寧遠縣志》，清光緒二年（1876）崇正書院刻本。江蘇古籍出版社編選：《中國地方志集成》，江蘇古籍出版社2002年版。

224. 光緒《邵陽縣志》，清光緒二年（1876）刻本。江蘇古籍出版社編選：《中國地方志集成》，江蘇古籍出版社2002年版。

225. 光緒《善化縣志》，清光緒三年（1877）刻本。江蘇古籍出版社編選：《中國地方志集成》，江蘇古籍出版社2002年版。

226. 光緒《乾州廳志》，清光緒三年（1877）增刻本。江蘇古籍出版社編選：《中國地方志集成》，江蘇古籍出版社2002年版。

227. 光緒《續修江陵縣志》，清光緒三年（1877）賓興館刻本。

228. 光緒《道州志》，清光緒四年（1878）刻本。江蘇古籍出版社編選：《中國地方志集成》，江蘇古籍出版社2002年版。

229. 光緒《龍山縣志》，清同治七年（1868）修，光緒四年（1878）續修刻本。江蘇古籍出版社編選：《中國地方志集成》，江蘇古籍出版社2002年版。

230. 光緒《潛江縣志續》，清光緒五年（1879）傳經書院刻本。江蘇古籍出版社編選：《中國地方志集成》，江蘇古籍出版社2002年版。

231. 光緒《靖州直隸州志》，清光緒五年（1879）刻本。江蘇古籍出版社編選：《中國地方志集成》，江蘇古籍出版社2002年版。

232. 光緒《湘陰縣圖志》，清光緒六年（1880）縣志局刻本。江蘇古籍出版社編選：《中國地方志集成》，江蘇古籍出版社2002年版。

233. 光緒《蘄水縣志》，清光緒六年（1880）刻本。江蘇古籍出版社編選：《中國地方志集成》，江蘇古籍出版社2002年版。

234. 光緒《荊州府志》，清光緒六年（1880）刻本。江蘇古籍出版社編選：《中

國地方志集成》，江蘇古籍出版社 2002 年版。

235. 光緒《歸州志》，清光緒八年（1882）刻本。江蘇古籍出版社編選：《中國地方志集成》，江蘇古籍出版社 2002 年版。

236. 光緒《蘄州志》，清光緒八年（1882）麟山書院刻本。江蘇古籍出版社編選：《中國地方志集成》，江蘇古籍出版社 2002 年版。

237. 光緒《黃岡縣志》，清光緒八年（1882）刻本。江蘇古籍出版社編選：《中國地方志集成》，江蘇古籍出版社 2002 年版。

238. 光緒《黃安縣志》，清光緒八年（1882）刻本。江蘇古籍出版社編選：《中國地方志集成》，江蘇古籍出版社 2002 年版。

239. 光緒《孝感縣志》，清光緒八年（1882）刻本。江蘇古籍出版社編選：《中國地方志集成》，江蘇古籍出版社 2002 年版。

240. 光緒《宜城縣續志》，清光緒八年（1882）刻本。江蘇古籍出版社編選：《中國地方志集成》，江蘇古籍出版社 2002 年版。

241. 光緒《續輯咸寧縣志》，清光緒八年（1882）刻本。江蘇古籍出版社編選：《中國地方志集成》，江蘇古籍出版社 2002 年版。

242. 光緒《永興縣志》，清光緒九年（1883）刻本。江蘇古籍出版社編選：《中國地方志集成》，江蘇古籍出版社 2002 年版。

243. 光緒《大冶縣志續編》，清光緒十年（1884）刻本。江蘇古籍出版社編選：《中國地方志集成》，江蘇古籍出版社 2002 年版。

244. 光緒《黃州府志》，清光緒十年（1884）刻本。江蘇古籍出版社編選：《中國地方志集成》，江蘇古籍出版社 2002 年版。

245. 光緒《光化縣志》，清光緒十年（1884）刻本。江蘇古籍出版社編選：《中國地方志集成》，江蘇古籍出版社 2002 年版。

246. 光緒《續輯均州志》，清光緒十年（1884）刻本。江蘇古籍出版社編選：《中國地方志集成》，江蘇古籍出版社 2002 年版。

247. 光緒《施南府志續編》，清光緒十年（1884）施南府新舊志合編本。江蘇古籍出版社編選：《中國地方志集成》，江蘇古籍出版社 2002 年版。

248. 光緒《湖南通志》，清光緒十一年（1885）刻本。

249. 光緒《襄陽府志》，清光緒十一年（1885）刻本。江蘇古籍出版社編選：《中國地方志集成》，江蘇古籍出版社 2002 年版。

250. 光緒《耒陽縣志》，清光緒十一年（1885）刻本。江蘇古籍出版社編選：《中國地方志集成》，江蘇古籍出版社 2002 年版。

251. 光緒《興山縣志》，清光緒十一年（1885）經心書院刻本。江蘇古籍出版社編選：《中國地方志集成》，江蘇古籍出版社 2002 年版。

252. 光緒《武昌縣志》，清光緒十一年（1885）刻本。

253. 光緒《續修鶴峰州志》，清光緒十一年（1885）刻本。江蘇古籍出版社編選：《中國地方志集成》，江蘇古籍出版社 2002 年版。

254. 光緒《德安府志》，清光緒十四年（1888）刻本。江蘇古籍出版社編選：《中國地方志集成》，江蘇古籍出版社 2002 年版。

255. 光緒《當陽縣補續志》，清光緒十五年（1889）刻本。江蘇古籍出版社編選：《中國地方志集成》，江蘇古籍出版社 2002 年版。

256. 光緒《石門縣志》，清光緒十五年（1889）刻本。江蘇古籍出版社編選：《中國地方志集成》，江蘇古籍出版社 2002 年版。

257. 光緒《興國州志》，清光緒十五年（1889）富川書院刻本。江蘇古籍出版社編選：《中國地方志集成》，江蘇古籍出版社 2002 年版。

258. 光緒《巴陵縣志》，清光緒十七年（1891）刻本。江蘇古籍出版社編選：《中國地方志集成》，江蘇古籍出版社 2002 年版。

259. 光緒《桃源縣志》，清光緒十八年（1892）刻本。江蘇古籍出版社編選：《中國地方志集成》，江蘇古籍出版社 2002 年版。

260. 光緒《鳳凰廳續志》，清光緒十八年（1892）刻本。江蘇古籍出版社編選：《中國地方志集成》，江蘇古籍出版社 2002 年版。

261. 光緒《利川縣志》，清光緒二十年（1894）鍾靈書院刻本。江蘇古籍出版社編選：《中國地方志集成》，江蘇古籍出版社 2002 年版。

262. 光緒《沔陽州志》，清光緒二十年（1894）刻本。江蘇古籍出版社編選：《中國地方志集成》，江蘇古籍出版社 2002 年版。

263. 光緒《慈利縣志》，清光緒二十二年（1896）刻本。

264. 光緒《續補興國州志》，清光緒三十年（1904）刻本。

265. 光緒《耒陽縣鄉土志》，清光緒三十二年（1906）活字本。

266. 光緒《襄陽四略》，清光緒三十二年（1906）刻本。江蘇古籍出版社編選：《中國地方志集成》，江蘇古籍出版社 2002 年版。

267. 光緒《古丈坪廳志》，清光緒三十三年（1907）鉛印本。江蘇古籍出版社編選：《中國地方志集成》，江蘇古籍出版社 2002 年版。

268. 光緒《邵陽縣鄉土志》，清光緒三十三年（1907）刻本。

269. 光緒《漢陽縣識》，清光緒景賢書塾刻本。江蘇古籍出版社編選：《中國地方志集成》，江蘇古籍出版社 2002 年版。

270. 光緒《潛江縣志稿》，不詳。江蘇古籍出版社編選：《中國地方志集成》，江蘇古籍出版社 2002 年版。

271. 光緒《辰州府鄉土志》，抄本。國家圖書館分館編：《鄉土志抄稿本選編》，線裝書局 2002 年版。

272. 光緒《益陽縣鄉土志》，抄本。國家圖書館分館編：《鄉土志抄稿本選編》，

線裝書局 2002 年版。

273. 光緒《巴陵鄉土志》，抄本。國家圖書館分館編：《鄉土志抄稿本選編》，線裝書局 2002 年版。

274. 宣統《永綏廳志》，清宣統元年（1909）鉛印本。江蘇古籍出版社編選：《中國地方志集成》，江蘇古籍出版社 2002 年版。

275. 宣統《清泉縣鄉土志》，清宣統元年（1909）活字本。江蘇古籍出版社編選：《中國地方志集成》，江蘇古籍出版社 2002 年版。

276. 民國《湘鄉鄉土地理志》，抄本。國家圖書館分館編：《鄉土志抄稿本選編》，線裝書局 2002 年版。

277. （日）水野幸吉纂：《漢口》，清光緒三十四年（1908）昌明公司刊本。

278. （清）辜天祐編：《湖南鄉土地理教科書》，清宣統二年（1910）石印本。

279. （清）辜天祐編：《湖南鄉土地理參考書》，清宣統二年（1910）群益書社石印本。

280. 民國《漢口小志》，民國四年（1915）鉛印本。江蘇古籍出版社編選：《中國地方志集成》，江蘇古籍出版社 2002 年版。

281. 民國《沙市志略》，民國五年（1916）鉛印本。江蘇古籍出版社編選：《中國地方志集成》，江蘇古籍出版社 2002 年版。

282. 民國《夏口縣志》，民國九年（1920）刻本。江蘇古籍出版社編選：《中國地方志集成》，江蘇古籍出版社 2002 年版。

283. 民國《英山縣志》，民國九年（1920）活字本。江蘇古籍出版社編選：《中國地方志集成》，江蘇古籍出版社 2002 年版。

284. 民國《湖北通志》，民國十年（1921）刻本。

285. 民國《激浦縣志》，民國十年（1921）活字本。江蘇古籍出版社編選：《中國地方志集成》，江蘇古籍出版社 2002 年版。

286. 民國《南漳縣志》，民國十一年（1922）刻本。江蘇古籍出版社編選：《中國地方志集成》，江蘇古籍出版社 2002 年版。

287. 民國《慈利縣志》，民國十二年（1923）鉛印本。江蘇古籍出版社編選：《中國地方志集成》，江蘇古籍出版社 2002 年版。

288. 民國《棗陽縣志》，民國十二年（1923）鉛印本。江蘇古籍出版社編選：《中國地方志集成》，江蘇古籍出版社 2002 年版。

289. 民國《蒲圻縣鄉土志》，民國十二年（1923）蒲圻縣教育局鉛印本。

290. 民國《永順縣志》，民國十九年（1930）鉛印本。江蘇古籍出版社編選：《中國地方志集成》，江蘇古籍出版社 2002 年版。

291. 曾繼梧編：《湖南各縣調查筆記》，民國二十年（1931）鉛印本。

292. 民國《祁陽縣志》，民國二十年（1931）刻本。江蘇古籍出版社編選：《中

國地方志集成》，江蘇古籍出版社 2002 年版。

293. 民國《汝城縣志》，民國二十一年（1932）鉛印本。江蘇古籍出版社編選：《中國地方志集成》，江蘇古籍出版社 2002 年版。

294. 民國《藍山縣圖志》，民國二十一年（1932）刻本。江蘇古籍出版社編選：《中國地方志集成》，江蘇古籍出版社 2002 年版。

295. 實業部國際貿易局編：《武漢之工商業》，民國二十一年（1932）7 月。

296. 民國《麻城縣志前編》，民國二十四年（1935）鉛印本。江蘇古籍出版社編選：《中國地方志集成》，江蘇古籍出版社 2002 年版。

297. 民國《麻城縣志續編》，民國二十四年（1935）鉛印本。江蘇古籍出版社編選：《中國地方志集成》，江蘇古籍出版社 2002 年版。

298. 彭質均纂：《宜昌小志》，載《方志雙月刊》民國二十四年（1935）第 8 卷第 4～5 期。

299. 民國《寧鄉縣志》，民國三十年（1941）活字本。江蘇古籍出版社編選：《中國地方志集成》，江蘇古籍出版社 2002 年版。

300. 民國《醴陵縣志》，民國三十七年（1948）醴陵縣文獻委員會鉛印本。江蘇古籍出版社編選：《中國地方志集成》，江蘇古籍出版社 2002 年版。

301. 湖南省志編纂委員會編：《湖南省志》第 1 卷《湖南近百年大事紀述》，湖南人民出版社 1979 年版。

302. 通城縣志編纂委員會編纂：《通城縣志》，1985 年版，內部發行。

303. 中國土產畜產進出口公司湖北省茶麻分公司編：《湖北茶葉貿易志》，1985 年版，內部發行。

304. 漢陽縣志編纂委員會編纂：《漢陽縣志》，武漢出版社 1989 年版。

305. 武昌縣志編纂委員會編纂：《武昌縣志》，武漢大學出版社 1989 年版。

306. 湖北省計劃委員會編纂：《湖北省志·經濟綜述》之《湖北經濟發展與演變（1840～1985）》，1989 年版，送審稿。

307. 湖北省地方志編纂委員會編纂：《湖北省志·大事記》，湖北人民出版社 1990 年版。

308. 武漢地方志編纂委員會主編：《武漢市志·大事記》，武漢大學出版社 1990 年版。

309. 鶴峰縣史志編纂委員會編纂：《鶴峰縣志》，湖北人民出版社 1990 年版。

310. 湖北省地方志編纂委員會編纂：《湖北省志·工業志稿·機械》，武漢大學出版社 1990 年版。

311. 崇陽縣志編纂委員會編纂：《崇陽縣志》，武漢大學出版社 1991 年版。

312. 吳劍傑主編：《湖北諮議局文獻資料彙編》，武漢大學出版社 1991 年版。

313. 永州市、冷水灘市地方志聯合編纂委員會編纂：《零陵縣志》，中國社會

出版社 1992 年版。

314. 湖北省老河口市地方志編纂委員會編纂:《老河口市志》,新華出版社 1992 年版。

315. 陽新縣縣志編纂委員會編纂:《陽新縣志》,新華出版社 1993 年版。

316. 湖北省地方志編纂委員會編纂:《湖北省志·金融》,湖北人民出版社 1993 年版。

317. 嘉魚縣地方志編纂委員會編纂:《嘉魚縣志》,湖北科學技術出版社 1993 年版。

318. 邵陽縣志編纂委員會編纂:《邵陽縣志》,社會科學文獻出版社 1993 年版。

319. 五峰土家族自治縣地方志編纂委員會編纂:《五峰縣志》,中國城市出版社 1994 年版。

320. 零陵地區地方志編纂委員會編纂:《零陵地區志·商業志》,廣東省地圖出版社 1994 年版。

321. 湖北省地方志編纂委員會編纂:《湖北省志·工業》,湖北人民出版社 1995 年版。

322. 武漢地方志編纂委員會編纂:《武漢市志·社會志》,武漢大學出版社 1997 年版。

323. 益陽縣志編纂委員會編纂:《益陽縣志》,湖南人民出版社 1999 年版。

324. (唐)陸羽等撰,鮑思陶纂注:《茶典》,山東畫報出版社 2004 年版。

325. (明)王恕:《王端毅公奏議》,《四庫全書》本。

326. (清)劉獻廷纂,汪北平、夏志和標點:《廣陽雜記》,中華書局 1957 年版。

327. (清)彭心錦等纂,徐明庭輯校:《武漢竹枝詞》,湖北人民出版社 1999 年版。

328. (清)嚴如煜纂:《三省山內風土雜識》,載《叢書集成初編·黔囊錄》(及其他二種),中華書局 1985 年版。

329. (清)黃本驥纂:《湖南方物志》,載《叢書集成續編》第 54 冊,上海書店 1994 年版。

330. (清)陳詩纂,姚勇、邱葓、楊曉蘭點校:《湖北舊聞錄》,湖北人民出版社 1999 年版。

331. (清)范鍇纂,江浦等校釋:《漢口叢談》,湖北人民出版社 1990 年版。

332. (清)賀長齡、魏源等輯:《清經世文編》,中華書局 1992 年版。

333. (清)吳其濬纂:《植物名實圖考》,清同治五年(1866)刻本。

334. (清)王錫祺輯:《小方壺齋輿地叢鈔》,清光緒三年(1877)刻本。

335. (清)黃遵憲纂,吳振清、徐勇、王家祥點校整理:《日本國志》,天津人民出版社 2005 年版。

336. （清）卞寶第纂：《卞制軍奏議》，清光緒二十年（1894）刊本。

337. （日）織田一著、蔣簋方譯：《中國商務志》，清光緒二十八年（1902）上海廣智書局印行。

338. 王葆心纂：《續漢口叢談》，益善書局民國二十二年（1933）版。

339. 王葆心纂：《再續漢口叢談》，益善書局民國二十二年（1933）版。

340. 《申報》，清光緒十二年（1886），光緒十三年（1887），光緒十六年（1890）。

341. 《東方雜誌》，清宣統二年（1910）。

342. 《銀行月刊》，民國十四年（1925）。

343. 《漢口商業月刊》，民國二十三年（1934），民國二十四年（1935）。

344. 李文治編：《中國近代農業史資料》，生活·讀書·新知三聯書店 1957 年版。

345. 章有義編：《中國近代農業史資料》，生活·讀書·新知三聯書店 1957 年版。

346. 陳眞編：《中國近代工業史資料》，生活·讀書·新知三聯書店 1958 年版。

347. 南開大學歷史系編：《清實錄經濟資料輯要》，中華書局 1959 年版。

348. 彭澤益編：《中國近代手工業史資料》，中華書局 1962 年版。

349. 汪敬虞編：《中國近代工業史資料》，中華書局 1962 年版

350. 姚賢鎬編：《中國近代對外貿易史資料》，中華書局 1962 年版。

351. 皮明庥、馮天瑜等編：《武漢近代（辛亥革命前）經濟史料》，武漢地方志編纂辦公室 1981 年版，內部發行。

352. 許道夫編：《中國近代農業生產及貿易統計資料》，上海人民出版社 1983 年版。

353. 曾兆祥主編：《湖北近代經濟貿易史料選輯（1840～1949）》第 1、5 輯，湖北省志貿易志編輯室 1984 年、1987 年版，內部發行。

354. 李權時、皮明庥主編：《武漢通覽》，武漢出版社 1988 年版。

355. 《辭海·經濟分冊》，上海辭書出版社 1980 年版。

356. 苑書義、孫華峰、李秉新主編：《張之洞全集》，河北人民出版社 1998 年版。

357. 戴鞍鋼、黃葦主編：《中國地方志經濟資料彙編》，漢語大詞典出版社 1999 年版。

二、今人論著（按姓氏中文拼音排序）

1. 陳樺：《清代區域社會經濟研究》，中國人民大學出版社 1996 年版。

2. 陳椽：《茶業通史》，農業出版社 1984 年版。

3. 陳鈞：《儒家心態與近代追求——張之洞經濟思想論析》，湖北人民出版社 1990 年版。

4. 陳鈞、任放：《世紀末的興衰——張之洞與晚清湖北經濟》，中國文史出

版社 1991 年版。

5. 陳鈞等主編：《湖北農業開發史》，中國文史出版社 1992 年版。

6. 陳香白：《中國茶文化》，山西人民出版社 2002 年版。

7. 陳祖槼、朱自振：《中國茶葉歷史資料選輯》，農業出版社 1981 年版。

8. 方行、經君健、魏金玉主編：《中國經濟通史·清代經濟卷》，經濟日報出版社 2000 年版。

9. 方志遠：《明清湘鄂贛地區的人口流動與城鄉商品經濟》，人民出版社 2001 年版。

10. 馮天瑜：《張之洞評傳》，河南教育出版社 1985 年版。

11. 龔勝生：《清代兩湖農業地理》，華中師範大學出版社 1995 年版。

12. 關劍平：《茶與中國文化》，人民出版社 2001 年版。

13. 郭孟良：《中國茶史》，山西古籍出版社 2003 年版。

14. 黃鑒暉：《明清山西商人研究》，山西經濟出版社 2002 年版。

15. 黃鑒暉：《山西票號史》，山西經濟出版社 2002 年版。

16. 黃麗生：《由軍事征掠到城市貿易：內蒙古歸綏地區的社會經濟變遷（14 世紀中至 20 世紀初）》，國立臺灣師範大學歷史研究所專刊第 25 輯，1995 年版。

17. （美）吉伯特·羅茲曼主編，國家社會科學基金「比較現代化」課題組譯：《中國的現代化》，江蘇人民出版社 1998 年版。

18. 賈植芳：《近代中國經濟社會》，遼寧教育出版社 2003 年版。

19. （美）羅威廉著，江溶、魯西奇譯，彭雨新、魯西奇校：《漢口：一個中國城市的商業和社會（1796～1889）》，中國人民大學出版社 2005 年版。

20. 黎少岑：《武漢今昔談》，湖北人民出版社 1957 年版。

21. 李憲生：《兩次世紀之交武漢的對外開放》，中央文獻出版社 2001 年版。

22. 劉淼：《明代茶葉經濟研究》，汕頭大學出版社 1997 年版。

23. 羅福惠：《湖北通史》（晚清卷），華中師範大學出版社 1999 年版。

24. 聶寶璋：《中國買辦資產階級的發生》，中國社會科學出版社 1979 年版。

25. 牛達興、雷友山、黃祖生、高章林主編：《湖茶文化大觀》，湖北科學技術出版社 1995 年版。

26. （澳）Nick Hall 著，王恩晃等譯：《茶》，中國海關出版社 2003 年版。

27. 潘根生：《茶業大全》，中國農業出版社 1995 年版。

28. 皮明庥主編：《近代武漢城市史》，中國社會科學出版社 1993 年版。

29. 皮明庥、吳勇主編：《漢口五百年──新編漢口叢談》，湖北教育出版社 1999 年版。

30. 任放：《明清長江中游市鎮經濟研究》，武漢大學出版社 2003 年版。

31. 蘇云峰：《中國現代化的區域研究（1860～1916）——湖北省》，臺北中央研究院近代史研究所 1981 年版。

32. （韓）田炯權：《中國近代社會經濟史研究——義田地主和生產關係》，中國社會科學出版社 1997 年版。

33. 汪敬虞主編：《中國近代經濟史（1895～1927）》，人民出版社 2000 年版。

34. 王繼平：《晚清湖南史》，湖南人民出版社 2004 年版。

35. （美）威廉·烏克斯（William. H. Ukers）：《茶葉全書》（All About Tea），中國茶葉研究社 1949 年版。

36. 吳覺農主編：《茶經述評》，農業出版社 1987 年版。

37. 吳松弟主編：《中國百年經濟拼圖：港口城市及其腹地與中國現代化》，山東畫報出版社 2006 年版。

38. 許滌新、吳承明主編：《中國資本主義發展史》第 1 卷《中國資本主義萌芽》，人民出版社 2003 年版。

39. 許滌新、吳承明主編：《中國資本主義發展史》第 2 卷《舊民主主義革命時期的中國資本主義》，人民出版社 2003 年版。

40. 嚴中平主編：《中國近代經濟史（1840～1894）》，人民出版社 2001 年版。

41. 姚在藩編：《茶葉加工》，中國商業出版社 1985 年版。

42. 余悦編著：《研書》，浙江攝影出版社 1996 年版。

43. 張海鵬、張海瀛主編：《中國十大商幫》，黃山書社 1993 年版。

44. 張建民：《湖北通史》（明清卷），華中師範大學出版社 1999 年版。

45. 張正明：《晉商興衰史》，山西古籍出版社 1995 年版。

46. 趙李橋茶廠、華中師範大學歷史系廠史編寫組：《洞茶今昔》，湖北人民出版社 1980 年版。

47. 鄭昌淦：《明清農村商品經濟》，中國人民大學出版社 1989 年版。

48. 《中國大百科全書》（中國地理卷），中國大百科全書出版社 1993 年版。

49. 周軍、趙德馨：《長江流域的商業與金融》，湖北教育出版社 2004 年版。

50. （美）周錫瑞著，楊慎之譯：《改良與革命——辛亥革命在兩湖》，中華書局 1982 年版。

51. 蔡鴻生：《商隊茶考釋》，《歷史研究》1982 年第 6 期。

52. 陳慈玉：《近代黎明期兩湖茶之發展》，《食貨月刊》復刊第 10 卷第 1～2 期，1980 年。

53. 陳鈞：《十九世紀沙俄對兩湖茶葉的掠奪》，《江漢論壇》1981 年第 3 期。

54. 陳鈞：《張之洞與清末湖北農政》，《湖北大學學報》1989 年第 6 期。

55. 陳鈞：《張之洞與清末湖北商政》，《湖北大學學報》1985 年第 6 期。

56. 陳曦、陽信生：《從湖南的地方志看清代前期湖南商業》，《中國地方志》2002 年第 5 期。

57. 程鎮芳、王大同、徐恭生：《從十九世紀的茶葉貿易看沙俄對我國的經濟侵略》，《清史研究集》第 3 輯，四川人民出版社 1984 年版。

58. 程鎮芳：《清代的茶葉貿易與資本原始積累》，《福建師範大學學報》1990 年第 1 期。

59. （日）重田德著，蔡懋棠譯：《清末湖南茶業的新開展》，《食貨》1972 年新 2 卷第 7 期。

60. 戴鞍鋼：《近代中國植茶業的盛衰》，《史學月刊》1989 年第 1 期。

61. 定光平、邱紅梅：《清以降羊樓洞茶區的山西商人》，《山西師大學報》2004 年第 2 期。

62. 定光平：《羊樓洞茶區近代鄉村工業化與地方社會經濟變遷》，華中師範大學歷史文化學院中國近現代史 2004 年碩士學位論文。

63. 董增剛：《晚清赴美賽會述略》，《北京社會科學》2000 年第 2 期。

64. 杜七紅：《茶葉與清代漢口市場》，武漢大學人文學院歷史系專門史 1999 年碩士學位論文。

65. 段超：《明清時期湖北地區商業發展初探》，《荊州師範學院學報》2000 年第 6 期。

66. 范植清：《鴉片戰爭前漢口鎮商業資本的發展》，《中南民族學院學報》1982 年第 2 期。

67. 方立：《清代兩湖地區的牙人牙行》，武漢大學人文學院歷史系專門史 2001 年碩士學位論文。

68. 馮祖祥、陳謙：《湖北茶歌》，《農業考古》1997 年第 4 期。

69. 馮祖祥、周重想、陳立峰：《湖北茶市》，《農業考古》2004 年第 2 期。

70. 傅樂園：《清代湘南山區的經濟開發及其生態變遷》，《中南民族學院學報》2001 年第 3 期。

71. 傅衣凌：《鴉片戰爭前後湖南洞庭湖流域商品生產的分析——讀吳敏樹〈柈湖文集〉中的經濟史料》，《社會科學戰線》1983 年第 4 期。

72. 甘滿堂：《清代中國茶葉外銷口岸及運輸路線的變遷》，《農業考古》1998 年第 4 期。

73. 管家騮：《中國茶葉外傳及茶之路》，《中國茶葉加工》1999 年第 1 期。

74. 郭松義：《清代地區經濟發展的綜合分類考察》，《中國社會科學院研究生院學報》1994 年第 2 期。

75. 郭偉齊、董玉梅：《漢口茶葉貿易的興衰》，《武漢文史資料》2000 年第

11 期。

76. 郭蘊深：《漢口地區的中俄茶葉貿易》，《江漢論壇》1987 年第 1 期。

77. 何業恒：《洞庭湖區茶葉生產的歷史興廢》，《湖南城市學院學報》1985 年第 4 期。

78. 何祚歡：《漢口第一「劉」，「牛」氣亦衝天——記商海沉浮中的劉子敬》，《武漢文史資料》2003 年第 3 期。

79. 賀玎：《關於 1886～1896 年中國紅茶出口的考察——試論中國近代茶業出口衰落的原因》，《福建論壇》2003 年第 1 期。

80. 胡長春：《我國古代茶葉貯藏技術考略》，《農業考古》1994 年第 2 期。

81. 黃藍田：《趣談武漢舊時的公所會館》，《武漢文史資料》2000 年第 12 期。

82. 黃清敏：《張之洞與湖北茶政》，《農業考古》2004 年第 2 期。

83. 李華：《清代湖北農村經濟作物的種植和地方商人的活躍——清代地方商人研究之五》，《中國社會經濟史研究》1987 年第 2 期。

84. 李華：《清代湖南城鄉商業的發達及其原因》，《中國社會經濟史研究》1991 年第 3 期。

85. 李華：《清代湖南農村經濟作物的發展》，《清史研究通訊》1989 年第 2 期。

86. 李映輝：《清代益陽縣經濟發展的歷史地理分析》，《湖南城市學院學報》1992 年第 3 期。

87. 林齊模：《近代中國茶葉國際貿易的衰減——以對英國出口為中心》，《歷史研究》2003 年第 6 期。

88. 劉昌浩：《舊時漢正街》，《武漢文史資料》1994 年第 2 期。

89. 劉淼：《明清茶戶的戶役與茶課》，《中國農史》1997 年第 2 期。

90. 劉慶平、肖放：《轉型期的漢口民俗——清末民初漢口民俗研究》，《漢漢論壇》1998 年第 7 期。

91. 劉詩穎：《明清南方山區經濟研究綜述》，《中國史研究動態》2004 年第 2 期。

92. 劉曉航：《漢口與中俄茶葉之路》，《尋根》2003 年第 4 期。

93. 呂維新：《清代的茶業法規》，《茶葉機械雜誌》1998 年第 1 期。

94. 羅福惠：《張之洞對商人群體的扶持維護》，《華中師範大學學報》2003 年第 2 期。

95. （美）羅威廉著，朱丹、江榕譯：《十九世紀漢口的貿易》，載馮天瑜、陳鋒主編《武漢現代化進程研究》，武漢大學出版社 2002 年版。

96. 馬克蘭：《近代湖北茶葉市場與外國資本的滲透》，《武漢教育學院學報》1990 年第 2 期。

97. 梅莉：《明清湖北茶葉及其生產分布》，《湖北大學學報》1994 年第 2 期。

98. 米鎮波：《光緒初年俄商偷運磚茶傾銷蒙古地區問題考述》，《南開學報》2003 年第 1 期。

99. 皮明庥：《張之洞在湖北興辦洋務平議》，《武漢師範學院學報》1982 年第 1～2 期。

100. 錢時霖：《我國古代的茶稅、榷茶和茶法》（續），《中國茶葉加工》1995 年第 1 期。

101. 蘇全有：《論清代中英茶葉貿易》，《聊城大學學報》2004 年第 2 期。

102. 孫洪昇：《明清時期茶葉生產發展原因探析》，《江西師範大學學報》2003 年第 3 期。

103. 孫洪昇：《我國傳統茶業的生產方式與傳統茶業的現代化》，中國經濟史學會 2002 年年會論文（山西太原）。

104. 唐文起：《我國近代茶葉初級市場述論》，《江海學刊》1994 年第 5 期。

105. 陶德臣：《外銷茶運輸路線考略》，《中國農史》1994 年第 2 期。

106. 陶德臣：《中國茶在巴拿馬賽會聲譽鵲起》，《民國春秋》1994 年第 3 期。

107. 陶德臣：《近代中國外銷茶流通環節考察》，《中國經濟史研究》1995 年第 1 期。

108. 陶德臣：《近代中國茶葉對外貿易的發展階段與特點》，《中國農史》1996 年第 2 期。

109. 陶德臣：《晉商與西北茶葉貿易》，《安徽史學》1997 年第 3 期。

110. 陶德臣：《中國古代的茶商和茶葉商幫》，《農業考古》1999 年第 4 期。

111. 陶德臣：《論清代茶葉貿易的社會影響》，《史學月刊》2002 年第 5 期。

112. 田炯權：《清末民國時期湖廣（湖南、湖北）地區的農業生產力及生產關係》，《清史研究》1996 年第 1 期。

113. 汪從元：《淺談荊楚茶俗茶歌》，《農業考古》1997 年第 2 期。

114. 汪敬虞：《中國近代茶葉的對外貿易和茶業的現代化問題》，《近代史研究》1987 年第 6 期。

115. 王保民：《漢口各行幫及其貿易》，《武漢文史資料》1994 年第 2 期。

116. 王美英：《明清時期長江中游地區的風俗與社會變遷》，武漢大學歷史學院專門史 2003 年博士學位論文。

117. 魏愛文：《清末商品賽會述評》，《貴州文史叢刊》2002 年第 3 期。

118. 巫仁恕：《清代湖南市鎮的發展與變遷》，《漢學研究》1997 年第 15 卷第 2 期。

119. 吳剛：《磚茶散記》，《民族論壇》1999 年第 4 期。

120. 吳建雍：《清前期中西茶葉貿易》，《清史研究》1998 年第 3 期。

121. 吳孟雪：《中俄恰克圖茶葉貿易》，《農業考古》1992 年第 4 期。

122. 蕭致治、徐方平：《中英早期茶葉貿易》，《歷史研究》1994 年第 3 期。

123. 謝天禎：《中國最早之機器製茶考》，《福建茶葉》1983 年第 2 期。

124. 熊月之、沈祖煒：《長江沿江城市與中國近代化》，《史林》2000 年第 4 期。

125. 徐凱希：《晚清末年湖北農業改良述略》，《中國農史》2004 年第 1 期。

126. 楊力、王慶華：《晉商在明清時期茶葉貿易中的傑出貢獻》，《農業考古》1997 年第 4 期。

127. 楊盛科：《湘南苗族為什麼喝油茶》，《民間文化》1999 年第 4 期。

128. 楊載田：《衡山名茶生產及其旅遊開發》，《衡陽師範學院學報》2000 年第 5 期。

129. 楊載田、王鵬：《歷史時期的湘茶生產及其發展探索》，《中國農史》2003 年第 3 期。

130. 余炳賢：《大冶茶俗》，《農業考古》1997 年第 2 期。

131. 余炳賢：《漫談楚劇與茶——兼議楚劇誕生於茶》，《農業考古》1997 年第 2 期。

132. 曾獻斌、田強：《清代湖南茶葉生產述論》，《湘潭師範學院學報》1996 年第 4 期。

133. 曾兆祥：《近代武漢的貿易行棧》，《中南財經大學學報》1986 年第 1 期。

134. 張篤勤：《近代漢口茶葉對外貿易》，載楊蒲林、皮明庥主編《武漢城市發展軌跡》，天津社會科學院出版社 1990 年版。

135. 張加恩：《清季華茶輸出之研究：1842～1911（上）》，《思與言》1979 年第 5 期。

136. 張加恩：《清季華茶輸出之研究：1842～1911（下）》，《思與言》1979 年第 7 期。

137. 張建民：《清代湘鄂西山區的經濟開發及其影響》，《中國社會經濟史研究》1987 年第 4 期。

138. 張正明、張梅梅：《清代晉商的對俄茶葉貿易》，《農業考古》1997 年第 4 期。

139. 張正明：《清代的茶葉商路》，《光明日報》1985 年 3 月 6 日。

140. 周靖民：《中國歷代茶稅制簡述》，《茶業通訊》1995 年第 1 期。

141. 周群、劉和旺：《晚清湖廣督府在漢口市場發展進程中的作用探析》，《江漢論壇》2004 年第 6 期。

142. 周群：《漢口市場發展進程中晚清湖廣督府的作用》，《湖北社會科學》2004 年第 2 期。

143. 周群：《張之洞督鄂時期漢口市場的發展及其原因》，《湖北行政學院學報》

2003 年第 3 期。

144. 朱培夫：《武漢牙行初探》，《湖北大學學報》1984 年第 2 期。

145. 朱聖鍾：《明清鄂西南民族地區經濟地理初步研究》，陝西師範大學歷史地理專業 1999 年博士學位論文。

146. 朱志經：《張之洞與兩湖書院》，《湖北師範學院學報》1987 年第 2 期。

147. 莊國土：《18 世紀中國與西方的茶葉貿易》，《中國社會經濟史研究》1992 年第 3 期。

148. 莊國土：《茶葉、白銀和鴉片：1750～1840 年中西貿易結構》，《中國社會經濟史研究》1995 年第 3 期。

149. 莊國土：《鴉片戰爭前福建外銷茶葉生產和行銷及對當地社會經濟的影響》，《中國史研究》1999 年第 3 期。

150. William T.Rowe, Hankow: Commerce and Society in a Chinese City, 1796～1889, Stanford University Press, 1984.

附錄：清代漢口茶葉市場研究

一、學術前史、分析框架及研究方法

　　茶葉在中國經濟史上佔有重要地位。在生產方面，茶葉是中國許多地區廣泛種植的經濟作物；在國內貿易乃至對外貿易方面，茶葉倍受中外商人的青睞，歷來都是長距離販銷的重要商品和大宗出口商品。關於茶葉與清代漢口市場，迄今只有少數學者進行過研究。僅就筆者視野所及，撮其要者論列如下：

　　在專著方面，大陸出版的《世紀末的興衰──張之洞與晚清湖北經濟》在第 3 章中對晚清湖北商業貿易進行了系統研究，將茶葉市場列為漢口八大市場之一，對茶葉貨源及品種、茶葉出口貨值、茶葉流通環節、俄國茶商及茶葉輸往俄國路線、中國茶商（以晉商、粵商為主）和茶業機構，以及張之洞和晚清人士呼籲振興茶務等等均有論及，指出「茶葉市場之於漢口的進出口貿易具有頭等重要的意義」；「茶葉是近代武漢地區進出口貿易的拳頭商品，茶葉市場的形成，使漢口的貿易地位以其獨特的風格在全國通商口岸中雄居前列」〔註 1〕。稍後出版的《近代武漢城市史》在第 4 章第 5 節「漢口茶市興衰」中對晚清漢口茶葉市場予以論述，認為漢口茶市貿易由生產→收購→交易→行銷等一連串環節構成。19 世紀 60～70 年代，茶葉成為漢口第一大出口商品，漢口同時成為全國最大茶葉港。19 世紀 80 年代以後，漢口茶市很快進入裹足不前的疲軟階段，出口地區分布亦向集中方向發展。90 年代以後，俄

〔註 1〕 陳鈞、任放：《世紀末的興衰──張之洞與晚清湖北經濟》，北京，中國文史出版社 1991 年版，第 213、216 頁。

商開始獨佔漢口茶市。並著重指出：「作爲近代漢口商場八大行之一的漢口茶行，不僅以其交易量大著稱，更以其行業內部運行機制的完備及與近代國際市場聯繫攸關顯世」。在第 29 章第 1 節「傳統閑暇生活方式」中，是著對漢口茶館進行了鳥瞰式的勾勒，認爲「以茶館、餐館、旅館等『三館』爲代表的服務性行業，其發展水準成爲傳統市鎮興衰榮枯的晴雨表」〔註 2〕。

臺灣出版的《中國現代化的區域研究（1860～1916）——湖北省》有若干重要結論值得注意，如第 1 章第 3 節指出：湖北的經濟作物以茶、棉、麻、桑四者爲大宗，尤其是茶葉，占湖北歷年輸出與稅收的重要地位。在第 2 章「外力衝突」中，斷定外資銀行進駐漢口是出於商務之需要，「他們均對各行業尤其是茶葉，爭相貸款」。並對俄商漢口磚茶廠詳加論述，認爲「俄商之壟斷漢口磚茶的局面，一直維持至二十世紀初期」。在第 5 章「湖北的社會變遷」中，指出「漢口最大的二項稅收爲海關稅、鹽釐與茶釐」〔註 3〕。美國出版的《漢口——一個中國城市的商業與社會（1796～1889）》是運用比較史學和社會史的方法研究清代漢口的著作。在第 1 部分「商業中心」六章裏，「茶的貿易」列爲第四章的標題。該書聲稱，在中國國內貿易中，漢口居於最高地位，是糧食、鹽、茶、棉花、中草藥、油等的貿易中心，並認爲茶葉出口是中國和西方在漢口接觸的開始。茶莊的活動體現了商業資本家直接插手生產過程，是茶業資本從簡單的流通領域走向工業資本主義的標誌。由於種種原因，中國茶在國際貿易中的比重大大下降，漢口茶公所內外交困，這使它成了 20 世紀初革命的潛在力量〔註 4〕。

在論文方面，俄國商人與漢口茶葉市場構成了研究熱點〔註 5〕。此外，

〔註 2〕 皮明庥主編：《近代武漢城市史》，北京，中國社會科學出版社 1993 年版，第 145、754 頁。

〔註 3〕 蘇云峰：《中國現代化的區域研究（1860～1916）——湖北省》，臺北，臺灣中央研究院近代史研究所 1981 年版，第 28、113、121、535 頁。

〔註 4〕 William T. Rowe, HANKOW: Commerce and Society in a Chinese City, 1796～1889, Stanford University Press, 1984.

〔註 5〕 參見陳鈞《十九世紀沙俄對兩湖茶葉的掠奪》，載《江漢論壇》1981 年第 3 期；程鎮芳等《從十九世紀的茶葉貿易看沙俄對我國的經濟侵略》，載《清史研究集》第 3 輯；郭蘊深《漢口地區的中俄茶葉貿易》，載《江漢論壇》1987 年第 1 期；張篤勤《近代漢口茶葉對外貿易》，載《武漢城市發展軌跡》1990 年版；馬克蘭《近代湖北茶葉市場與外國資本的滲透》，載《武漢教育學院學報》1990 年第 2 期等等。這些文章對俄商在漢口茶葉出口中的地位、茶葉輸往俄國的路線、俄商磚茶加工業、俄商掠奪性的採購行爲對漢口近代商業貿易的影響等相關問題均有論述。

以清代茶葉爲研究對象的若干論文，也或多或少涉及到漢口茶葉市場。如張正明認爲，清代茶葉輸俄路線是我國古代繼絲綢之路而興起的又一條陸上國際商路，在漢口正是福建武夷茶銷往俄國的漫長商路的中轉站。汪敬虞論及漢口茶葉加工業的現代化水準和中外茶商在漢口市場的交易情況，指出中國沒有獨立的資本主義大茶園和大茶廠，茶葉加工製造的承擔者一頭是以經營農業爲主的小茶戶，一頭是以經營商業爲主的茶棧茶行。他們的命運，都掌握在主宰中國茶葉貿易的外國洋行手中。陶德臣認爲 1861 年漢口闢爲商埠，不久淡水、九江也開口通商，加上 40 年代的出口茶埠廣州、上海，50 年代的福州，出口茶埠發展至六個，奠定了近代茶葉對外貿易的整體格局。梅莉認爲明代至清初是湖北茶葉發展的沈寂期，清中葉以後是復興期，主要得力於磚茶與紅茶的輸出，尤其是鄂東南茶區的生產有了大幅度增長，這不僅表現在茶葉種植面積有了增加，而且突出地表現在茶葉品種由單一綠茶生產轉向具有國際市場潛力的磚茶、紅茶的生產。當時的漢口既是磚茶生產中心，又是茶葉貿易中心〔註 6〕。還有一些敘事性的短文，對近代漢口茶館進行了追述〔註 7〕。

武漢城市史乃至湖北經濟史的研究雖然取得了驕人的成果，但仍有待向縱深拓展。就茶葉與清代漢口市場的關係而言，筆者認爲還存在下述缺憾：首先，對 1861 年漢口正式開埠之前的漢口茶市研究十分薄弱。這種學術空白的形成恐怕與方志材料中罕有茶葉蹤跡有關，因此轉換學術視野，拓寬史料界限，重新發掘相關文獻，不失爲一條可行的研究路數。其次，目前尚無學者論及清代漢口市場商品結構，尤其是茶葉的序列。只有弄清楚茶葉在清代不同時期（以漢口開埠爲界）的商品地位，才可能透徹瞭解茶葉之於漢口市場影響的流變軌跡。此外，關於清代漢口八大行長期以來存在著誤解，需要加以清釐。再次，在一般的論著中，多把茶館業略去，忽視了茶館與漢口市

〔註 6〕張正明：《清代的茶葉商路》，載《光明日報》1985 年 3 月 6 日。汪敬虞：《中國近代茶葉的對外貿易和茶業的現代化問題》，載《近代史研究》1987 年第 6 期。陶德臣：《近代中國茶葉對外貿易的發展階段與特點》，載《中國農史》1996 年第 15 卷第 2 期。梅莉：《晚清湖北茶葉及其生產分布》，載《湖北大學學報》1994 年第 2 期。

〔註 7〕如陳玲仿圖、碧棠注文：《漢口露天茶館》，載《武漢春秋》1984 年第 2 期；喻緯平：《江城茶館和商業活動》，載《武漢春秋》1984 年第 4 期；張崇明：《江城茶館話當年》，載《武漢春秋》1984 年第 2 期等等，這些文章均有一定參考價值。

場茶葉貿易之間的重要關係。由於人口統計資料的散亂，研究者們亦不注重從人口學的角度估算漢口本地居民的茶葉消費水準。這種輕視從社會底層觀察歷史、輕視從服務業解剖市場的研究傾向，應該予以糾正。最後，現有的研究論著都將視線集中於晚清，因此不可能對有清一代茶葉之於漢口市場的影響作總體把握。而且，現已刊行的若干論著在有關研究中也間有偏頗或舛誤之處，均有待於進一步的探討。

在歸納分析前此學者有關研究的基點上，筆者把茶葉與清代漢口市場的關係作為研究對象。確切地說，本文旨在探討茶葉貿易對於清代漢口市場的多元影響，這涉及到茶葉的貨源（產區）及品種，茶葉購銷環節及茶葉商路，茶商組織與茶業資本，茶葉成本及市場價格，人口與茶葉消費水準，茶葉在漢口商品結構中的地位，中外茶葉的國際競爭，茶葉加工業的技術含量，茶葉與近代海關制度，茶葉與近代融資條件，漢口在全國茶埠中的地位，茶葉對漢口市場的影響在清代前期與後期之不同等相關問題。由此引出相應的研究難點，主要有二：一是茶葉與清代前期漢口市場的關係，這一研究帶有拓荒的性質。尤其是，如何確定茶葉在漢口商品結構中的位置？如何估算漢口在清代前期的人口？這兩個問題至關重要：前者關乎茶葉是否具有大宗商品的地位及其對漢口市場影響之大小，後者涉及漢口市場茶葉的消費水準。二是如何全面把握茶葉對於清代晚期漢口市場的多元影響，本文擬從茶葉的供銷網路、茶葉在漢口商品結構中的地位、茶商競爭與茶業資本、國際茶葉市場對漢口市場的衝擊、漢口近代茶館、茶葉拉動漢口經濟增長等六個方面展開論述。

就方法論而言，筆者採取常規經濟史研究方法，恪守學術規範，以史實為立論的依據，注重資料分析，汲取現有研究成果，闡釋獨特見解但不妄發議論。在收羅、甄別、引用史料方面，不侷限於正史和歷年江漢關商務報告，廣泛攝取前人的方志、筆記、文集、詩作以及今人收集的史料，並一一注明出處。在研究清代漢口茶館時，適當採取社會史的研究方法，注重社區、人口、風俗與茶葉消費之間的微妙關係，力圖從更深層面把握茶葉之於漢口市場的影響。需要特別指出的是，本文受法國年鑒學派「長時段」歷史研究方法的啓迪，根據研究課題的實際情況，把清代漢口市場分為兩個時期，以漢口正式開埠為界，前期（1644～1860）時間跨度216年，後期（1861～1911）時間跨度50年，在論述某些問題時適當延伸至20世紀二三十年代，以便考察茶業之流變。

作爲實證性的微觀研究，本文的研究意義（即學術價值）主要有三點：
一是對茶葉在清代漢口市場中的地位和影響進行系統而縝密的研究。二是通
過論證茶葉之於清代漢口市場的影響，從一個特定角度加深人們對武漢城市
史尤其是經濟史的認識。三是對當代武漢市場經濟建設提供某種歷史的借
鑒。

二、茶葉與開埠前（1644～1860）的漢口市場

這裡所謂「開埠前」，係指上起福臨（順治帝）入主北京（1644），下迄
漢口正式開埠前夕（1860），共計 216 年。如果說，漢口自明代成化初年（1465）
因漢水改道而肇始〔註 8〕，經過 170 餘年的磨礪邁入清代，堪稱漢口市場的發
育期；那麼，清代前期 200 餘年的風雨兼程，則可視爲漢口市場的成熟期。
這時的漢口雖然只是一個市鎮，其經濟發展水準尤其是商業名氣卻超過府
縣，與省會齊名〔註 9〕。至於漢口正式開埠（1861），直至武昌首義的槍聲驟
然劃破歷史的夜空（1911），這 50 年的驚變與轉軌理應稱爲漢口市場的繁榮
期。通觀這三個時期，清代前期無疑是漢口市場發展歷程中具有承上啓下意
義的關鍵時期。忽視對這一重要歷史時期的考察，將使漢口市場的流變軌跡
變得模糊不清。在這裡，筆者主要從如下三個方面探討茶葉對清代前期漢口
市場的影響。

（一）茶葉躋身於漢口市場前十名大宗商品之列

從流通角度看，漢口得天獨厚的商貿條件，使其成爲各地商品的集散地。
茶葉作爲長距離販運的大宗商品，與鹽、米、木材等重要商品一起，促成漢

〔註 8〕 據嘉靖《漢陽府志》卷 2《方域志》記載：「襄河在漢口北岸十里許，即古漢
水正道。漢水從黃金口入排沙口，⋯⋯成化初，忽於排沙口下郭師口上直通
一道，約長十里，漢水徑從此下，而古道遂淤。」今有學者認爲：「從某種意
義上說，漢水本身就是漢口發跡的母親河。」至爲確當。參見宋平安：《明清
時期漢口城市經濟體系的形成與發展》，載《華中師範大學學報》1989 年第 1
期。

〔註 9〕 參見童書業：《中國手工業商業發展史》，濟南，齊魯書社 1981 年版，第 325
頁。曹貫一：《中國農業經濟史》，北京，中國社會科學出版社 1989 年版，第
862 頁。呂寅東：《夏口縣志》卷 12《商務志》指出，乾隆年間，漢口巡司已
由漢水南岸移至北岸，「而今之漢口乃爲市場之所集矣」，標誌著漢口市場最
終定型。據《嘉慶重修一統志》卷 338《漢陽府一·關隘》稱，漢口「當往來
要道，居民塡溢，商賈輻輳，爲楚中第一繁盛處」，大有超邁省會之雄氣。

口在清代前期一躍而爲天下四大名鎮之一〔註10〕。

有關方志曾對漢口鎮作過如下描述:「漢口鎮,在城北三里,分居仁、由義、循義、大智四坊。當江漢二水之衝,七省要道,五方雜處。由額公嗣至艾家嘴長十五里,陸居則蜂房蟻垤,舟居則魚鱗鷹陣」〔註11〕;「聞昔茲邑,漢皋最爲殷阜,地當八達之衢,舟楫所萃,上自三巴、兩粵、南楚,下迄江淮,西則密邇荊襄,商船連檣,幾於遏雲礙日。百貨充牣,摩肩擊轂」〔註12〕。《漢陽縣識》稱,「乾嘉之際,漢口市商殷盛」〔註13〕。上揭資料所謂「七省要道」、「八達之衢」以及提到的三巴、兩粵、南楚、江淮,均爲清代重要產茶之區,位於長江中游的漢口正爲這些茶區所環抱。至於「百貨充牣」、「市商殷盛」之語,理應包含茶葉在內。因爲時至清代,飲茶已成爲廣大民眾的普遍習俗,茶樹的栽培遍布秦嶺、淮水以南各省,其中又以安徽、福建、浙江、湖南、湖北、雲南、四川等省爲主。尤爲重要的是,茶葉的行銷市場遍及全國,成爲適於遠銷的大宗商品,康熙年間開始出口歐洲〔註14〕。可以推斷,在清代前期的漢口市場上,茶葉已是不可或缺的商品,而且貨源較爲可

〔註10〕 關於清初四大名鎮,概有兩種說法。一是清初文人劉獻廷所著《廣陽雜記》卷4稱:「天下有四聚,北則京師,南則佛山,東則蘇州,西則漢口。然東海之濱,蘇州而外,更有蕪湖、揚州、江寧、杭州以分其勢,西則惟漢口耳。」二是劉獻廷同時代之人顧景範認爲,漢口因商業發達而與朱仙鎮、景德鎮、佛山鎮合稱天下四大名鎮。著名方志學家王葆心(1864~1944)在《再續漢口叢談》一書中認爲:「此以北京、佛山、蘇州,合漢口爲四鎮,其意較顧氏更爲確實。」(卷1,第7頁)漢口在清代前期是重要的行鹽口岸,曾設置「匣商」,其轉運分銷淮鹽之地多達八府四州一廳四十一縣。參見陳鋒:《清代鹽政與鹽稅》,鄭州,中州古籍出版社1988年版,第34、64頁。清初漢口的糧食貿易十分旺盛,「所幸地當孔道,雲貴川陝粵西湖南處處可通,本省湖汉帆檣相屬,糧食之行不捨晝夜,是以朝糴夕炊,無致生困」。引見晏斯盛:《請設商社疏》,乾隆十年(1745),載賀長齡輯:《皇朝經世文編》卷40《戶政》。木材亦是大宗商品,與鹽、米合爲清初漢口市場三大商品。清人姚鼐曾有《漢口竹枝詞》一首,云:「揚州錦繡越州醅,巨木如山寫蜀材。黃鶴樓頭望燈火,夜深江北估船來。」引見同治《續輯漢陽縣志》卷27《藝文下》。

〔註11〕 乾隆《漢陽縣志》卷6,《城池》。

〔註12〕 同治《續輯漢陽縣志》,漢陽縣事無錫王庭楨序。

〔註13〕 王葆心:《再續漢口叢談》卷1,武昌益善書局1933年版,第15頁。

〔註14〕 楊家禾:《通商四大宗論》稱:「茶之出洋也,亦始於康熙初年,厥後輪舶踵至,華茶日興,由福建浙江,以及安徽江西湖廣等省,產茶之區,推行漸廣。」參見求自強齋主人輯:《皇朝經濟文編》卷45,第6頁。轉引自彭澤益編:《中國近代手工業史資料》(1840~1949)第1卷,北京,中華書局1962年版,第474~475頁。以下只注書名。凡本文引證資料重複者,均簡注之,下同。

觀。如安徽六安茶，遠銷華北、華中地區，「土人不辨茶味，唯燕、齊、豫、楚需此日用，（商人）每隔歲經千里挾資而來，投行預質」〔註15〕。漢口爲楚之商業巨鎮，當有六安茶出入其間。據經濟史家傅衣凌先生考證，徽商之中，歙縣多鹽商，休寧多當商，婺源多茶商。清代前期，婺源茶商「頗多集中於其地（指武漢地區——引者注）」〔註16〕。又如，咸豐五年（1855），湖南巡撫駱秉章在談及淮鹽「不抵楚岸者三年」時奏稱：「湖南一省，例食淮鹽者十居七八。從前無事之時，商民販運穀米、煤炭、桐茶油、竹木、紙、鐵及各土產，運赴漢口銷售，易鹽而歸，分銷各岸」〔註17〕。可見，長期以來湖南所產茶葉等物品源源不斷運抵漢口，成爲湘民易鹽而食的慣常貿易手段。有清一代，湖南茶始終是漢口茶葉市場的大宗商品，正如詩人所詠歎的那樣，「今日無風復無雨，大江一覽物繁昌。……柳色低迎襄水曲，茶香新擷洞庭旁」（清·胡鳳丹題晴川閣詩）。

當然，運銷漢口市場的茶葉不限於安徽、湖南二省，湖北、四川、浙江、江西、江蘇、福建、廣東、廣西、雲南、貴州、河南、陝西、甘肅等地的茶葉亦以漢口爲銷場〔註18〕。清代前期，漢口市場的茶葉貨源由茶莊承攬，細分爲包茶莊（將茶打包販運）和磚茶莊（將茶製成磚茶）。據稱，「漢口開埠以前，經營這些茶莊者多爲山西、廣東茶商，特別是山西幫，資力雄厚。每年穀雨前後各地茶商挾重資分赴各產茶區設莊收購毛茶，然後製成『包茶』或『磚茶』運往漢口」〔註19〕。

〔註15〕 光緒《霍山縣志》卷2，引乾隆吳志。參見許滌新、吳承明主編：《中國資本主義發展史》第1卷，北京，人民出版社1985年版，第331頁。

〔註16〕 傅衣凌：《明清社會經濟史論文集》，北京，人民出版社1982年版，第207、212頁。另據《婺源縣採輯·孝友》稱，婺源人程棟「服賈漢口，頗得利，置產業」。雖未指明經營何種商品，但十之八九可能是茶葉。轉引自張海鵬、王廷元主編：《明清徽商資料選編》，合肥，黃山書社1985年版，第239頁。據編者在《凡例》中稱，該書所收資料以明朝及清朝前期（1368～1840）有關徽商的記載爲主。

〔註17〕 駱秉章：《採買淮鹽濟食分岸納課濟餉摺》，載《駱文忠公奏議》卷3《湘中稿》。轉引自陳鋒：《清代鹽政與鹽稅》，鄭州，中州古籍出版社1988年版，第93頁。

〔註18〕 清初劉獻廷在《廣陽雜記》卷4稱：「漢口不特爲楚省咽喉，而雲、貴、四川、湖南、廣西、陝西、河南、江西之貨，皆於此焉轉輸。雖欲不雄天下，不可得也。」茶葉正是上述地區之特產，雖未指明，幾可斷定其爲輸往漢口市場商品之一種。

〔註19〕 皮明麻主編：《近代武漢城市史》，北京，中國社會科學出版社1993年版，第146頁。

研究茶葉與清代漢口市場的關係，需要對茶葉在漢口市場商品結構中的位置予以論證。關於清代前期漢口市場的商品結構，只能從商業行幫結構中推斷而出。在這裡，存在著三種有代表性的說法。對比這些說法，可以推斷茶葉是清代前期漢口市場前 10 位大宗商品之一。現論列如下：

一是清代湖北巡撫晏斯盛所謂「六大行」之說，「查該鎮鹽、當、米、木、花布、藥材六行最大，各省會館亦多，商有商總，客有客長，皆能經理各行各省之事」〔註 20〕。按晏氏之說，茶葉沒有進入前 5 位大宗商品之列（六大行中的「當」是行業名稱而非商品名稱）。

二是清代文人葉調元所謂「八大行」之說，「四坊為界市塵稠，生意都為獲利謀，只為工商幫口異，強分上下八行頭」〔註 21〕。葉氏點到的八大行係指銀錢、典當、銅鉛、油臘、綢緞布匹、雜貨、藥材、紙張，其中典當、綢緞布匹、藥材三行與晏氏之說有重疊之處，這樣就剩下晏氏未曾提及的五大行。五大行中的雜貨又稱百貨，專指日用消費品。民以食為天，除了鹽、米之外，貼近中國百姓日常生活的大宗消費品當推茶與酒。已有學者指出，從更大範圍來看，漢口市場八大行之一的廣東福建雜貨行的繁榮，乃是得力於清代前期閩、粵地區茶、麻、糖等經濟作物的普遍種植和商品生產的長足發展。這類商業網絡的形成，促進了漢口商業的進步〔註 22〕。如果把晏氏之說與葉氏之說放在一起審視，同時考慮到雜貨行係與其他行幫並稱，那麼茶葉的地位則與銀錢、銅鉛、油臘、紙張並重，在排名榜上競爭著從第 6 至第 10 的位置。

清初詩人查慎行（1650～1727）寫有一首紀實風格的長詩，對漢口市鎮進行了繪聲繪色的描述。詩云：「巨鎮水陸衝，彈丸壓楚境。南行控巴蜀，西去連鄖鄘。人言雜五方，商賈富兼併。……駢駢驢尾接，得得馬蹄騁。偶偶人摩肩，蹙蹙豚縮頸。……魚蝦腥就岸，藥料香過嶺。黃蒲包官鹽，青箬籠苦茗。……市聲朝喧喧，煙色晝暝暝。一氣十萬家，焉能辨廬井？……」〔註 23〕其中「黃蒲包官鹽，青箬籠苦茗」一句，點明了鹽、茶均為長距離貿易商品。黃蒲是一

〔註 20〕晏斯盛：《請設商社疏》，載《皇朝經世文編》卷 40，《戶政》。
〔註 21〕葉調元：《漢口竹枝詞》卷 1，《市塵》第 4 首。引見徐明庭輯校：《武漢竹枝詞》，武漢，湖北人民出版社 1999 年版。下同。
〔註 22〕陶建平：《明清時期漢口商業網絡的形成及其影響》，載《華中師範大學學報》1989 年第 1 期。
〔註 23〕查慎行：《敬業堂集‧漢口》。轉引自〔清〕陳詩編纂：《湖北舊聞錄》卷 11，《水程二‧漢陽府》。范鍇《漢口叢談》卷 5 亦輯錄此詩。

種水生植物，可以織席，在此用來包裹已經完納稅收的官鹽。茶葉則用青色的竹皮簍包裝，這種包裝形式一直延續到漢口開埠之後。鹽、茶並稱，除了詩歌創作中講求對仗工整的因素外，恐怕與茶葉在漢口市場中排名前 10 位的商品地位有關〔註 24〕。如果說，鹽是清代前期漢口市場排名第一的大宗商品〔註 25〕，那麼茶則徘徊於第 6 至第 10 名之間。

三是清代舉人呂寅東所謂「八大行」之說，所謂「……至營業行分，有所謂三百六十之區別。言其大者，向稱鹽、茶、藥材、糧食、棉花、油、廣福雜貨、紙為八大行。近年以牛皮商業日盛，故進牛皮業與紙業並列為八大行之一。每行多者數百家，少亦數十家。然原領部貼之老行不逮此數，如鹽行凡十餘家，年貿易額約四五百萬兩；茶行凡十餘家，年貿易額約千七八萬兩；藥材行凡二十餘家，年貿易額約三百萬兩；糧食行凡四十家，年貿易額約三千六七百萬兩；棉花行凡十家，年貿易額約八百萬兩；油行凡十餘家，年貿易額約二千三四百萬兩；廣福雜貨行凡二十餘家，年貿易額約六七百萬兩；牛皮及紙行共十餘家，年貿易額約五六百萬兩，此各業行分之大概也」〔註 26〕。

一般認為，漢口市場八大行係指晚清時期，此說欠妥。上述史實充分說明，清初以來就存在八大行，這些「原領部帖之老行」在清代前期普遍只有十餘家。就茶行而言，十餘家的概念與晚清實情相去甚遠，肯定係指前清。清代後期亦即漢口闢為通商口岸之後，這些部帖老行獲得了長足發展，多則數百家，至少也有數十家。晚清漢口市場數以百計的茶商組織正與之相符。牛皮因漢口開埠後出口大增，而與傳統的紙行合為一行〔註 27〕，演進歷程十

〔註 24〕 美國學者羅・威廉在其研究漢口的專著《漢口——一個中國城市的商業與社會（1796～1889）》中，把鹽、茶作為解剖漢口商業的兩種特殊商品，進行專題研究，使之構成第一部分「商業中心」之第三章「鹽的貿易」、第四章「茶的貿易」。這足以說明鹽、茶之於清代漢口市場的影響實非其他商品所可比擬，因為鹽、茶分別是漢口開埠前後兩種最大宗的貿易商品。即使在開埠之前，茶葉亦是漢口市場不可忽視的重要商品。

〔註 25〕 乾隆《漢陽府志》稱：「（漢口）固因為九州百貨備集之所，而鹽務一事，亦足甲於天下，十五省中，亦未有可與匹者。」

〔註 26〕 《夏口縣志》卷 12，《商業志》。

〔註 27〕 姚賢鎬先生在編纂 1840～1895 年《中國近代對外貿易史資料》第 2 冊時，把牛皮列入 19 世紀 60 年代之後出口貿易的新品種。這正是漢口闢為通商口岸的時間。在隨後的 70～80 年代，牛皮貿易在漢口商務報告中被稱為「新近發展起來的」專案，「由漢口輸往的主要目的地是英國、美國及地中海沿海一帶」（第 1128 頁）。而且迅速成為大宗商品，「對於漢口外籍出口商來說，除茶以外，牛皮是最重要的貨物」（第 1130 頁）。

分清晰。若按照年度貿易額來看，茶行在清代前期一度排名第三，在糧食行、油行之後，甚至超越素以大宗商品著稱的鹽行。如果把晏氏之說、葉氏之說、呂氏之說統而觀之，茶葉在前清漢口市場商品結構中即使沒有進入前 3 名，無論如何也會躋身前 10 名。「武漢通」黎少岑先生在論及武漢歷代經濟生活的演變時，刻意指出「大抵米、鹽、茶、竹木、布匹、雜糧和藥材等日用品，實為歷來交易的主要貨品，其他則時有變遷」〔註 28〕。范植清在研究湖北古代經濟問題時，認同呂氏之說，將八大行置於清代前期予以論述，然後用「稍涉近代」一語轉至晚清，指出日本駐漢口領事水野幸吉曾統計八大行年貿易額約一億三千多萬兩，並感歎「一個內陸市鎮竟進而可與上海之貿易額相媲美」〔註 29〕。

需要強調的是，作為排名前 10 位的大宗商品，茶葉在漢口逐步邁向天下四大名鎮之首的漫長歷程中發揮了重要作用。漢口因水而興，因市場而興。詳言之，由於洞庭湖流域的開發，長江中游（宜昌至漢口）的航運在清代呈現出迅猛拓展的勢頭，漢水航運也因陝南、鄂北山區經濟的活躍而日趨繁盛。航運的振興意味著貨運的充足，據清代史學家章學誠（1738～1801）所著《湖北通志檢存稿·食貨考》稱，清代前期漢口市場上的商品琳琅滿目，共 18 類 230 餘種。除了食鹽仍為大宗販運商品，山陝的木材、皮毛，江漢平原的棉花、布匹，湖南、鄂南的茶葉、糧食，吳越的絲綢、海產品，贛閩的瓷器、果品，雲貴的木耳、生漆，兩廣的洋貨、鴉片，安徽的茶葉、筆墨，四川的桐油、藥材以及南北各種土產，都匯入長江，匯入漢水，彙集漢口。在千姿百態的長距離貿易商品中，茶葉無疑佔有重要一席。今有學者認定，清代前期漢口是華中最大的棉花市場和茶葉集散地，「以茶葉而言，茶市十分可觀，湖南、四川、江西、安徽、本省鄂南山地的茶葉均齊聚漢口，以待轉運分銷」〔註 30〕。商路的拓展和貨運的繁忙，有力地促成了「漢口鎮這樣大的商業城市」〔註 31〕。

〔註 28〕 黎少岑：《武漢今昔談》，武漢，湖北人民出版社 1957 年版，第 44 頁。

〔註 29〕 范植清：《湖北古代經濟述略》，載《中南民族學院學報》1989 年第 1 期。

〔註 30〕 皮明麻編：《漢口五百年》，載《武漢文史資料》1996 年第 1 輯。

〔註 31〕 許滌新、吳承明主編：《中國資本主義發展史》第 1 卷，第 270 頁。關於清代前期出入漢口市場的各地長距離販運商品，說法雖有不同，但茶葉均有論及。參見范植清：《鴉片戰爭前漢口鎮商業資本的發展》，載《中南民族學院學報》1982 年第 2 期。吳量愷：《清代經濟史研究》，武漢，華中師範大學出版社 1991 年版，第 238 頁。陳樺：《清代區域社會經濟研究》，北京，中國人民大學出版社 1996 年版，第 140 頁。

（二）生意紅火的漢口茶館業

以茶館爲代表的服務業是中國傳統市鎮的商業標識，其榮枯程度與茶葉的行銷好壞成正比。此外，茶館的多寡也從一個獨特角度體現出市鎮經濟的成熟與否乃至文化品味之高低。從消費角度看，漢口茶館的興盛典型地體現了漢口自身濃鬱的市民口味，飲茶已成爲清代前期漢口的一大民俗。

清代前期，漢口的茶館頗多，誠如葉調元在竹枝詞中所云「無數茶坊列市廛，早晨開店夜深關」〔註32〕。這些茶館多集中在漢口後湖一帶，時人所撰《後湖柳枝詞》有「茶牆酒壁簇成村，長短枝交白板門」句〔註33〕，即可爲證。後湖即昔日襄河故址，北距黃陂、孝感三十里，東西數十里，景色宜人，是遊春消夏之勝地，「土人沿緣設茶僚數十處，以待遊客」〔註34〕。除了後湖一帶茶館雲集之外，漢口其他地方也多有茶館招牌。如范鍇《漢口叢談》卷2所記漢口居仁坊之西來庵，「內賃賈客，堆貯貨物，外作茶肆」。另記漢口大智坊，「近有茶肆，題曰白賓洲」。該茶館的牆壁上留有文人騷客題記，云：「白賓洲者，茶社名也。主人王姓，跡類枝棲，名叫市隱。……爰有息肩熱客，聊以滌煩；佇足勞人，於焉療渴。主人則呼童滌器，命僕淪泉。灶暖煙清，瓶香水活。……暖風人醉，會須茗炊三巡；寒夜客來，認取燈懸一點。……我非陸羽，到來惟課《茶經》；君是王濛，供給勿嫌水厄。」不難看出，白賓洲茶館的店主姓王，光顧茶館者既有商人行旅，又有平民百姓。主僕服務態度良好，服務品質上乘，而且是二十四小時營業。茶聖、名流，均是品茗者的談資，頗有文化氛圍。直至鴉片戰爭前夕，漢口茶館業在葉調元的《漢口竹枝詞》中依然是「茶庵直上通橋口，後市前街屋似鱗」的一派繁盛景象。頗有特色的漢口露天茶館也未能游離葉氏敏銳的目光，被他寫進了竹枝詞，詞云：「米市都居米廠臺，砌成白石淨無埃。壇場數畝排茶桌，頑雀人來坐一回。」〔註35〕

在清代前期漢口的人口構成中，以商人爲主幹的流動人口占絕對多數〔註36〕。大量的行商孤旅、平民百姓抬腳走進茶館，品茗談笑間暫時忘卻生計之煩累、路途之勞頓，「鼎鍋水沸白如波，二碰茶呼渭水河。更有下茶諸果品，

〔註32〕 葉調元：《漢口竹枝詞》卷1，《市廛》第37首。

〔註33〕 范鍇：《漢口叢談》卷1。

〔註34〕 洪良品：《湖北通志志餘》第3冊，《漢陽府志餘》。湖北省圖書館1985年印。

〔註35〕 葉調元：《漢口竹枝詞》卷1，《市廛》第5首、第41首。

〔註36〕 乾隆《漢陽府志》卷16《地輿・形勢・風俗》稱：「又雲漢口一鎮，五方雜處，商賈輻輳，俱以貿易爲業，不事耕種。」葉調元所著《漢口竹枝詞》卷1《市廛》亦云：「此地從來無土著，九分商賈一分民。」

提籃閒漢似穿梭」。民間戲曲也乘隙在茶館紮下自己的根鬚，長袖短歌與茶香
繚繞相諧成趣。「清茶寂寞殊無味，要聽絲絃怕熟人」；「瑟琶遮面秋波溜，郎
自吃茶儂自歌」〔註 37〕，早期的漢劇和楚劇（黃孝花鼓戲）就這樣在漢口找
到了自己的市場價值和棲身之地。更有文人騷客相約成行，在茶館吟詩唱和、
風雅人生。以故漢口茶館生意甚好，以茶入詩的風氣頗爲濃厚，幾可成爲漢
口一大人文景觀。

　　鳥瞰漢口茶館，以後湖爲最多。後湖茶館中，以白樓最爲著名。在時人
眼裏，「後湖茶肆，上路以白樓爲最著。白樓者，白氏之故址也，在大觀音閣
後，百弓地闢，畚土堅塓，編槿爲籬，積石成徑。中構小樓，作東西兩廂。
軒窗豁達，檻曲廊回之內，皆設小座，以供茗坐。……迨暑者接踵而至，絺
衣掛樹，涼風襲人，七碗香生，適然歌詠。憑眺之勝，以斯樓爲第一。」〔註
38〕白樓之外，後湖數十家茶館中的佼佼者還有第五泉、湧金泉、翠香、惠芳、
習習亭、麗春軒等處。清代前期，後湖不僅成爲漢口茶館業的代名詞，而且
成爲眾多詠茶詩的靈媒〔註 39〕。上揭《漢口叢談》出自在漢口經營鹽業的商
人兼文人范鍇（浙江烏程人）之手。這部筆記體裁的作品輯錄了清代前期（主
要是嘉慶、道光年間）題詠茶茗的詩作（含作者自己的創作）多達二十三首，
其中珠璣之句，令人賞玩不已。所輯友人詩作，有「晚煙斂盡銀蟾出，獨照
幽人瀹茗時」；「澆殘綠雪消清晝，割盡黃雲剩翠莎」；「衣香簾影斜風裏，半
是茶煙半曲塵」；「一枕清涼消午夢，自烹活水試新茶」等佳句。范氏亦時常
脫口成章，其詩云「野僚茶罷暮煙霏，緩踏晴沙軟路歸」；「幾年同作江湖客，
一半茶僚笑詠來」。其詞云「風引處，月團扇小。涼透卻，雪白衫輕。茶僚坐，
沈檀試茗，活火遲烹……」據范鍇自述，他喜歡與友人一起，「每於夕陽斜下，
則相約白樓瀹茗，以遣客愁」。可見，范氏不僅熟諳計然之術，而且精通音韻
詞章，遣懷歌吟之間竟爲今人留下了研究漢口前清茶葉史的珍貴材料。

　　能夠享受品茶之閒情者不侷限於文人商旅們，清代前期漢口的女士們也
是茶館常客。其中既有青樓名妓（「紅袖嬉茶社，青簾動酒人」），又有平民女

〔註37〕葉調元：《漢口竹枝詞》卷 3，《後湖》第 118 首、第 114 首、第 117 首。

〔註38〕范鍇：《漢口叢談》卷 1。另，前清人士吳格齋云：「漢口後湖茶社，以第五泉
　　　　爲最著名。」引見王葆心：《續漢口叢談》卷 4，今存錄。

〔註39〕范鍇：《漢口叢談》卷 1 云：「後湖一帶，地平而曠遠，春草生時，望無涯矣。
　　　　加諸茶僚市列，爭購名花，春蘭秋菊，各擅其芳。以是騷人逸士，估客寓公，
　　　　無不流連光景，呼茗曷留。……」

子。後湖在清代前期是武漢地區的旅遊勝地，「春時叢樹扶疏，芳草鮮美，覆雲在地，流霞接天，……於是士女出遊，咸愒坐啜茗而留覽焉」。在春光明媚的日子裏，後湖茶館「絃歌喧耳，士女雜坐，較上湖遊人更盛」〔註40〕。這些年青女子一邊品茶一邊吃花生（「十數席中占一席，高抬纖足剝花生」），活脫脫的一幅適情寫意的市井民俗圖。值得注意的是，漢口女子逛茶館在前清已是一種日常消費行為，「後湖時有婦女結伴閒步，倦即愒坐茶僚，喚煙呼茗，不以為嫌也」〔註41〕。透過這種自由開放的商業氛圍，不難發現茶葉的消費已經成為大眾行為，「一碗粗茶磕瓜子，布棚廠下看風箏」〔註42〕。人們對茶館的垂青帶來了茶館業的興盛，這顯然刺激了茶葉的商品流通量，因為漢口本地並不產茶。問題的重要性並未就此而止。

如果我們聯想到一位美國學者對茶的論述，那麼就應該重新評估漢口茶館業生意興旺對於漢口市場具有怎樣的意義。珀金斯是美國哈佛大學研究中國農業史的專家，他在論及清代農業時指出：「茶葉，被人看作中國的民族性的飲料，大部分是由富人消費的。窮人常常連白開水也喝不成」。在談到長距離貿易（省際貿易）時，又說：「通過向地主繳納地租，農業部門提供了大量的收入去支持省際的貿易，只有生產茶葉和絲綢之類商品的農民和手工業者才從這種貿易中取得他們所要消費的物品的一大部分。茶葉和絲繭生產給幾百萬農戶提供了部分工作的或全日工作的機會。進一步說，如果沒有全國範圍的貿易網，那麼這些活動中的生產和就業一定是很小的」〔註43〕。在珀氏的論述中，有兩點值得注意：其一，茶葉是奢侈品而非生活必需品；其二，茶農必須出售茶葉才能換回基本的生產必需品，而這又依賴於茶葉的長距離貿易。

作為奢侈品的茶葉在清代前期已大量供給漢口茶館，充足的貨源是漢口茶館業興盛的重要保障。不惟如此，茶館的繁榮正可映現漢口市民消費水準的提高，眾多茶館的充分競爭使得茶葉的市場價格趨於平穩，符合廣大市民的消費欲求和實際購買力，茶葉甚至走進了貧寒百姓家〔註44〕。如果說，漢

〔註40〕 范鍇：《漢口叢談》卷1。
〔註41〕 范鍇：《漢口叢談》卷2。
〔註42〕 葉調元：《漢口竹枝詞》卷3，《後湖》第112首。
〔註43〕 〔美〕德·希·珀金斯著，宋海文等譯：《中國農業的發展（1368～1968）》，上海，上海譯文出版社1984年版，第162～164頁。
〔註44〕 據同治七年（1868）所刻《續輯漢陽縣志》，「熊翔，家本貧……夜聞母嗽，必起具茶湯」（卷20《孝友》）。又，創建於乾隆二年（1737）的漢口普濟堂，

水改道是漢口崛起的不可或缺的先決條件，那麼長距離貿易則可視為包括茶館業在內的漢口市鎮經濟的生命線。誠如清初的文人騷客所詠歎的那樣，「十里帆檣依市立，萬家燈火徹宵明」〔註45〕；「北貨南珍藏作窟，吳商蜀客到如家」〔註46〕。清人劉獻廷（1648～1695）亦云，「漢口之興，利在清初」〔註47〕；「商舶鱗集，闤闠外屏，則今之漢口」〔註48〕。毫無疑問，在輪船時代之前的帆船時代，茶葉正是出入漢口眾碼頭的長距離貿易商品〔註49〕。一籠籠的茶葉從遠方剪水而來，起運上岸，走進茶館，市廛、千家萬戶，成為人們聽曲奕棋、談天說地、洽談生意、舞文弄墨、休閒攬勝的必備生活道具。運茶船工的號子，販茶商賈之間的作揖，茶館跑堂的吆喝聲，詩人們對茶的鍾情，恰似鋪陳開來的歷史風俗長卷，其景可摹。若以每人每年飲茶半斤估算〔註50〕，那麼漢口 200,000 人年消費茶葉量即為 100,000 斤〔註51〕，誠為頗有市場潛力

是一座貧民救濟機構，有房屋六十九間，規模鉅集闊，其傭工之人亦多為貧民。據該堂規章，「每次祀神，即賞給在堂人等，無論人數多寡給銀四錢（嘉慶《湖北通志》卷 17《建置六·雜置·普濟堂》原文為「……給銀四次」——引者注），按工給茶葉二錢，每工食鹽五錢，每工食油一兩……」。通常情況下，「每日赴堂辦事人，每工給柴一把半為炊，每把重二斤。每工給炭四兩煎茶，冬時三個月給火爐二百斤」（卷 12《公署》）。可見，茶葉作為實物工資和日常消費品，已進入社會底層民眾的生活。無獨有偶，雍正十三年（1735）創建的漢口育嬰堂，有這樣一條堂規：「……伺茶打掃一名，工價火食壹串伍百文」（卷 12《公署》）。

〔註45〕 范鍇：《漢口叢談》卷 5。

〔註46〕 潘耒：《遂初堂集·漢口》。

〔註47〕 《廣陽雜記》卷 4。

〔註48〕 《廣陽雜記》卷 5。

〔註49〕 漢口素有「船碼頭」之稱。清人黃印云：「嘗有徽州人言：漢口為船碼頭，鎮江為銀碼頭，無錫為布碼頭，言雖鄙俗，並不妄也。」見《錫金識小錄》卷 1，引自《湖北近代經濟貿易史料選輯》第 5 輯第 8 頁。另據乾隆《漢陽縣志》：「漢口渡，一在宗三廟，一在五顯廟，一在老官廟，一在沈家廟，一在接駕嘴，一在四官殿。……郭師口渡在漢口西外五里，平塘渡在漢口上十里，……蔡店渡，漢口上六十里。」（卷 5《關津橋樑》）范鍇認為，此九渡「皆漢口渡河過郡城之路也。今則處處有渡」。（《漢口叢談》卷 1）但未說明具體數字，稍後的同治《續輯漢陽縣志》稱：「漢口渡，自宗三廟至四官殿，渡口凡數十處。」（卷 6《關津》）

〔註50〕 有學者稱：鴉片戰爭前國內消費茶葉，「過去中外人士估計平均每人每年 0.75 斤至 1 斤以上，多屬偏高。今按每人 0.5 斤計算」。參見《中國資本主義發展史》第 1 卷，第 330 頁注①。本文采此說。

〔註51〕 漢口人口統計在清代前期極為混亂。個中原因有三：一是由於清代漢口鎮在建制上隸屬於漢陽府漢陽縣，人口統計按慣例以縣為單位；二是漢口緣商業

的大宗消費品。

令人玩味的是，現今蜚聲中外的漢口漢正街，在清初已是商業鬧市區，行棧、店鋪、酒肆、茶樓令人目不暇給，楚江樓、小江園都是著名的茶館〔註52〕。當代聲名遠播的武漢市食品工業的奇葩——汪玉霞公司，創建於乾隆四年（1739），以茶葉生意起家，其店址就在漢正街燈籠巷，初期主要行銷安徽茶葉〔註53〕。據葉調元所著《漢口竹枝詞》卷1《市廛》稱，汪玉霞茶葉在清代前期是漢口市場茶品中的名牌產品，與葉開泰的丸藥、狗肉巷的豆絲、祖師殿的湯元等齊名，「皆俗所引重者」。漢正街昔日的風采，汪玉霞發跡的歷史，爲清代前期漢口市場茶葉消費的繁盛態式提供了不可多得的注釋。

（三）俄國商人涉足漢口茶葉市場

從對外貿易角度看，不是鹽或其他商品，而是茶葉成爲漢口市場與歐美市場尤其是俄國市場之間的重要紐帶。茶葉在漢口正式開埠之前已成爲外國商人青睞之物，此爲日後茶葉大規模外銷拉開了序幕。確切地說，茶葉在晚清一躍而爲漢口市場最大宗的出口土貨，於此已露端倪。一位外國旅行家以

而興，人口結構呈現外來性、流動性、隱蔽性，難於精確統計；三是流傳至今的方志材料在漢口人口記載方面過於粗疏。據呂寅東：《夏口縣志》稱，乾隆三十七年（1772），漢口有 99,381 人，嘉慶十九年（1814）爲 129,183 人。《近代武漢城市史》稱，漢口正式開埠前夕，即咸豐十年（1860），漢口人口約爲 10 萬（第 659 頁）。另據清人范鍇著作《漢口叢談》，有多處提及漢口人口，其中有如下三處值得注意：其一，人口數萬。道光元年（1821）的一首詩云：「繞堤豈止一萬户，參差席片紛魚鱗。」（陸飛篠：《霖雨歎》）以一户四口估算，漢口人口最低亦有四萬。其二，人口數十萬。另有詩云：「始信湖湘美，山街萬井稠。」（趙柳江：《抵漢口》）古制八家一井，當爲八萬家，約三十二萬人。嘉慶十五年（1810）四月二十日至二十二日，漢口循禮失火，延及大智坊，「户口十餘萬，兩晝夜悉成灰燼」（卷1）。當時，漢口有四坊，僅循禮、大智二坊就有人口 10 萬，若加上居仁、由義二坊，漢口人口應有 20 萬。其三，人口數以百萬計。有兩首嘉慶初年（1796）的詩作，稱「漢口人家百萬户，幸免赤立膏霜刀」（蔣蔣村：《後湖感賦》）；「漢口人家百萬户，高檣大艑集商賈」（范鍇：《漢口水》）。筆者認爲，數百萬人口與數萬人口均有失之偏頗之謬，數十萬人口當爲不虛。據《漢口叢談》推算出的 20 萬應在情理之中，此即漢口在前清的人口常數。乾隆十年（1745），湖北巡撫晏斯盛奏稱「（漢口）户口二十餘萬，五方雜處，百藝俱全，人類不一，日消米穀不下數千」。（《皇朝經世文編》卷 40《户政》）誠哉斯言！

〔註52〕 李權時、皮明庥主編：《武漢通覽》，武漢，武漢出版社 1988 年版，第 587 頁。
〔註53〕 邵強：《漢口汪玉霞發展史》。參見《湖北近代經濟貿易史料選輯》第 5 輯，第 42 頁。

工筆手法描繪出漢口開埠前夕的商業盛況——

> 漢水流入揚子江的交叉點，本地人稱爲漢口，中國人認爲這地
> 方是國內最大的商埠。……一隊一起航行的船隻，到達交叉點時，
> 便分爲兩批，一批停在武昌，一幫駛入漢水。這些船隻因行業不同，
> 形狀各異。……桅杆上裝飾著絲帶與旗子，滿載著歐洲人所需要的
> 茅寧茶、毛尖茶、江西的木材、饒州府的瓷器、布匹、棉貨、刀劍
> 乃至夷人走私的鴉片煙……〔註54〕

毛尖乃茶之上品，19世紀50年代已大量出口歐洲。漢口此時並未闢爲通商口
岸，但由於它是「國內最大的商埠」而成爲茶葉外銷的中轉站。早在雍正五年
（1727），中俄簽訂《恰克圖條約》，俄商獲准來華貿易。隨之而來的是，大批
茶葉在漢口集中，轉道上海、北京、張家口、恰克圖，再輸入俄國內地〔註55〕。
據稱，鴉片戰爭前後，鄂、豫、陝、黔、贛、皖的茶葉多在漢口匯合，由陸路
運往中國北部、外蒙、俄國，由水路運往日本、西歐〔註56〕。與歐洲商人的胃
口不同，俄國商人在漢口市場購置紅茶和磚茶。據研究茶葉史的外國專家稱：
「約在一八五〇年，俄商開始在漢口購茶，於是漢口成爲中國最佳之紅茶中心
市場。俄人最初在此購買者爲工夫茶，但不久即改購中國久已與蒙古貿易之磚
茶」〔註57〕。同年，山西幫商人在漢口收購茶葉，開始銷往俄國〔註58〕。就湖
北產地而言，俄國商人所購之紅茶、磚茶主要來自羊樓洞茶區。

羊樓洞茶區是一個經濟地理概念，涵蓋湖北南部的蒲圻、崇陽、通城、
通山、咸寧等縣以及湖南北部的臨湘，以羊樓洞爲茶葉生產與製造中心。羊
樓洞（又叫羊樓峒）位於蒲圻縣南端，爲湘鄂贛三省之商貿要道，南抵岳陽，
北眺漢口。史稱「茶出通山縣者上，崇陽、蒲圻次之」〔註59〕。羊樓洞茶區
在清代前期成爲國內著名茶區與貿易市場，既爲漢口成爲茶葉外銷的重要口
岸創造了條件，又爲晚清漢口市場茶葉異軍突起奠定了堅實基礎。

〔註54〕 〔法〕加勒利・伊凡：《太平天國紀事》，上海，上海古籍出版社1982年版，
　　　　 第103～104頁。轉引自《近代武漢城市史》第2頁。
〔註55〕 《湖北省志・工業》上冊，武漢，湖北人民出版社1995年版，第3頁。
〔註56〕 《武漢通覽》第572頁。
〔註57〕 〔美〕威廉・烏克斯：《茶葉全書》（William H. Ukers, All About Tea），中譯本，
　　　　 下冊，第54頁。轉引自《中國近代手工業史資料》第2卷，第110～111頁。
〔註58〕 武漢地方志編纂委員會主編：《武漢市志・大事記》，武漢，武漢大學出版社
　　　　 1990年版，第3頁。
〔註59〕 雍正《湖廣通志》卷18，《田賦志・物產・武昌府》。

　　清承明制，茶法一分爲三：第一類是官茶，用於邊疆地區的茶馬互市；第二類是貢茶，專供朝廷飲用；第三類是商茶，給引徵課。茶葉作爲國家專控商品，在一定範圍內允許商人領引販賣。具體情況又可細分爲四：一是由各省招商發引納課，二是由商人自赴戶部領銷，三是由小販向本籍州縣申請領引，四是由州縣承引，將茶引發給茶農。茶引由戶部寶泉局印製，作爲發給商人允許其運銷茶葉的官方憑證。「茶百斤爲一引，不及百斤謂之畸零，另給護帖。行過殘引皆繳部。凡僞造茶引，或作假茶興販，及私與外國人買賣者，皆按律科罪」。由此可見，經由漢口運往歐洲的茅寧茶、毛尖茶以及俄國商人採購的紅茶、磚茶，均爲商販領引納課之後的商品。至於有無逃稅走私現象，尚無材料予以證實。據稱，「湖北由咸寧、嘉魚、蒲圻、崇陽、通城、興國、通山七州縣領引，發種茶園戶經紀坐銷。建始縣給商行銷。坐銷者每引徵銀一兩，行銷者徵稅二錢五分，課一錢二分五釐，共額徵稅課銀二百三十兩有奇。行茶到關，仍行報稅」〔註 60〕。湖北領引納課的茶區幾乎均在羊樓洞，其地位之重要於此可以窺見一二。咸豐五年（1855），清廷在羊樓洞設立專局抽收茶稅，並在咸寧、嘉魚、崇陽、通山等縣產茶之地設立分局〔註 61〕。同年，湖廣總督官文、湖北巡撫胡林翼奏請在武昌設立鹽、茶牙釐總局，各州縣地方分別水陸設立局卡，徵收茶釐，解充軍餉，漢口也不例外。19 世紀 50 年代，羊樓洞茶區上繳茶稅爲銀 183,800 兩，錢 114,900 串〔註 62〕。依照慣例，羊樓洞茶區以及其他地區所產茶葉運抵漢口市場之後，「凡係包茶套簍，無論鄂湘所產，均收落地釐一道，每百斤抽錢二三百文不等，超載減半」〔註 63〕。稍後又規定，漢口茶葉落地稅一律照加，即於抽收正釐外加抽二成。

　　在漢口正式開埠前夕，羊樓洞所產紅茶與磚茶已成爲市場搶手貨，尤爲俄商所看好。就磚茶而言，羊樓洞茶區在明代製作的「帽盒茶」是其前身〔註 64〕。但正式批量生產，卻肇始於清代康熙年間，主要得益於山西茶商的介入。道光年間，羊樓洞茶區開始製作紅茶，江西茶商於此功莫大焉〔註 65〕。如果說，由

〔註 60〕《清史稿》卷 124，《食貨志五・茶法》。

〔註 61〕民國《湖北通志》卷 50，《經政志八・榷稅》。

〔註 62〕王藝：《羊樓洞青磚茶》，載《湖北省志資料選編》第 1 輯。

〔註 63〕民國《湖北通志》卷 50，《經政志八・榷稅》。

〔註 64〕王藝：《羊樓洞青磚茶》，載《湖北省志資料選編》第 1 輯。另參張正明：《清代的茶葉商路》，《光明日報》1985 年 3 月 6 日。

〔註 65〕清人葉瑞廷《蓴蒲隨筆》卷 4 稱：「（康熙年間）有山西估客購茶邑西鄉芙蓉山，峒人迎之，代收茶，取行傭。估客初來頗倨傲，所買皆老茶，最粗者，

於俄國商人涉足漢口茶葉市場，使漢口在成爲所謂「條約口岸」之前已是中國紅茶出口的中心市場，那麼同樣是由於俄國商人更大規模的採購行爲，又使得漢口在正式開埠之後迅速成爲中國茶葉（尤其是磚茶）出口的最大市場。

美國學者羅・威廉因其專著《漢口──一個中國城市的商業與社會（1796～1889）》而飲譽史學界。他認爲，在整個清代前期，漢口在中國國內貿易中居於最高地位，是糧食、鹽、茶、棉花等商品的貿易中心。這一發展成就既不是官府行政管理的結果，也不是來自西方的影響，而是整個中國商業經濟發展的必然結果。他特別強調，茶葉出口是中國和西方在漢口接觸的開始，茶莊的活動體現了商業資本家直接插手生產過程，標誌著茶業中的商業資本已從簡單的流通領域開始走向工業資本主義經濟。羅氏關於茶業資本主義化的論述固然有值得商榷之處，但其對於清代前期茶葉與漢口市場關係的闡釋卻屬高見。

三、漢口開埠後（1861～1911）的茶葉貿易及其他

迄至近代，伴隨著外國商品湧入中國市場，品種繁多的土貨在不平等條約的陰影下源源不斷地輸往國外，其中茶葉的交易額十分巨大。素有九省通衢之稱的漢口是近代中國第二批對外開放的通商口岸，茶葉成爲清代後期漢口市場進出口貿易的最大宗商品。這裡所謂的「清代後期」，係指1861年漢口正式開埠，直至1911年辛亥革命爆發，亦即清朝的最後50年〔註66〕。從總體上看，茶葉對清代後期漢口市場的影響體現在六個方面，茲分別加以論述。

（一）龐大的茶葉供銷網路

漢口市場得天獨厚的經濟地理優勢，使該市場的茶葉來源十分充裕而暢達，並進而形成了產、供、銷一條龍的龐大網路，豐富了漢口市場的商品流通體系。清末湖廣總督張之洞對此深有感觸，云：「漢口鎮，古名夏口，爲九省通衢，夙稱煩劇。自通商口岸以來，華洋雜處，事益紛煩」〔註67〕。漢口

踩作茶磚，仍號芙蓉仙品，此黑茶也」。「（道光年間）江西估客收茶〔至〕寧州，因進峒，教以紅茶做法」。

〔註66〕咸豐八年（1858），《中英天津條約》簽訂。該條約規定，增開漢口等9處爲通商口岸。當時，清軍正在長江中下游與太平天國農民軍鏖戰，所以漢口的正式開埠延遲到咸豐十一年（1861）。是年3月，英國官方商務代表威利司等人抵達漢口，與湖廣總督官文談論通商細節。光緒二十五年（1899），在湖廣總督張之洞的奏請下，清廷在漢口正式設立夏口廳，隸屬漢陽府。自此，陽夏分治，漢口成爲獨立行政區。

〔註67〕民國《湖北通志》卷5，《輿地志五・沿革二》。

是近代中國三大茶葉市場之一。史稱：「厥後泰西諸國通商，茶務因之一變。其市場大者有三：曰漢口，曰上海，曰福州」〔註68〕。

運往漢口市場的茶葉來自湖北、湖南、江西、安徽、四川、陝西、甘肅、河南、廣西、貴州等地。蛛網般的長江水系成為茶葉運輸的最佳路徑，沿湘江、沅江、澧江而來的是湖南茶葉，沿漢水而來的是陝西茶葉、甘肅茶葉、河南茶葉，沿長江干流而來的是江西茶葉、安徽茶葉、四川茶葉，一派繁忙景象，「（漢口）街市每年值茶時，甚屬盛望。屆時則各地茶商雲屯蝟集，茶棧客棧俱屬充滿，坐轎坐車絡繹道路，比之平日極為熱鬧」。外國商人亦聞風而至，爭購茶葉，「居留地平日似甚間寂然，一值輸運茶時，則上海之英美茶商各行麇集，江面各國輪船絡繹不絕矣」〔註69〕。一個輪船航運的新時代已經來臨。不可遺漏的是，鐵路的興建也對漢口市場茶葉流通產生了影響。「自一九○五年京漢鐵路通車以後，河南各地之物資，因集中於漢口。當一九○四年，漢口輸出不過七百十四萬兩；至一九一○年，即增至千七百九十萬兩」〔註70〕。包括茶葉在內的各類商品的貨運量增大，流通速度加快。但就晚清而言，輪船之於漢口市場茶葉貿易的影響大於鐵路，因為鐵路建成之時，已接近清廷末日。

在各路茶葉中，兩湖茶葉是漢口市場的最大貨源，「湘鄂兩省每年外銷茶葉共值銀一千餘萬兩，其中湘茶占十分之六以上」〔註71〕。除興國州之茶運往九江外，湖北各茶區皆瞄準漢口市場，尤以羊樓洞為最。羊樓洞是晚清湖北最大的茶區，在全國亦頗有影響。據清人葉瑞廷所著《蓴蒲隨筆》稱，「按今峒茶名馳中外，茶有紅、黑二名」。應該說，羊樓洞茶區的穩步發展，為漢口市場茶葉貿易的繁盛提供了切實保障。

從另一角度看，漢口關為通商口岸亦極大地刺激了中國各茶區商品生產的發展。因為漢口是國內三大茶葉市場之一，茶葉的輸送量極大，種茶、販茶成為有利可圖的謀生手段，從而形成茶葉生產與茶葉銷售相互激勵的良性機制。

〔註68〕 《清史稿》卷124，《食貨志五·茶法》。

〔註69〕 徐煥斗：《漢口小志·商業志》，六藝書局、商務印書館、藍金秀紙號1915年版，第14頁。

〔註70〕 峙冰：《鐵道與貿易》，載《上海總商會月報》1卷6號，1921年12月。轉引自李文治編：《中國近代農業史資料》第1輯，北京，三聯書店1957年，第415頁。

〔註71〕 《湖南省志》第1卷，《湖南近百年大事紀述》，長沙，湖南人民出版社1979年版，第125頁。

如安徽建德縣，原為產茶之區，「綠葉青芽，茗香遍地，向由山西客販至北地歸化城一帶出售。同治初年，則粵商改作紅茶，裝箱運往漢口。浮梁鉅賈，獲利頗多」〔註72〕。在漢口巨大的市場引力下，兩湖茶區的商品化程度因天時、地利而愈益加深。湖南醴陵縣，「光緒初，紅茶業興。邑人製茶販運漢皐者，獲利倍蓰。自是來龍門一帶，每屆春日，製茶揀茶列廠恆數十」。湖北宜昌府鶴峰州，光緒年間粵商至此「辦運紅茶，載至漢口兌易，洋人稱為高品。州中瘠土，賴此為生計焉」〔註73〕。羊樓洞茶區的蒲圻縣，流傳一首竹枝詞，亦流露出商品生產的濃厚氣息。詞云：「三月春風長嫩芽，村莊少婦解當家。殘燈未掩黃粱熟，枕畔呼郎起採茶。茶鄉生計即山農，壓作方磚白紙封。別有紅箋書小字，西商監製自芙蓉。六水三山卻少田，生涯強半在西川。錦宮城裏花如許，知誤春閨幾少年」〔註74〕。甚至某些往昔不種茶樹之地，也在利益驅動下拔舊物而植新茶。如湖南平江縣，「凡山谷間，而種紅薯之地，悉以種茶」〔註75〕，銷往漢口，獲利豐厚。再如瀏陽縣，素以產麻而名噪天下。進入晚清之後，因外商大量採購茶葉，「茶船入漢口，收茶不計值，湘茶轉運近捷，茶者輒抵巨富。於是皆捨麻言茶利矣。瀏陽以素所植麻，拔而植茶」〔註76〕。另據1871年漢口海關商務報告稱，「（漢口的）主要出口貨是茶，今年茶的出口比以往任何一年都多，但歐洲對這種茶的消費增加，能與供給的增加相適應。湖廣兩省茶的種植近來有了擴張，幾乎較十年前增加了50%，只要生產者能夠得到他們現在所得到的價格，茶的種植也許會繼續擴張」〔註77〕。

為以往論者所忽視的是，進入晚清漢口市場的茶葉除了國內茶葉，還有外國茶葉，如日本綠茶、印度紅茶、印度以及錫蘭（今斯里蘭卡）茶末等。據海關報告，俄國商人在漢口製造磚茶時大量摻入進口的印錫茶末，以達到味濃色美之效果，如下表所列：

〔註72〕《益聞錄》，第267號，光緒九年五月二十三日。轉引自姚賢鎬編：《中國近代對外貿易史資料》第3冊，北京，中華書局1962年版，第1475頁。

〔註73〕鄭昌淦：《明清農村商品經濟》，北京，中國人民大學出版社1989年版，第364、369頁，均引舊志。

〔註74〕民國《湖北通志》卷21，《輿地志二十一·風俗》。

〔註75〕語出李元度等：《平江縣志》卷20。轉引自《中國近代對外貿易史資料》第3冊，第1472頁。

〔註76〕譚嗣同：《瀏陽麻利述》，《農學報》第12期，光緒二十三年九月。轉引自《中國近代對外貿易史資料》第3冊，第1472頁。

〔註77〕參見《中國近代對外貿易史資料》第3冊，第1472頁。

表1　1899～1908年漢口出口磚茶及其所含外國茶末表　　（單位：擔）

年　份	磚茶出口數	其中外國茶末	漢口磚茶出口淨數
1899	384,830	103	384,727
1903	584,774	22,427	562,347
1908	581,560	109,280	472,280

資料來源：此表係根據漢口歷年 Trade Reports、Decennial Reports 編成。轉引自皮明麻、馮天瑜等編：《武漢近代（辛亥革命前）經濟史料》，武漢地方志編纂辦公室印行，第60頁。

　　漢口市場的一大特色，是它始終扮演著商品流通中轉站的角色。來自四面八方的商品匯聚漢口市場，然後又從這裡走向五湖四海。茶葉亦不例外。由於俄國商人是漢口市場上購銷茶葉的最大客戶，因此由漢口通往俄國的茶葉商路便成為晚清漢口市場商品流通體系中最引人注目的部分。通而觀之，漢口茶葉銷往俄國的商路包括水路和陸路，計有五條路線：第一條，由漢口裝船運抵天津，再由陸路經恰克圖運至西伯利亞；第二條，由漢口沿長江運至上海，再經海路運往海參威；第三條，由漢口溯漢水而上運抵樊城，在樊城起貨後轉裝大車運往張家口，然後運抵恰克圖；第四條，由漢口裝船，途經地中海運抵敖得薩；第五條，由漢口經漢水運至老河口，卸船之後運往河南賒旗鎮，再途經山西的潞安府、沁州、太原府直至大同之西南部，最後由歸化廳分銷於蒙古和俄國〔註78〕。就第五條線路而言，為了方便北方地區的駱駝運載，茶葉在起運離開漢口之前，不用內襯鉛皮的木箱，而是用墊有厚紙和樹葉的竹簍〔註79〕。這種傳統的包裝方式，使人想起前揭清代著名詩人查慎行描寫漢口市場的詩句：「黃蒲包官鹽，青箬籠苦茗」，恍然如在眼前。除了上述五條商路，漢口茶葉通常先運抵上海，再運往歐美各國或國內其他商埠。

　　就漢口市場而言，茶葉從產區到消費者手中大致經過如下環節：茶區→洋莊、口莊、茶莊、茶棧、茶行、批發行、個體茶販→洋行、茶葉店→消費者。在這個流程圖中，最關鍵的是第二個環節中充當中介組織的若干機構。其中專門從事外銷業務的是洋莊和口莊。洋莊直接到茶區探查貨源，然後運至漢口，稍作加工後即售給各洋行，採辦區域主要限於長江中游三省（湖北、

〔註78〕參見《中國近代對外貿易史資料》第2冊，第1288～1290頁。
〔註79〕Trade Reports，1876年，PartI，第64頁。轉引自《中國近代對外貿易史資料》第2冊，第1289頁。

湖南、江西）以及安徽的祁門。口莊主要負責將茶葉從產區運至漢口市場，再銷往蒙古地區。茶莊、茶棧、茶行主要經營內銷業務，其中茶莊多設於茶區，是各茶區與漢口市場的重要津梁。茶棧與茶行性質相仿，但略有不同：茶棧以行銷紅茶爲己任，多數是替洋行採辦茶葉的買辦機構，「媒介茶商、土莊棧客與洋行交易而收取傭金」〔註 80〕。茶棧領有部帖，如「吾國茶棧中以忠信昌新記爲最著，設立於民國以前」，此外尚有太隆永、協順祥等〔註 81〕。茶行通常帶有行幫色彩，亦領有部帖，在資金與規模上超過茶棧，並且深入茶區與其他商販合股採辦茶葉，稱爲「搭莊」。如注同元茶行在湖北咸寧搭莊，興泰茶行和保康茶行則分別在湖南的安化和桃園搭莊。另有一些茶商爲了營利的目的脫離茶棧或茶行，專門開展茶葉內銷的批發業務，充當漢口茶商與外地茶商之間的媒介，其新設的機構稱爲「撮摸行」〔註 82〕。

充足的茶葉貨源，觸角遍及海內外的運銷茶葉的商路，加之分工如此精細的茶葉購銷組織，無疑強化了晚清漢口市場的商品流通管道，直接而有力地推動了漢口商業的發展。

（二）茶葉成爲漢口進出口貿易的最重要商品

繁多的品種，巨額的貨值，使茶葉成爲漢口市場最大宗的商品，幾執該市場進出口貿易之牛耳。進出漢口市場的茶葉品質不同、花樣繁多、名稱各異。粗略計算，有茶片、茶餅、老茶、紅茶、工夫茶、花香茶、帽子茶、花薰茶、二五箱茶、毛茶茶末、熙夾綠茶、雨前綠茶等等。以湖北所產茶葉爲例，計有大茶、雲霧茶、龍泉茶、鳳髓茶、桃花茶、觀音茶、漢陽茶、松蘿茶、蘄門團黃、靈蚘山茶、紫雲茶、乾茶、騫林茶、仙人掌茶、鹿苑茶、鳳山茶、楠木茶、大拓枕茶、碧澗茶芽、黃連茶、峽茶、博茶、白茶、末茶、眞香茶、容美茶、雲岩茶、仙峒茶等 27 類。如果細分，僅羊樓洞茶區出產的品種就有幾十種之多，包括青茶、紅茶、米茶、黑茶、熟茶、白毛尖、物華、松華、精華、月華、春華、天華、天馨、花香、奪魁、賽春、一品、穀牙、穀蕊、仙掌、如桅、永芳、寶蕙、二五、龍鬚、鳳尾、奇峰、烏龍、華寶、蕙蘭等〔註 83〕，眞可謂詩意盎然，香氣襲人。在各類茶品中，磚茶的地位最

〔註 80〕《漢口商業月刊》1934 年第 1 卷第 8 期。轉引自《近代武漢城市史》第 146 頁。
〔註 81〕實業部國際貿易局編：《武漢之工商業》，1932 年 7 月。
〔註 82〕曾兆祥：《近代武漢的貿易行棧》，載《中國財經大學學報》1986 年第 1 期。
〔註 83〕民國《湖北通志》卷 22，《輿地志二十二‧物產一》。

爲顯赫，是海關商務報告中出現頻率最多的茶葉品種，可細分爲京磚茶、小京磚茶、紅磚茶、綠磚茶、藥磚茶和一般的大小磚茶。

令人眼花繚亂的各類茶葉，使漢口市場上茶葉的進出口貨値十分巨大，1881～1890 年的年均流轉量爲 96 萬擔，1901～1910 年爲 100 萬擔〔註84〕。與其他農產品相比，茶葉的流轉量絕對居於首位，列表 2 示之，以作領會。在出口方面，漢口市場茶葉的數額與價值數以萬計，常年不衰，如表 3 所示：

表2　1871～1910 年漢口主要農產品流轉數量表　（單位：擔）

時期 ＼ 品種	茶　葉	米　穀	絲	豆　類	花　生	棉　花
1871～1880	676,504	709	4,442	112	―	248,617
1881～1890	958,453	67,362	9,343	62,843	5,279	136,255
1891～1900	957,392	507,630	14,348	518,506	18,482	116,766
1901～1910	999,178	1,073,185	11,781	1,851,826	47,343	189,647

資料來源：此表係根據漢口歷年 Trade Reports、Decennial Reports 編成。轉引自《武漢近代（辛亥革命前）經濟史料》，第 66 頁。

表3　1893～1911 年漢口向國外出口茶葉表　（單位：擔、關兩）

年　份	數　　量	價　　値	年　份	數　　量	價　　値
1893	485,194	9,717,434	1903	424,620	6,988,399
1894	502,497	9,849,651	1904	449,722	8,923,816
1895	574,786	11,939,900	1905	378,357	7,654,005
1896	467,753	10,535,312	1906	342,518	―
1897	434,999	7,434,435	1907	401,038	―
1898	477,387	9,230,671	1908	423,532	―
1899	525,421	12,885,595	1909	349,066	―
1900	468,549	10,429,612	1910	381,845	―
1901	354,716	5,998,245	1911	435,911	―
1902	396,763	6,035,727			

資料來源：此表係根據水野幸吉：《漢口》以及歷年 Decennial Reports 編成。參見《武漢近代（辛亥革命前）經濟史料》，第 57 頁。

〔註84〕章有義編：《中國近代農業史資料》第 2 輯，第 238 頁。

不難算出，1893～1905 年漢口市場茶葉的年出口額大體維持在 46 萬擔左右，其中 1895 年爲最高年份，1906～1911 年約爲 39 萬擔左右。

漢口市場茶葉對外貿易的對象主要是俄國和英國。至於其他歐美國家如德國，一部分是由漢口直接運往，另一部分是由英國公司轉運。據江漢關商務報告，1894 年漢口市場茶葉直接運往國外的數量爲 147,670 擔，其中逕運英國 22,127 擔，逕運俄國 125,422 擔，只剩下 121 擔銷往其他國家，英、俄兩國占去 99%的份額，這一年，「中外茶商認爲是令人最感興奮滿意的一年。是十五年至二十年來未曾遇到如此好的季節，也是外國茶商從未獲得過如此巨利；本地茶商也同樣做了很好的生意」。1895 年漢口茶葉直接出口以及轉口運往國外的數額爲 157,885 擔，其中運往英國爲 5,080 擔，運往俄國爲 152,805 擔，「是爲茶葉業歷史上最好的年景」。1896～1897 年，漢口茶葉銷往英國 21,601 擔，俄國奧德薩、聖彼德堡及其遠東地區 251,941000 擔，別的國家僅爲 54 擔﹝註85﹞。

顯而易見，俄國是漢口茶葉市場的最大主顧。1868～1895 年俄商在漢口採購茶葉共計 12,934,000 擔，約占全國茶葉出口額的四分之一﹝註86﹞。在磚茶出口方面，漢口市場出口俄國的數額幾爲全國出口總量的三分之二，貿易記錄十分驕人，詳見下表。

表 4　1876～1892 年漢口磚茶輸俄數量表　　　　　　（單位：擔）

年份 ＼ 數量	全國輸出	漢口輸出	漢口占總數百分比
1876	153,950	96,334	62.5
1877	147,809	90,366	60.3
1878	194,277	117,641	60.5
1891	328,860	255,703	77.7
1892	323,112	244,100	74.9

資料來源：此表係根據楊端六編：《六十五年來中國國際貿易統計》，以及孫毓棠編：《中國近代工業史資料》編成。轉引自《武漢近代（辛亥革命前）經濟史料》，第 60 頁。

究其原因，蓋與俄國寒冷的地理環境，民衆巨大的消費需求，以及俄國在

﹝註85﹞《湖北近代經濟貿易史料選輯》第 1 輯，第 256～257 頁。
﹝註86﹞《武漢通覽》第 572 頁。

近代中國擁有特殊的政治經濟權益有關〔註87〕。據海關人士透露，1875年漢口市場簽發的護運茶葉的外運子口稅單共有 193 張，總值為 799,235 海關兩。其中俄國竟占 179 張，價值為 727,592 海關兩，發給英商的僅為 12 張，價值為 69,711 海關兩〔註88〕。俄國商人看中了漢口這個交通條件好、輻射區域廣、吞吐能量大的貿易港口，把它確定為華茶輸俄的基地。磚茶之所以成為漢口市場最具特色的大宗貿易商品，與俄國商人的介入密不可分，因為各類磚茶是他們在漢口市場採辦數量最多的商品。方志學家徐煥斗稱：「磚茶者有紅綠之兩種，用紅茶之粉末以造者為紅磚茶，用綠茶之粗葉並用莖者為綠磚茶，多供俄人之需用者。蓋住北部寒帶之俄國人深好磚茶，亦猶中國人之於鴉片同視為與衣食皆為必要之品」〔註89〕。漢口開埠之後直至 20 世紀之初，在長達 40 年的時間裏漢口市場運往俄國的磚茶數量總體上呈遞增趨勢，1869 年為 73,758 擔，1891 年為 255,703 擔，1900 年躍至 390,200 擔〔註90〕。1892～1901 年，漢口市場出口的磚茶和茶餅價值為銀 26,415,574 兩〔註91〕。由於磚茶的大量出口和巨額的利潤刺激，漢口市場的中國茶商甚至將普通茶葉研成碎末，以供製作磚茶之需。不惟磚茶，紅茶出口亦以俄國為最大的銷售對象。直到辛亥革命前夕，「自漢口輸出之紅茶，以俄國銷量為最大，英美次之」〔註92〕。

　　如同茶葉品種繁多一樣，漢口市場茶葉的貿易形式也呈多樣化。總體上分為對外貿易，國內貿易；直接貿易，間接貿易（又叫轉口貿易，包括復進口、復出口）。細分則為洋貨直接進口、土貨直接進口、洋貨間接進口、土貨間接進口；土貨直接出口、土貨間接出口、洋貨復出口，如 1902 年錫蘭茶末 8,661 擔由漢口市場復出口運到西伯利亞和滿洲里〔註93〕。僅以 1908、1909

〔註87〕 在俄國與清廷簽訂的不平等條約中，與漢口茶葉出口關係最大者當推《中俄天津條約》（1858）和 1862 年開始議訂、後來經過兩次改訂（1869、1881）的《中俄陸路通商章程》。

〔註88〕 Trade Reports，1875 年，漢口，第 35 頁。參見《武漢近代（辛亥革命前）經濟史料》，第 58 頁。

〔註89〕《漢口小志·商業志》，第 4 頁。

〔註90〕 參見《武漢近代（辛亥革命前）經濟史料》第 59 頁。

〔註91〕《通商華洋貿易總冊十年報告》，1892～1901 年分，上篇，漢口，第 304 頁。參見《湖北近代經濟貿易史料選輯》第 1 輯，第 16 頁。

〔註92〕《我國茶葉之產銷及其振興策》，載《漢口商業月刊》1935 年第 2 卷第 12 期。參見《武漢近代（辛亥革命前）經濟史料》第 59 頁。

〔註93〕 Trade Reports，1902 年，漢口。參見《湖北近代經濟貿易史料選輯》第 1 輯，第 260 頁。

年紅茶直接出口爲例，即可知曉漢口商務之繁榮。

表5　1908～1909年漢口紅茶對外貿易數值表　　（單位：擔、關兩）

產　　地	湖　　　北				江　　西			
數　　值	重　　量		價　　額		重　　量		價　　額	
年　　份	1908	1909	1908	1909	1908	1909	1908	1909
出口國 俄國	165,413	125,420	3,604,965	2,673,757	47,233	60,521	1,535,401	1,998,448
英國	19,797	11,994	416,574	243,732	8,006	3,603	264,794	125,699
美國	2,900	3,016	58,000	60,510	645	315	18,231	9,049
德國	701	220	14,039	4,894	220	212	7,096	6,689
丹麥	470	244	9,400	4,970	320	123	10,580	3,804
荷蘭	390	397	8,130	7,953	446	151	15,494	4,304
法國	60	113	1,200	2,296	112	14	3,586	488
其他國家	253	151	5,281	3,048	—	189	—	5,247

資料來源：《我國茶葉之產銷及其振興策》，載《漢口商業月刊》1935年第2卷第12期。轉引自《武漢近代（辛亥革命前）經濟史料》，第61、63頁。

從上表可知，漢口市場湖北產和江西產紅茶遠銷俄國、英國、美國等國。在湖北紅茶出口方面，俄國獨佔鰲頭，其貿易數額等於英美各國總和的七、八倍。江西紅茶由漢口市場運往俄國的數量仍居榜首，爲英美各國總和的 5 倍（1908 年）和 13 倍（1909 年）。遍及海內外的茶葉貿易關係網，襯托出漢口市場的重要地位，使它與國際貿易息息相關。

　　值得注意的是，漢口市場茶葉的出口貿易一度刺激了鉛的進口貿易，因爲裝運茶葉出口的木箱需要用鉛皮作內襯。據江漢關貿易報告稱，1866 年鉛被列爲大宗進口商品，數量爲 33,281 擔。1869 年，鉛的進口增至 40,694 擔。進入 70 年代，鉛的進口量保持在 2 萬多擔左右。「本年（1878 年——引者注）鉛的輸入量大增，出乎想像之外，其原因是前幾年茶葉貿易發展很快，但缺乏鉛皮作茶葉箱包裝之需」〔註94〕。

　　必須強調指出，茶葉是晚清漢口市場進出口貿易的最重要商品。方志學家徐煥斗在其所著《漢口小志》一書中列舉了漢口市場16種主要輸出品，包

〔註94〕參見《湖北近代經濟貿易史料選輯》第 5 輯，第 232 頁。

括皮革、油漆、豆、豆餅、生絲、麻布、鴉片、棉布、棉絲、苧、五倍子、白蠟、藥材、銅鐵、石炭等。他同時指出：「茶。其業最盛，利益最多。每年四五月之時，市價每日變動，日甚一日，有二三次相場之升降。中國人與外國人業投機者，凡在此間者，皆得巨利云」〔註95〕。江漢關貿易報告反覆強調，在出口貿易方面「茶葉居首位」、「出口土貨以茶葉爲大宗」、「看來本市已成爲茶葉貿易中心」、「首先令人滿意的是茶葉和土產品大增」。並且直言不諱「由於茶葉和土產出口量增加，因此木年（1876年——引者注）海關稅收亦大增長，總額爲180萬海關兩，較上年計增19.5萬海關兩」〔註96〕。這表明，茶葉的貿易地位實非其他商品如棉花、牛皮、桐油、豆類、米穀、煙草、食鹽、木材、藥材、紙張、生絲、棉布等可比，茶葉貿易關乎漢口市場進出口貿易的整體走勢，可謂牽一髮而動全身。茶行已從傳統八大行中脫穎而出，恒居榜首。

（三）中外茶商的競爭與茶業資本的膨脹

茶葉貿易刺激了漢口商人集團的發展和商業資本的膨脹，使市場競爭呈現出多元態勢。活躍於晚清漢口市場的商人可謂形形色色，從事著從紙到米、從扇到麻、從漢口到上海、從國內到國外的商貿活動。在利益驅動和生存壓力下，眾多商人涉足茶葉業，引發了茶商之間的競爭，包括中外商人之間的競爭，外商之間的競爭，華商之間的競爭，漢口本地商人與外地商人之間的競爭，大商家與小商販之間的競爭等等，錯綜複雜，異常激烈。

近代中國賦予漢口市場的是一種中西文化相互碰撞融合的商業性格，中國商人與外國商人之間既有協作又有競爭。在不平等條約和領事裁判權的庇護下，進駐漢口的外國商人擁有某種特殊地位。他們在漢口設立了眾多的商務機構——洋行。據一家稱爲哥登兄弟洋行（Messrs Gordon Brothers）的報告，僅1874年在漢口爲外商從事茶葉加工的茶行就有237家，上一季度多達262家〔註97〕。這個數位可能存在統計上或印刷上的錯誤，有些誇大，但是有一

〔註95〕《漢口小志・商業志》第2頁。蔣氏所譯日本法學士織田一所著《中國商務志》（1905年）認爲，漢口市場「輸出品最重要者爲茶，幾占全輸出額四分之一」。參見《湖北近代經濟貿易史料選輯》第5輯，第31頁。
〔註96〕參見《湖北近代經濟貿易史料選輯》第5輯，第231～236頁。
〔註97〕Commercial Reports，1874年，漢口，第2頁。引自《中國近代對外貿易史資料》第3冊，第1537頁。

點可以肯定，那就是眾多洋行參與了茶葉出口貿易。誠如論者所指出的那樣，「武漢為九省通衢，茶葉貿易，異常發達。漢口自闢為通商口岸後，帝國主義者紛紛來漢經營茶葉出口。1863 年，帝俄的新泰、順豐、阜昌、百昌等洋行，先後在漢口開業和設立磚茶廠。……繼俄商來漢經營茶葉出口的，有英商怡和、天祥、太平、寶源等」〔註 98〕。此外，英商祥泰、天裕、嘉樂、協和、隆泰、錦泰、公信、柯化威、禮記、寶順、杜德等洋行亦以輸出紅茶為主要業務。除了俄國、英國，德國禪臣洋行、元亨洋行，法國公興洋行、立興洋行等均捲入茶葉貿易之中。洋行與中國商人在茶葉利潤上的爭奪是不可避免的，一位商界人士公開聲稱「漢口是中國人和外國人之間進行商業戰爭的場所」〔註 99〕。

　　大體說來，洋行在很大程度上必須依靠中國商人採辦茶葉，它們面臨著語言、文化、地理等方面的重重障礙。除了漢口開埠初期有少數俄商直接到產區購進茶葉，很快地包括俄商在內，所有的洋行都坐鎮漢口，向中國商人定貨或委派買辦深入茶區採購。這意味著，中國商人充當了茶葉產區與洋行之間的居間商人。對中國商人來說，由於不能及時獲取國際經貿消息，面臨語言障礙和關稅難題，缺乏先進的大型運輸工具——輪船，所以他們在漢口對外貿易方面又必須依賴洋行。鑒於這種特殊情況，洋行經常在價格方面刁難中國商人，動輒以品質、包裝等為由拒收或以低廉價格購進。例如，「緣光緒十八年二三月間，晹雨失調，紅茶受病，成色偶有參差，英商抑勒茶價，藉端挑剔。漢口茶幫亦不齊心，紛紛減價求售，致虧本銀一百數十萬兩，洋人大獲其利」〔註 100〕。

　　1882 年，一位外國記者（St.James's Gazette）眞實記錄了漢口茶葉市場中國茶商與外國洋行之間的貿易細節：

　　　　中國貨主把茶葉運至漢口，他們委託廣州經紀人出售茶葉，經紀人便把樣品送到各家洋行，此時茶葉還在船上。外國洋行爭購新茶的競爭總是很劇烈的，交易談妥以後，廣州經紀人便告知他的老闆們，這些人對外國人的品格甚至姓名都不清楚。成交以後，茶葉

〔註98〕 蔡葶英：《漢口英商麥加利銀行梗概》（未刊稿）。參見《武漢近代（辛亥革命前）經濟史料》第 35 頁。

〔註99〕 〔美〕周錫瑞著，楊慎之譯：《改良與革命——辛亥革命在兩湖》，北京，中華書局 1982 年版，第 83 頁。

〔註100〕《湖南省志》第 1 卷，第 126 頁。

便立即運往購茶人的倉庫，進行驗收、過秤等等。大概按市價多給
了一二兩銀子的狡猾的購茶人，這時便乘機為難，說茶葉與樣品不
符，因此必須扣除一兩銀子。茶販反對，但無法可施；因為，如果
他把茶葉運走，他的茶葉也不會有別人購買。先前急於爭購茶葉的
外商現在卻像工會會員一樣堅定，他們對別人不要的茶葉決不過
問，這是對他們每個人都有幫助的一種制度。這位中國商人不得不
依從扣價，然後是過秤，通過巧妙的手法，可以取得 5%、8%、10%
乃至更高的秤扣。漢口海關承認 3% 的秤耗，其他扣頭還不在其內。
因此，一個購茶商可能通過這樣或那樣的方式得到 10～15% 的扣
頭。漢口沒有代表中國茶販的行會，茶販急欲售茶回家，而他所雇
用的廣州經紀人則更偏向外國人，而不向著他。由於這個制度（這
是近年來實行和完備起來的），一個漢口購茶商在去年可以這樣說，
他運往英國的茶葉，帳面上雖然虧損了 6%，但仍留下了 12% 的利
得。這是千真萬確的。此間盡人皆知，實行這種可恥的制度的人是
誰，這些人是經營對華貿易的一種新途徑的結果。在這種情況下，
所有或者幾乎是所有主張人格和清白、反對欺詐買賣的洋行，都被
排斥於華茶貿易之外。除了這些欺騙行為以外，在所有包裝和裝船
費用方面還有很大的回扣，這些回扣都為漢口購茶外商所攫取。在
席包、力資等方面的回扣為 20%～40%，但是這些回扣可以認為是
商會規定的收費標準的合法措施。〔註101〕

一百年前的茶葉銷售場面使人恍然如在其中，中國茶販的無奈、廣州經紀人
的狡黠、外國洋行的欺詐習蠻刻畫得惟妙惟肖。研讀這篇報導，可以獲悉如
下歷史信息：

其一，外國洋行之間在漢口市場收購茶葉時存在著激烈競爭，但在對待
中國茶商方面，他們的立場是一致的，態度是堅決的。

其二，中國茶商（主要是個體販運商）必須通過居間商人才能溝通與外
國洋行之間的售貨管道。報導中的廣州經紀人正是通曉外語、熟諳商情、頭
腦精明的居間商人，多半是洋行買辦，以故他們偏向外商。

其三，外國洋行擁有周轉資金、關稅特權、海外市場、輪船工具等多項

〔註101〕London and China Express，Vol.24，No.995，1882 年 9 月 1 日，第 939 頁，
轉引自《中國近代對外貿易史資料》第 2 冊，第 973～974 頁。

優勢，加之漢口市場貨源充足，可供採購的茶葉品種絕不限於漢口一處甚至中國本土，印度茶、錫蘭茶、日本茶均已躋身國際市場，所以漢口市場上的外商故意殺價減磅，在驗收、過秤、包裝、力資、運費等方面的扣價約爲 50%，幾近茶葉售價之半。毫無疑問，外商是晚清漢口茶葉貿易的最大受益者。

其四，中國茶商在與外商競爭時處於劣勢，尤其是資金不足，加之沒有自己獨立合法的近代商會〔註 102〕，居間商又偏袒外商，所以無法擁有市場競爭的主動權，在售茶利潤上只能聽任外商宰割。清末湖廣總督張之洞曾爲此致函漢口外國領事，對洋商拖延提貨時間，以貨色參差爲詞割價壓磅，華商因而受屈虧折表示嚴正關注。但是，這種干涉是無力的，因爲張之洞也知道，在茶葉直接對外出口方面「除洋商之外，別無銷路」〔註 103〕。

充當漢口茶葉對外貿易中的中介商人只是中國商人所扮演的一種角色，儘管這是最重要的角色。除此之外，眾多中國商人還經手茶葉的國內貿易，甚至包括大部分茶葉從陸路運往俄國的貿易。清代漢口市場有所謂「八大行」，茶行即其一，計有數百家。據 1899 年出版的《湖北商務報》披露，「漢口每年茶商字型大小，其多則有牌七、八百塊，每牌辦茶四、五幫。第一幫謂之頭字，次爲二字，又次爲三字。……以頭字爲最多。兩湖之頭字，謂之二五花箱，少者二、三百箱，多者約千餘箱，每箱淨茶 48 觔」。若按地域劃分，經營茶葉的商幫則有湖南幫、江西福建幫、徽州幫等，勢力最大的當推山西幫和廣東幫。湖北幫雖然佔據地利，但在茶葉貿易中稍遜一籌。

1900 年出版的一份《湖北商務報》稱，「漢鎮茶葉，歷年多係山西、廣東兩幫採辦」。並報導說，漢口茶葉公所已經召開會議，授權山西幫六家、廣東幫四家整頓茶務。從有關資料看，晉商主要深入羊樓洞茶區設莊收茶，稍作

〔註 102〕在資金方面，中國茶商可謂捉襟見肘，居間商人亦不例外。據 1884 年漢口海關商務報告稱：「向茶農收茶轉賣外商的中間商經常靠借來的錢經營。今年出貨的錢不多，並且利息高，期限短。結果，當茶市情況順利時，借款已經到期，茶商處於易受外商壓迫的不利地位，因爲他們不得不賣茶償債。」參見《中國近代對外貿易史資料》第 2 冊，第 974 頁。至於漢口近代商會，則成立於辛亥革命前夕之 1908 年，地址在漢口張美之巷（今民主路），爲時頗晚。嚴格而論，清代漢口八大行（含茶行）是傳統商業行幫，包括設於漢口熊家巷河街的茶業公所（徐煥斗《漢口小志・寺觀志》，第 7 頁），均與近代商會不可同日而語。

〔註 103〕張之洞：《購買紅茶運俄試銷摺》，光緒二十年（1894）七月二十六日，見《張文襄公奏稿》卷 22，第 10 頁。轉引自《中國近代對外貿易史資料》第 2 冊，第 976 頁。

加工後運往漢口市場脫手，而粵商則主要駐守漢口市場，與洋行做生意。在茶葉的加工程序方面，晉商與粵商各不相同。據宣統《湖北通志》稱，晉商取其粗葉入鍋翻炒，再裝入布袋搓揉而成，然後裝入竹簍之中。更粗一些的茶葉，則將其入甑蒸軟，取梢尖細葉，灑在上面，壓成磚茶，白紙包封，另加紅箋，上書「本號監製，仙山名茶」或「西商監製」字樣。粵商的方法則是，採擷細葉，在太陽下搓揉，不用火炒，遇上陰雨天氣就用炭火烘乾，將其製成茶末，用薄錫包裹，然後裝入楓木箱或柳木箱，此即紅茶，俗稱離鄉草。海關商務報告指出：「漢口的中國茶商，主要是廣東人，他們是生產者和外國買主之間的中介人，獲利最大」〔註 104〕。

在商業資本方面，中外茶商不乏握有鉅資者。據悉，在漢口市場上，專門從事出口貿易、與外商交割茶葉的洋莊最盛時有 100 餘家，資金雄厚者達紋銀 1,000,000 兩以上〔註 105〕。1885 年漢口商務報告稱，在漢口經營茶葉出口業務的廣東商人利用散佈戰爭消息牟取暴利。「他們把即將發生的英俄戰爭消息傳入內地，並且無疑盡量渲染這次戰爭對茶葉貿易的影響。樸質的茶農因為害怕他們的茶葉不能脫手，只好廉價出售，廣東商人就因此獲得很大的利潤。聽說他們的利潤總計達到 3,000,000 兩」〔註 106〕。主要經手國內貿易的茶行亦資本不菲，少則紋銀十萬，多則紋銀百萬〔註 107〕。在激烈的市場競爭中，有些茶商虧賠甚巨，從中亦可窺見茶業資本之根底。據《申報》稱，1877 年漢口有些茶號因金融風波虧賠三四萬至數十萬不等，其中彭人和茶號虧銀達三百數十萬兩〔註 108〕。

俄商在漢口創設的三個規模宏大的磚茶廠，即順豐、阜昌、新泰，資本均在二三百萬左右〔註 109〕。座落於漢口玉帶門的興商磚茶廠，是粵籍茶商唐

〔註 104〕Trade Reports，1885 年，漢口，p.14，轉引自《中國近代對外貿易史資料》第 3 冊，第 1578 頁。

〔註 105〕《武漢市進出口商業解放前歷史資料》（未刊稿）。參見《武漢近代（辛亥革命前）經濟史料》，第 42 頁。

〔註 106〕Trade Reports，1885 年，漢口，p.14，轉引自《中國近代對外貿易史資料》第 3 冊，第 1578 頁。

〔註 107〕程靜安：《舊武漢茶業的回憶》，載《武漢工商經濟史料》1983 年第 1 輯。

〔註 108〕《申報》光緒三年六月初二日。轉引自《武漢近代（辛亥革命前）經濟史料》第 243 頁。

〔註 109〕李哲睿：《呈度支部農工商部整頓出洋華茶條議》，《東方雜誌》1910 年第 7 卷第 10 期《檔第二‧公牘》。

朗山與友人合作設立，資本 50 萬，時間是 1907 年〔註 110〕。雖然遠不及俄商財大氣粗，但以個人一己之財力，能有如此開風氣之盛舉，亦殊爲難得。唐朗山是漢口名噪一時的粵籍茶商唐壽勳的侄子，唐壽勳則是英商麥加利銀行漢口支行首席買辦，任職長達 20 多年，積聚了大筆資產。唐朗山在唐壽勳去世後繼承了其買辦職務和錢財，並在漢口開設了惠昌花香棧、厚生祥茶莊和興商磚茶廠，另持有麥加利股票 3,000 英鎊〔註 111〕，實爲晚清漢口粵商之首富。因其買辦身份和雄厚資產，唐朗山多次出任漢口商務總會董事。

晉商素以金融業稱雄於世，山西平遙即爲清代中國票號之中心，這種金融優勢爲他們經手茶葉業務無疑提供了得天獨厚的條件。據水野幸吉《漢口》一書中的描述，漢口的山西茶商幾乎壟斷了茶葉出口蒙古的貿易。他們創設了巨貞和、大泉玉等口莊，每年銷往蒙古市場的數額約八萬箱，價值百萬兩左右，另外每年還採辦五萬箱茶葉運往張家口。堪與粵商唐壽勳、唐朗山媲美的是，晉商劉輔堂、劉子敬在資產方面亦爲山西商人之翹楚。山西人劉輔堂是漢口俄商新泰洋行和阜昌洋行的買辦，擔任採購茶葉的莊首，積累了大量資金，並在羊樓洞開設廣昌和茶莊。1905 年劉輔堂去世，留下二百萬銀子的財產〔註 112〕。其子劉子敬繼承家父之產業，成爲「漢口首屈一指的資本家」〔註 113〕。商人資本的膨脹不僅是茶葉貿易進一步向前發展的基礎，而且大量的資金流動以及商務信用的廣泛應用，又加快了漢口市場金融體系的發育。

（四）印度茶的崛起對漢口茶葉市場的衝擊

事實上，漢口茶葉貿易更大範圍、更爲激烈的競爭發生在國際市場。具體來講，華茶在國際茶葉市場（主要是歐美市場）面臨印度茶、錫蘭茶、爪哇茶、日本茶的競爭，其中印度茶最有衝擊力。

〔註 110〕陳眞編：《中國近代工業史資料》，第 2 輯，第 38 頁。另一說爲資本 60 萬，
　　　　時間是 1908 年。參見《中國茶葉之研究》，載《銀行月刊》1924 年第 5 卷第
　　　　12 期。轉引自《湖北近代經濟貿易史料選輯》第 1 輯，第 31 頁。
〔註 111〕蔡萼英：《漢口英商麥加利銀行梗概》（未刊稿）。參見《武漢近代（辛亥革命
　　　　前）經濟史料》第 32 頁。
〔註 112〕《關於劉輔堂與劉子敬的歷史資料》（未刊稿）。參見《武漢近代（辛亥革命
　　　　前）經濟史料》第 256 頁。
〔註 113〕《現代支那人名鑒》，第 385 頁。參見《武漢近代（辛亥革命前）經濟史料》
　　　　第 257 頁。

　　據稱，印度種茶始於 1834 年，「其後政府決議以移植中國種爲便，……植物家又考究樹質佳否，土宜如何，一一論究中國焙煉之法，政府並譯其書布告於衆」〔註114〕。40 年後，印度茶以其講求栽培、製作精良、機械化程度高而成爲華茶在歐美市場強有力的競爭對手。究其原因，在於印度茶園採取的是在英國資本控制下的資本主義大生產，其規模經濟產生的高效率，實非手工傳統、分散經營、資金匱乏、釐稅苛繁、信息不靈的中國個體茶農可比〔註115〕。這就意味著，中國茶的成本必然高於印度茶，在價格競爭上沒有多少優勢可言。19 世紀 80 年代，一擔茶葉從產區運至漢口市場的成本不菲，細目如下（單位：兩／擔）：

茶葉的實際成本	4.00 至 12.00
種茶人的捐稅	0.51 至 0.51
子口稅（或半稅）	1.31 至 1.31
慈善捐	0.10 至 0.10
裝箱、木箱、鉛罐等	1.00 至 1.00
茶園的工資和苦力開支等	2.00 至 2.00
烘焙與裝箱	2.00 至 2.00
利息（約 10%）	0.15 至 0.15
運至港口搬運費	0.70 至 0.70

據上，販茶人在賣與外國人之前每擔茶葉的全部成本爲 11.77 至 19.77 兩，若再加上茶葉運至倫敦的成本，則爲：

外國買主的傭金和棧租等	1.18 至 2.00

〔註114〕黃遵憲編：《日本國志》卷38，第 8 頁。參見《中國近代對外貿易史資料》第 2 冊，第 1186 頁。

〔註115〕1890 年漢口的一份商務報告曾分析印度茶、錫蘭茶所擁有的優於中國茶的 11 項有利條件，同時指出中國茶優於印錫茶的 1 項有利條件，即中國茶農「對於工作更加細心和辛勤。他們以經驗代替科學，而能生產比目前印度產品香味更好的茶葉」。詳見《中國近代對外貿易史資料》第 2 冊，第 1215～1217 頁。另據 1887 年 10 月 27 日《北華捷報》（North China Herald）稱：「中國的小農生產是不能與印度的大茶園競爭的，前者正爲後者所排擠。控制著倫敦茶葉市場的，正是這些有充足資本的大茶園，它們具有改良的機器以及最好的焙製技術。在中國，如湖北山區擁有兩三畝地的小茶農是不能和他們競爭的。」參見李文治編：《中國近代農業史資料》第 1 輯，第 394 頁。

關稅　　　　　　　　　　　　　　　2.72 至 2.72

運費　　　　　　　　　　　　　　　2.46 至 2.46

倫敦碼頭與貨棧費用　　　　　　　　1.23 至 1.23

這樣，每擔茶葉的成本則高達 19.36 至 28.18 兩。據悉，在印度，茶葉在加爾
各答以每擔 14 兩售出即可贏利，這表明其成本至多為 10 兩，低於漢口市場
的茶葉成本。在錫蘭，茶葉離岸價格為每擔 8.50 兩到 9 兩〔註116〕。如果考慮
到印度、錫蘭比中國在地理上更接近英國，而且印、錫茶均為英國資本直接
插手生產與流通領域之產物，必定享有關稅、輪船運費等方面的優惠待遇；
如果對比一下漢口 19 世紀 70～80 年代的茶葉價格（見下表），那麼印錫茶在
倫敦市場的售價就會低於包括漢口茶在內的中國茶，從而能夠搶佔更多的市
場份額〔註117〕。

表 6　1876～1887 年漢口茶季開始時的茶葉價格　　　　（單位：兩／擔）

年　份	上等茶	普通茶	年　份	上等茶	普通茶
1876～77	44 至 47	13 至 18.50	1882～83	48 至 54	12 至 14
1877～78	44 至 48	12 至 14.50	1883～84	46 至 50	13 至 15
1878～79	48 至 54	15 至 17	1884～85	44 至 48	14 至 17
1879～80	42 至 49	12 至 14	1885～86	46 至 50	13 至 16
1880～81	48 至 52	14 至 16	1886～87	47 至 51	14 至 17
1881～82	45 至 52	12 至 13			

資料來源：N.C.H.，1886 年 11 月 17 日，pp.521～522，參見《中國近代對外貿易史資料》第 2 冊第 1265 頁。

〔註116〕Commercial Reports，1877 年，漢口，pp.6～10，轉引自《中國近代對外貿易史資料》第 2 冊，第 1213 頁。離岸價格，亦稱船上交貨價格。簡稱 F.O.B.（英文 free on board 之縮寫）。以貨物裝上運載工具為條件的價格。採用離岸價格時，賣方負責將貨物裝上買方自派或指定的運載工具，並承擔將貨物裝上運載工具前的一切費用和風險。由啟運港到目的港的運費和保險費均由買方承擔。參見《辭海·經濟分冊》，上海，上海辭書出版社 1980 年版，第 418、419 頁。

〔註117〕1862～1911 年中國外銷茶的平均價格（單位：海關兩／關擔）：紅茶，最低價 14.80，最高價 30.53；綠茶，最低價 16.49，最高價 40.07。漢口茶葉的平均價格，1910 年最低價約為 22.00，最高價約為 107.00；1911 年最低價約為 29.00，最高價約為 117.00。參見許道夫編：《中國近代農業生產及貿易統計資料》，上海，上海人民出版社 1983 年版，第 246、248 頁。

19 世紀 70 年代，上海海關商務報告在列舉印度茶葉出口量迅速上升時預言：「如果我們想到，15 年前茶葉生產還是由中國壟斷的情況，這些數位就不僅表示印度茶已經成為一個可怕的勁敵，而且幾乎使人擔心：如果在種植和包裝的方法上不求改進，中國將完全被逐出國際市場，這不過是一個時間問題而已」〔註118〕。相比之下，中國茶在生產、包裝、貯存、運輸、銷售各環節均屬粗放式經營，只能自恃茶葉故鄉的這張傳統王牌，與起步晚但發展快的印度茶、錫蘭茶展開艱難的較量。印、錫茶葉成為晚清漢口市場的重要輸入品，足以說明外國茶已對中國茶的市場佔有率構成了威脅。

從 19 世紀 80 年代開始，漢口市場受到了來自國際茶葉市場的衝擊。不平等條約是近代中國商業貿易被動捲入國際市場的紐帶，漢口作為約開商埠在一定程度上亦可視為國際商埠。問題的關鍵在於，漢口等近代商埠的繁榮是建立在外國商人的採購行為之上的。一旦中國商品喪失競爭優勢，也就意味著喪失了國際市場，隨之而來的必然是國內各商埠的土貨出口一落千丈，茶葉就是典型例證。當印度等國茶葉逐步搶佔原本由華茶壟斷的地盤，那麼華茶在國際市場上就面臨著日益嚴峻的形勢，這自然影響到漢口茶葉的外銷數量，其結果就是中國茶商與茶農難逃厄運。1886 年漢口茶商倒閉者 3 家，未倒閉者亦舉步維艱，竟然形成「百家中猶有數家獲利」的蕭條格局。1888 年，兩湖茶莊由 300 餘家減為 181 家。當年《申報》報導，漢口曾有 3 位茶商因外銷茶葉受阻，資不抵債，被迫自殺。一位受雇於某洋商之茶商採辦祁門茶，運至漢口銷售，收入所得僅為成本三分之一，無力償還茶棧債銀 30,000 餘兩，只得逃之夭夭。另有一位祁門茶商將紅茶運抵九江向洋商兜售，遭到拒絕，只得轉運漢口，希望能賣個好價錢。不其遭遇大雨，茶葉虧損甚巨，該茶商跳江自盡〔註119〕。

外貿管道不暢，導致茶葉市場價格下跌，販茶利潤微薄，種茶成本上揚，以故茶商紛紛縮手，連鎖牽累茶農生計。安徽建德縣，因粵商採辦紅茶銷往漢口而茶業興旺。自光緒四年（1878）後，「茶價漸低，因而日形減色。今歲（光緒九年，即 1883 年——引者注）價更不佳，虧本益甚，故茶商之往建者，

〔註118〕參見《中國近代對外貿易史資料》第 2 冊，第 1186 頁。

〔註119〕《申報》1886 年 6 月初 4，1886 年 6 月 1 日，1887 年 6 月 22 日，1890 年 6 月 20 日。參見陶德臣：《近代中國茶葉對外貿易的發展階段與特點》，載《中國農史》1996 年第 15 卷第 2 期。

較往年僅得一半，而市面荒涼幾無過問」〔註120〕。又如湖南巴陵縣，素以漢口爲銷場，「道光二十三年與外洋通商後，廣人每挾重金來製紅茶，土人頗享其利。日曬色微紅，故名紅茶。……往時紅茶多得利，其貿本地之黑茶，或雜山中樹葉爲之，乃至無一葉茶。茶苦難得，值益高，始有自種者。今則紅茶利益微，業茶者亦衰耗矣」〔註121〕。

清代湖北最大茶區羊樓洞亦命運不濟，陷入困厄之中。光緒十一年（1885），清廷大臣卞寶第在《體察鄂省加增茶課窒礙難行摺》中指出：

> 鄂省武昌府屬崇陽、咸寧等縣，均爲產茶之區。向在蒲圻縣屬之羊樓洞地方，設立茶釐總局，並於各縣城鎮另設分局，委員辦理，每年收茶釐銀約近二十餘萬兩。該處所出紅茶專銷外銷及東西各口。從前每百斤售銀五六十兩，商販園戶獲利尚厚；今頭茶僅售銀二十一二兩至十八九兩不等，二茶售銀十三四兩，子茶售銀八九兩，甚或跌至六七兩。推原其故，蓋因洋商稔知山中售價，開盤之初，抑價壓秤，多方挑剔，不使稍有贏餘，否則聯絡各幫，擯絕不買，華商成本不充，艱於周轉，不得不急求出售，是以連年虧折。〔註122〕

羊樓洞乃漢口茶葉市場重要貨源地，源頭受損，其流亦枯。兩年後的光緒十三年（1887）十一月二十三日，江漢關稅務司裴式楷在一份考察漢口茶務的檔中承認：「連歲茶價，往昔售三拾餘兩至肆拾兩壹擔者，今只售拾陸兩、拾柒兩至拾捌兩，其粗貨竟有售至肆兩、伍兩壹擔。在販運商人，血本全糜，多難再舉；間有餘力者亦思改圖別貿。惟山戶小民，終歲栽植辛勤，不獲一飯之飽。」〔註123〕同年的一份漢口商務報告亦持悲觀態度，祖言在印度等國茶葉的競爭壓力下，「早已迫近的華茶貿易危機畢竟到來了。看來本年〔1887年〕很像是危機，沒有爭買的情形。茶葉雖然迅速地傾入市場，但銷售得很慢，買主以市場主人的安閒態度對待著茶市。價格一跌再跌，直至最後才按低於常年價格 20%左右的價格，慢慢地做了少量的交易，今年市場上有大量茶葉完全無法脫售。總之，今年茶市上，茶葉品質不高，價格很近，銷路不

〔註120〕 參見《中國近代對外貿易史資料》第 3 冊，第 1475 頁。

〔註121〕 杜貴墀等：《巴陵縣志》卷 7，《物產》。轉引自《中國近代對外貿易史資料》第 3 冊，第 1473 頁。

〔註122〕 《卞制軍奏議》卷 5，第 45～46 頁。轉引自《中國近代對外貿易史資料》第 2 冊，第 974～975 頁。

〔註123〕 參見《中國近代對外貿易史資料》第 3 冊，第 1473 頁。

旺；外商買賣的一般情況良好，其中某些人，特別是經營上等茶的外商，利潤很大。中國商人損失極重，並且還要繼續遭到損失」〔註124〕。

漢口茶葉市場的受挫引起了湖廣總督張之洞的憂慮，他冷靜地分析了華茶詬病的內因和外因，認為：「至近年茶商虧本之由，洋商揲價之故，實因茶莊過多，每思僥倖蒙混，製造粗率，煙薰水濕，氣味不佳，兼以劣茶攙雜。由於資本不足，重息借貸，更有全無資本，俟茶賣出以償借債者。洋商漸知其弊，於是買茶率多挑剔，故抑其價。茶商債期既迫，只求速銷償債，而成本之輕重，不能復計。一經虧折，相率倒閉。其資本充足者，勢不能不隨眾賤售。茶務之壞，多由於此」〔註125〕。張之洞一針見血地指出「茶務不講求種植、製造，已非探源之策，其餘俱屬末節」〔註126〕。尤為重要的是，他對引進外國機器更新生產工藝頗為熱心，「近聞湖廣總督張之洞在湖北集款八萬金，置機製茶已肇端倪」〔註127〕。他奏請清廷「兩湖商力甚薄，華商用機器造貨，請緩加稅」〔註128〕。與之同時，晚清出版之《湖北商務報》發表大量有份量的評論文章和茶商們的建策，一時間整頓茶務、除弊振新的呼聲甚囂漢皋。

在這個過程中，有一篇奏摺值得我們注意。光緒二十年（1894）湖南巡撫吳大澂會同張之洞上奏清廷，懇請在漢口設立湘茶督銷局，專營湘茶出口事務，以與外商抗衡，「萬一英商仍有勒揲之意，所議茶價不敷商本者，官為收買，分運香港、新加坡一帶各口岸，照本出銷」。遺憾的是，清廷藉口駁回了奏議〔註129〕。張之洞並未放棄努力，他把目光轉向俄國市場，「惟有自行運赴俄國銷售，庶外洋茶市情形可以得其真際，不致多一轉折，操縱由人。然茶商力量較薄，必須官為提倡，方能開此風氣」〔註130〕。同年，他指示江漢

〔註124〕 Trade Reports，1887 年，漢口，p.79，轉引自《中國近代對外貿易史資料》第 2 冊，第 975 頁。

〔註125〕 張之洞：《裁撤茶商捐助書院經費摺》，光緒十八年（1892）閏六月二十六日，載《張文襄公奏稿》卷 20，第 27～28 頁。轉引自《中國近代對外貿易史資料》第 2 冊，第 976 頁。

〔註126〕《張文襄公全集》卷 118，《公牘三十三》，第 19 頁。

〔註127〕 肖文昭：《茶絲條陳》，第 5 頁，1898 年刊。轉引自汪敬虞：《中國近代茶葉的對外貿易和茶業的現代化問題》，載《近代史研究》1987 年第 6 期。

〔註128〕《清德宗實錄》卷 401，第 12 頁下，光緒二十三年二月己卯。參見南開大學歷史系編：《清實錄經濟資料輯要》，北京，中華書局 1959 年版，第 405 頁。

〔註129〕《清德宗實錄》卷 338，光緒二十年四月甲寅諭。參見《湖南省志》第 1 卷，第 126～127 頁。

〔註130〕《張文襄公全集》卷 35，《奏議三十五》，第 1 頁。

關道惲祖翼將上等紅茶二百箱運銷敖得薩，又委託順豐洋行將百餘箱紅茶運銷莫斯科、恰克圖。儘管這一嘗試很快失效，其意義卻非同小可。

當華茶在歐美市場節節退敗之際，所幸俄國市場仍爲華茶壟斷，這從一個側面反映了俄國商人與晚清漢口茶葉市場之間的利害關係。附帶提及的是，1891 年華茶輸出幾爲國際茶葉市場之半，但到 1900 年，印茶的輸出額首次超過華茶。時至清末民初，印度成爲國際茶葉市場的第一出口大國，錫蘭上升爲第二大國，中國下降爲第三位茶葉出口國〔註 131〕。十月革命後，中國又喪失了往昔購銷兩旺的俄國市場，華茶從此未能再度崛起，成爲國際茶葉市場之霸主，漢口茶務亦隨之一蹶不振。縱而觀之，晚清漢口中國茶與外國茶之爭概有三大戰場：一是漢口本地市場，二是歐美市場，三是俄國市場。在漢口本地市場，雖有印度等國茶葉輸入，但茶葉的大宗貿易始終圍繞華茶進行。在歐美市場，印度茶以楔入英國市場爲突破口（因其爲英國殖民地，錫蘭亦是），逐步打破華茶一手遮天的格局，第一次世界大戰之後取中國而代之，時間跨度約爲 50 年，可謂緩慢之致。應該強調的是，在本文所討論的時段裏（1861～1911），華茶在國際市場上所佔份額仍然巨大，如 1910 年印茶所佔比例爲 34.05%，華茶稍遜一籌，仍占 27.74%。職是之故，晚清漢口茶葉市場雖然受到印、錫等國茶葉不同程度的挑戰而時有劇烈波動，但整體貿易狀況仍屬繁盛。個中原因概有如下三點：

一是俄國市場需求旺盛，常年刺激著磚茶的巨額出口。在 19 世紀 70 年代之前，華茶出口的最大銷場是英國。進入 70 年代末、80 年代初，由於印度茶、錫蘭茶強有力的競爭，華茶輸往英國的數量驟減，俄國迅即替代英國成爲華茶最大主顧，而漢口正是俄商在中國採辦茶葉的最大市場。與全國其他口岸如上海、九江、廈門、廣州、福州不同，俄商是最早涉足近代漢口茶葉市場的外商，而且始終是最大買主，英商則排名第二，這是漢口市場茶葉對外貿易的重要特點。儘管 19 世紀 80 年代漢口茶葉市場受到來自國際茶葉市

〔註 131〕對此，徐煥斗《漢口小志》（1915 年版）有詳盡論述。徐氏云：「（漢口）出口之茶以紅茶爲大宗，綠者次之。紅茶出於羊樓峒、咸寧、通山、通城、大冶、崇陽等處，盛行於西洋各國，而以英俄銷售爲尤多。近則日本、臺灣、印度、錫蘭諸高山溫度適宜之處，皆遍種茶矣。且以化學研究其色澤、香味，以機器改良其碾、切、烘、篩，以鐵道輪船便利其轉運輸送，以公司之資本、銀行之周轉爲其購辦之前矛，以政府之獎勵、關稅之免除爲其銷售之後盾。昔之需要於吾國者，今且供給於吾國矣。」（見該書《商業志》，第 39 頁）洋洋灑灑，高屋建瓴，誠爲不刊之論矣。

場（主要是英國市場）的衝擊，但俄商始終沒有退出漢口市場，而且替代了英國在中國茶葉對外貿易領域的位置，所以漢口茶葉市場的繁榮態式能夠一直保持到清末民初。二是歐美市場仍看好華茶，1891～1910 年即晚清最後 20 年時間裏，華茶出口占國際茶葉市場銷量的一半不足，至少也占三分之一〔註 132〕。三是國內需求大，這從晚清漢口茶館業的蓬勃發展即可窺見一斑。

（五）浸染近代色彩的漢口茶館業

漢口茶館業較之前清有了更大發展，不僅數量增多，而且消費方式也染上了西方色彩。如前所述，清代前期漢口茶館計有數十家。闢為通商口岸後，漢口茶館的開業數伴隨著商務、人口、城市建設的拓展而直線上升，1909 年達到 250 家，民國之後更飆升至 1,300 餘家。清末民初，在西風東漸、生活節奏加快的商業文化氛圍中，漢口出現了怡心樓、漢上第一樓等設有雅座、戲廳、彈子房、閱覽室的高檔茶館，主營上乘毛尖類茶品，兼營刨冰、汽水等西式飲品，專供上流社會和西洋人士享用，漢語與外語交織，頗有陽春白雪、中西融合之特色。此外，在前清露天茶館的基礎上，進一步發展出近代風格的坪臺露天茶園，如維多利、德明飯店、天星花園、老圃花園、凌霄遊藝場、揚子飯店、民眾樂園、中南旅社、遠東飯店、國強旅社等〔註 133〕。

由於茶葉的消費自清初以來便具有大眾性，因此漢口也出現了一批具有民間鄉土氣息的大茶園，專供普通百姓在飲茶之際欣賞藝人們的彈唱、說書、雜技、戲曲等表演。當然，茶館並非纖塵不染之方外世界，賭博、吸毒、嫖娼、販槍等勾當均以茶館為逍遙之所。茶館甚至一度成為清末漢口青紅幫的活動陣地，用所謂「茶碗陣」來化解黑道幫派之間的恩怨情仇。以致後來流傳一句俗語——不是光棍不開茶館〔註 134〕，光棍係指青紅幫。

茶館小世界，人生大舞臺，以小見大，清代漢口風習之變表面上似有天壤之別，實質上卻是一脈相承。清代前期，漢口已是「五方雜處，商賈輻輳，俱以貿易為業，故多盛服飾、侈飲食」〔註 135〕。清代後期，崇尚消費的商業習性依然如故，只是形式多樣化而已，而且糅合了西方範式。據稱：「漢鎮自

〔註 132〕此數據係陶德臣據吳覺農：《中國茶業問題》（商務印書館 1937 年版）第 169 ～171 頁計算而成。詳見《中國農史》1996 年第 15 卷第 2 期陶文。

〔註 133〕參見《近代武漢城市史》第 755 頁。另據徐煥斗《漢口小志·商業志》稱，清末民初漢口茶館計有 416 家，茶葉鋪 72 家，茶食鋪 44 家。

〔註 134〕《武漢通覽》第 584 頁。

〔註 135〕乾隆《漢陽縣志》卷 9，《風俗》。

中外互市以來，習俗益靡。閭閻多仿西式，服飾、宴會多爲豪侈，歌館、舞臺、茶僚、酒肆之間，冶遊者車水馬龍，盡夜無有止息。……蓋俗之敝，未有若是之甚者。」〔註136〕

　　茶依舊是茶，所不同的是茶葉的商業地位在攀升，流通速度在加快，從業人員在增多，消費檔次在提高，經營風格在變化。社會風氣的變遷自然包括人們的消費時尚，而茶館業的持久繁榮正是我們瞭解清代漢口民風的特殊視窗。晚清漢口飲茶之風盛行，尤其是茶館業趨新、趨洋、趨闊的經營模式，是與茶葉在漢口市場商品結構中位列第一的優勢地位分不開的，漢口在時人眼中被視爲「茶葉港」即爲明證〔註137〕。

　　據光緒十四年（1888）保甲冊載，漢口戶數爲 26,685,人口爲 180,980〔註138〕。這一記錄在 20 年後被改寫，光緒三十四年（1908）人口調查結果顯示，漢口戶數爲 47,941，丁口爲 244,892〔註139〕。時至清末，即宣統三年（1911），漢口人口驟升爲 590,000〔註 140〕。此爲常住人口。如果考慮到商業規模的擴大、城市空間的膨脹以及難以數計的流動人口等方面的因素，那麼晚清漢口人口概有 800,000 之巨〔註141〕。仍以每人每年飲用半斤茶葉統計，清末漢口年消費茶葉量即爲 400,000 斤，超出前清 200,000～300,000 斤，這一估算絕非虛妄之談。

（六）茶葉全面拉動漢口經濟增長

　　對任何通商口岸而言，大宗商品的進出口貿易無疑將對其經濟增長產生根本的影響。茶葉是晚清漢口市場最大宗的商品，它在工業建設、海關制度、金融體系、市場聲譽等方面發揮了其他商品難以比擬的作用，全面拉動著漢

〔註136〕民國《湖北通志》卷 21,《輿地志二十一·風俗》。

〔註137〕參見《近代武漢城市史》第 145 頁。

〔註138〕光緒《漢陽縣識》卷 1,《地理略》。

〔註139〕民國《湖北通志》卷 43,《經政志一·戶口》。

〔註140〕《湖北武昌等十一屬六十八州縣城議事會議員姓名履歷（清冊）》。轉引自《近代武漢城市史》第 659 頁。

〔註141〕美國學者羅·威廉在《漢口》一書中甚至聲稱,19 世紀漢口人口約 1,000,000，最多時曾達 1,500,000。另一美國學者德·希·珀金斯（Dwight H. Perkins）也認爲，清代漢口（1900 年以前）是「一個百萬人的城市」。參見珀氏《中國農業的發展》，第 197 頁。據 Trade Reports，漢口人口 1872～1882 年均爲 600,000，1883～1888 爲 700,000，1889～1894 爲 800,000。參見《中國近代對外貿易史資料》第 3 冊，第 1637 頁。

口經濟增長，提升了漢口的商業地位。

首先，茶葉催生了漢口的磚茶工業，使漢口成爲中國近代磚茶工業的濫觴地。

如前所述，漢口茶葉出口以俄國爲最大銷場，「磚茶一項，幾爲俄國唯一市場」〔註 142〕。爲了壟斷磚茶貿易，俄商幾與漢口開埠相同時，在 1863 年創辦了順豐磚茶廠，地址在漢口英租界（當時俄國尙未劃定自己的租界〔註 143〕，工人近千人，使用機器生產。1866 年，俄商新泰磚茶廠建於漢口江邊，工人700 人。1874 年，第三家俄商磚茶廠——阜昌磚茶廠在漢口英租界設立，工人400 人〔註 144〕。時人認爲，「磚茶係俄人在漢口製造，名曰華茶，實則利權已入俄人之手」〔註 145〕；「漢口之茶磚製造所，其數凡六，皆協同俄國官民所設立者，其旺盛足以雄視全漢口」〔註 146〕。這是張之洞督鄂營造「湖北新政」之前漢口最重要的工業。據稱，19 世紀 90 年代初，漢口俄商磚茶廠共有 15臺磚茶機，7 臺茶餅機，裝有發電機，日產茶磚 2,700 擔，茶餅 160 擔。在 90年代的 10 年裏，這些磚茶廠共生產茶磚和茶餅價值 2,640 多萬兩〔註 147〕。機器製造比手工勞作顯示出巨大的優越性，生產成本降低，經濟效率明顯提高。以漢口爲例，「〔製磚茶業〕手壓機每日出產六十簍，有百分之二十五的

〔註 142〕《武漢市進出口商業解放前歷史資料》（未刊稿）。參見《武漢近代（辛亥革命前）經濟史料》第 42 頁。

〔註 143〕俄國在漢口正式設界時間爲光緒二十二年（1896）。據該年簽訂之俄國漢口租地條款，俄國租界緊靠英、法租界，佔地四百一十四畝六分五釐，每年四月由俄國領事將應納租價銀八十三兩八錢四分二釐，送交漢陽縣查收匯解。參見民國《湖北通志》卷 50，《經政志八・榷稅》。

〔註 144〕《湖北近代經濟貿易史料選輯》第 1 輯，第 27 頁。

〔註 145〕《東方雜誌》1910 年第 6 卷第 10 期，李哲睿文。參見《湖北近代經濟貿易史料選輯》第 1 輯，第 27 頁。

〔註 146〕徐煥斗：《漢口小志・商業志》，第 4 頁。歷史文獻關於漢口俄商磚茶廠數目的記載比較混亂，一說兩家（Commercial Reports，1875 年，漢口，p.46）；一說三家（Trade Reports，1876 年，總論，p.64～65）；一說四家（Trade Reports，1877 年，漢口，p.14～15）；一說六家（Trade Reports，1878 年，漢口，p.42～44）。詳見《近代史研究》1987 年第 6 期汪敬虞文。本文采三家說，因爲順豐、新泰、阜昌均有詳實記載，可考。

〔註 147〕Decennial Reports，1892～1901 年，漢口，第 304 頁。轉引自《近代史研究》，1987 年第 6 期汪敬虞文。原計算單位爲簍，汪先生將其換算爲擔。關於漢口俄商製造磚茶的工藝，參見彭澤益編：《中國近代手工業史資料》第 2 卷第111 頁，以及姚賢鎬編：《中國近代對外貿易史資料》第 2 冊第 1321～1322頁，此略。

廢品，而蒸汽壓機每日出產八十簍，只有百分之五的廢品，並且因使用機器而節約的費用，每簍計銀一兩，按照以上產量計每日即達銀八十兩或英金二十磅」〔註148〕。

磚茶工業的興起使漢口市場在茶葉方面形成了工商一體化的新格局，工業與商貿相互促進，磚茶的數量、品質、包裝、銷售在蒸氣機的隆隆聲中發生了歷史性的驚人變化。本世紀初的一份商務考察報告明確指出：「〔漢口〕磚茶工廠，俄租界和英租界各有兩家。他們安置有新式機器，雇用中國工人數以千計。在過去 10 年中，由江漢關出口的磚茶，值銀達 26,000,000 兩，由此可見茶業的重要。整個茶業主要掌握在俄國商人的手中」〔註149〕。在近代機器工業的誘惑下，中國茶商也躍躍欲試，「漢口、福州皆自外國購入機器，且由印度聘熟練教師」〔註150〕，希望通過更新技術設備振興茶務，前述興商磚茶廠即是。值得一提的是，在湖廣總督張之洞的贊襄下，1898 年漢口成立了兩湖茶葉改良公司（又名漢口機器焙茶廠），資本為 6 萬兩。公司董事長為江漢關稅務司莫爾海，董事會成員包括滙豐銀行買辦席正甫，滙豐銀行買辦兼上海茶葉公所董事唐翹卿，阜昌磚茶廠買辦兼漢口一家大茶行老闆唐瑞芝，上海招商局總辦陳輝庭。輿論認為「這個小的開端意味著中國製茶改革的萌芽，意味著漢口與倫敦間雖未死滅但已陷於僵化的貿易的復活」〔註151〕。

據統計，在 1894 年中日甲午戰爭爆發前，俄商漢口磚茶廠的資本約占外商對華投資總和六分之一〔註152〕。當時，在福州、九江也有幾個磚茶廠，均是漢口俄商設立的分廠。這些分廠無論在資金、規模還是在技術、影響方面，都不足以與漢口磚茶廠相比。如果說磚茶使漢口成為近代中國機器製造磚茶的中心，那麼機器磚茶廠反過來又極大地刺激了漢口市場磚茶的出口，使漢口成為近代中國最大的磚茶市場。1869 年，漢口磚茶輸俄數量約為華茶輸俄

〔註148〕Trade Reports，1878 年，漢口，p.43，轉引自《中國近代手工業史資料》第 2 卷，第 302 頁。

〔註149〕《二十世紀之香港、上海及其他中國商埠志》第 694 頁。參見汪敬虞編：《中國近代工業史資料》第 2 輯，北京，中華書局 1962 年版，第 283 頁。

〔註150〕《清史稿》卷 124，《食貨志五‧茶法》。

〔註151〕《捷報》1898 年 3 月 7 日，第 358 頁。轉引自《中國近代工業史資料》第 2 輯，上冊，第 623 頁。

〔註152〕郭其耀：《武漢最早的外商工廠——俄商磚茶廠》，載《武漢工商經濟史料》第 2 輯，1984 年。

總數的 66%，1900 年增至 81%〔註153〕。

其次，茶葉貿易是導致漢口近代海關制度產生的直接動因。

咸豐十一年（1861），湖廣總督官文奏稱：在漢口關爲通商口岸之際，「內地商人分赴湖南湖北，購買茶葉等貨物，動稱洋商雇夥，抗不完納釐金，惟有於漢口設關，明定章程，設立行棧，收票發票，稽查盤驗，由商販自行販運到漢鎮入行售賣，照海關章程將內地各貨出口正稅及子口稅一併於漢口完納。其進口洋貨運至漢口，僅照章點驗方許售銷，以符一稅不二稅之約，並禁止華洋行夥往山鄉鎮市自行採辦。如此，出入口貨物既有可稽查，而稅課亦有攸歸矣」〔註154〕。可見，爲了防範中國不法商人（尤其是茶商）與外商勾結，偷漏稅款，官文強烈要求在漢口設關收稅，以規範茶葉等商品的過境貿易。清廷同意了官文的建議，於同年設立江漢關，關署在漢口青龍巷，以漢黃德道兼監督稅務。

江漢關包括二關三卡：大關設立於漢口英租界花樓外濱江處，以總匯稅務；南關設立於漢陽縣南岸嘴濱河處，以稽查船隻；北卡設立於漢口租界十八段之下沙包濱江處，子口卡設立於漢口襄河上游橋口濱河處，武穴總卡設立於廣濟縣武穴鎮濱江處。江漢關名義上由清廷任命的稅務監督全面負責，實際管轄權卻逐步游離到由外國人（主要是英國人）出任的稅務司手中，其管理模式幾乎全盤照抄西方。江漢關的設立，既是漢口由傳統市鎮一變而爲近代通商口岸的嶄新商業標誌，又是漢口開啓城市近代化歷程的第一象徵，而這一切又跟茶葉、茶商、茶稅有著千絲萬縷的聯繫。

再次，茶葉使漢口金融業發生了質的變化，直接促成了近代銀行系統的產生。

漢口開埠後，第一批進入漢口市場的外國商人組織是俄國洋行，包括新泰、順豐、阜昌等，它們是爲了茶葉而來。不久，英商怡和、天祥等洋行也涉足漢口茶葉市場。當時，這些英、俄茶商的資金均由其國內匯款來漢。由於漢口沒有相應的近代金融服務機構，以致這些匯款須先通過上海的外國銀行辦理結匯手續，然後轉匯漢口。令英、俄茶商感到頭痛的是，他們在接受匯款時不僅要多付一筆匯費和電報費，而且還要有足夠的心理承受力去面對漢口市面銀根吃緊帶來的匯率方面的損失。由於外商與漢口舊式錢莊、票號

〔註153〕《武漢近代（辛亥革命前）經濟史料》第 59 頁。
〔註154〕民國《湖北通志》卷 50，《經政志八・權稅》。

的隔膜，以及錢莊、票號沒有外匯業務，因此，茶葉貿易的資金需求使他們強烈呼籲本國銀行進駐漢口，設立分支機構，以支撐茶葉乃至其他商務的發展。鑒於此，英國設在上海的麥加利銀行於 1863 年夏季漢口茶市正旺之時，派職員到漢口貫屋，向外商提供購茶貸款、押匯業務，著手處理正式營業之前的一切事務性工作。誠如論者所說，這家銀行「起先還是針對著茶葉生產的季節，循照茶商春來秋去的習慣，作為出莊的性質」〔註 155〕。這表明，正是茶葉拉開了漢口金融系統近代化的序幕。1865 年，麥加利銀行在漢口英租界選址買地（今洞庭街 55 號），正式掛牌營業。隨之蜂擁而入的有英國滙豐銀行、美國花旗銀行、法國東方匯理銀行、俄國道勝銀行、德國德華銀行、日本正金銀行等等。金融工具的更新和融資條件的改善極大地推動了漢口商務的發展，尤其是茶葉對外貿易的發展。

最後，茶葉在使漢口成為國內乃至國際著名商埠方面發揮了舉足輕重的作用。

日本的「中國通」水野幸吉在《漢口》（1907 年版）一書中高度評價晚清漢口的商業地位，指出「與武昌、漢陽鼎立之漢口者，貿易年額一億三千萬兩，夙超天津，近凌廣東，今也位於清國要港之二，將近而摩上海之壘，使視察者豔稱為東方芝加哥」〔註 156〕。毫不誇張地說，品種繁多的茶葉編織了一個佩戴在「東方芝加哥」頭上的最耀眼的花環。茶葉貿易與漢口開埠是完全同步的，茶葉貿易的好壞在很大程度上決定著漢口市場整體貿易形勢的好壞。據歷年江漢關商務報告，1861～1863 年即漢口開埠初期出口貿易的興旺，「主要是茶葉出口」；1892 年漢口對外貿易額銳減，「其原因是茶葉出口數量直線下降」；1898年「漢口港的成就十分繁榮」，因為「土貨直接出口以茶葉為大宗」；1901 年漢口遇到貿易上的不景氣，在土貨直接出口方面「主要是紅茶大幅度減少」等等〔註 157〕，似乎給人們這樣一個印象，即茶葉興則市場興，茶葉衰則市場衰。清末湖廣總督張之洞一語破的：「漢口商務之盈絀，尤專視茶葉之盛衰」〔註 158〕。

〔註 155〕蔡蓴英：《漢口英商麥加利銀行梗概》（未刊稿）。轉引自《武漢近代（辛亥革命前）經濟史料》，第 35 頁。1861 年，英國匯隆銀行已先期到漢口設立代理處，但不久匯隆總行破產，其漢口代理處亦隨即關門。參見《近代武漢城市史》第 152 頁。

〔註 156〕參見呂寅東：《夏口縣志》卷 12，《商務志》。

〔註 157〕《湖北近代經濟貿易史料選輯》第 1 輯，第 253、255、258、259 頁。

〔註 158〕《張文襄公全集》卷 103，《公牘十八》，第 6 頁。

　　茶葉是晚清漢口市場最大宗的商品，其出口貨值約占漢口全部土貨出口貨值的百分之四十左右〔註159〕。不僅如此，漢口還是近代中國七大茶埠之翹楚〔註160〕，貿易額超過廣州、上海、福州、九江、淡水、廈門，約占全國出口總量的百分之六十左右〔註161〕。近代之前，絲、茶是中國對外出口的傳統大宗商品，多以廣州為輸出港口。令人驚歎的是，漢口在關為通商口岸的翌年（1862）就在茶葉出口方面把廣州拋在了後頭，比廣州多出 1 萬擔，一年之後更多出 14 萬擔〔註162〕，一躍而為中國最大的茶葉出口基地。如果說，19世紀後期中國在出口方面絲和茶「控制了交易」，是最重要的外貿項目〔註163〕，那麼漢口就是體現茶葉的這種控制力的最佳舞臺。

　　漢口茶葉市場不僅是中國茶市之冠，而且在國際上亦頗有聲譽。與俄國、英國和其他歐美國家長期的茶葉商貿關係，使漢口成為 19 世紀末、20 世紀初國際貿易中的重要港口。作為國際商埠，漢口的絲、漆、桐油、蛋品、腸衣、豬鬃、羽毛、五倍子、藥材、皮革、豆類等商品的出口，均在中國外銷商品中佔有若干份額，為漢口增添了一定的榮譽，但最重要的代表仍然是茶〔註164〕。據民國《夏口縣志》稱，漢口茶商的 25 種茶品曾在南洋博覽會和巴拿馬博覽會上獲得大獎，約占漢口獲得大獎商品總數的 64%，無疑充分展示了「東方芝加哥」的獨特風采。

四、結語

　　通觀茶葉與清代漢口市場的關係，對比前後兩個時期的發展歷程，可以得出如下結論：

　　第一，茶葉對清代漢口市場發揮了重要影響，是 270 年漫長歲月裏始終伴隨、啟動乃至最終主宰漢口商業貿易的大宗商品。茶葉興則市場興，是清

〔註159〕《武漢近代（辛亥革命前）經濟史料》第 44 頁。

〔註160〕近代中國茶埠 1843 年只有廣州一個，1844 年上海成為第二個，1853 年福州成為第三個。1861 年漢口、九江成為華中茶埠，淡水、廈門成為東南茶埠，七大茶埠的格局最終形成。同時也形成了皖南、兩湖、江西、廣東、福建、浙江、臺灣七大茶葉外銷區域，這些區域的茶葉商品化程度最高。參見《中國農史》1996 年第 15 卷第 2 期陶德臣文。

〔註161〕《武漢市進出口商業解放前歷史資料》（未刊稿）。引見《武漢近代（辛亥革命前）經濟史料》第 41 頁。

〔註162〕參見《近代武漢城市史》第 147 頁。

〔註163〕〔美〕德・希・珀金斯：《中國農業的發展》第 176 頁。

〔註164〕參見《武漢今昔談》第 50 頁。

代漢口市場發展史的眞實寫照。

第二，茶葉在清代漢口市場商品結構中的地位經歷了一個漸進演變過程，在前後兩個歷史時段裏留下了微妙的歷史傳承印痕。在清代前期，茶葉的地位雖然總體上遜於鹽、米、木材等商品，但仍然躋身於漢口市場前十名大宗商品之列。迨至清代後期，茶葉躍居漢口市場商品序列之首，其影響舉足輕重。

第三，茶葉制約著漢口在清代經濟史中的地位，漢口的知名度在一定程度上與茶葉維繫在一起。清代前期，茶葉在漢口成爲國內四大商業名鎮之首方面發揮了獨特作用。清代後期，茶葉使漢口成爲近代中國機器製茶工業的搖籃，成爲華茶出口的最大基地，它催生了漢口近代海關制度和銀行體系，最有力地推動了漢口成爲享譽世界的「東方芝加哥」。

第四，俄國商人使漢口市場的茶葉貿易臻於顛峰狀態，在外貿領域扮演了最重要的角色。在某種意義上，沒有俄商的介入就沒有漢口茶市的繁榮。俄商是最早涉足漢口茶葉市場的外商，那時（1850 年）的漢口還未對外開放。十年之後，漢口方才闢爲通商口岸。直至第一次世界大戰，俄商始終是漢口市場茶葉外貿領域的主角，他們在茶葉品種、數量、品質、包裝、信用、商路等方面的需求，從根本上決定了漢口近代茶葉生產、加工、出口的基本範式。十月革命後，俄商退出漢口市場，茶葉貿易從此一落千丈。在近代中國七大茶埠中，上海、福州、九江、廣州、廈門、淡水等六處主要由英商操縱茶葉出口。唯獨漢口一埠，英商讓位於俄商，屈居第二，俄商獨佔鰲頭長達60 年之久。這是漢口市場有別於近代中國其他通商口岸的特色所在。

第五，從殖民主義角度看，漢口市場茶葉貿易的繁榮是病態繁榮。漢口成爲通商口岸是不平等條約的產物，當時的清朝積貧積弱、頑冥腐朽，已沒有能力也不可能有效地保護民族產業、扶持對外貿易。在這種大背景下，漢口的被動開放實際上使國內的茶農、茶商猝然捲入國際市場，處於不公平、不公正的競爭地位。進入 19 世紀 80 年代後，由於印度茶、錫蘭茶的崛起，漢口茶市受到來自國際市場的猛烈衝擊，茶農、茶商均苦不堪言。在相當大的程度上，外商掌握著漢口茶葉對外貿易的主動權，他們是茶葉出口利潤的最大攫取者。

第六，從深層因素剖析漢口中國茶商在與外商（洋行）競爭中每每敗北，除了清廷的繁重稅課、近代商會的遲緩誕生、洋行的刁蠻無理等因素外，應

該承認技術層面和管理層面的落後狀態是病原所在。在茶葉的選種、栽培、加工、製作、包裝、貯存、運輸各環節，中國均停留在傳統手工勞作、粗放型經營階段。尤其是，中國茶葉生產採取的是以小農戶爲單位的分散經營方式，效率低下，與印度、錫蘭機械化的資本主義大茶園的集約型規模經濟不可同日而語，遑論抗衡？！此外，在資金方面華商亦遜於外商，每每掣肘於人，以致於華商勇於創辦機器製茶廠者寥若晨星，未能打破俄商壟斷漢口磚茶工業的格局。

第七，茶館是清代漢口市場的商業標記。小小的茶館折射出人生百態、歷史風采，堪稱研治漢口經濟史、社會史、風俗史的絕佳素材。清代前期，漢口茶館有數十家之多，商旅歇腳、文人唱和、士女出遊，體現出傳統服務業的繁盛態式。到了清代後期，漢口茶館業更上一層樓，計有數百家之多，西風東漸、推陳出新、雅俗共賞，頗有近代氣息。

第八，透過清代漢口茶葉市場的演繹軌跡，有一條歷史經驗可以記取，即優越的地理環境和獨特的拳頭產品是市場繁榮的重要保障，是城市經濟的兩條生命線。這對於當今世紀之交的武漢經濟建設不無啓發。